汽车类（图解版）中等职业教育系列教材

汽车电路识图

主　编　陈银鼎
副主编　黄亦文　郭　琛　彭焜鹿　韩绍靖
参　编　刘建峰　杨浩程

北京理工大学出版社
BEIJING INSTITUTE OF TECHNOLOGY PRESS

版权专有 侵权必究

图书在版编目（CIP）数据

汽车电路识图 / 陈银鼎主编 . —北京：北京理工大学出版社，2023.8 重印

ISBN 978-7-5682-6780-9

Ⅰ.①汽… Ⅱ.①陈… Ⅲ.①汽汽车—电气设备—电路图—识图—高等职业教育—教材 Ⅳ.① U463.620.2

中国版本图书馆 CIP 数据核字（2019）第 036005 号

出版发行 / 北京理工大学出版社有限责任公司
社　　址 / 北京市海淀区中关村南大街 5 号
邮　　编 / 100081
电　　话 /（010）68914775（总编室）
　　　　　（010）82562903（教材售后服务热线）
　　　　　（010）68944723（其他图书服务热线）
网　　址 / http：//www.bitpress.com.cn
经　　销 / 全国各地新华书店
印　　刷 / 定州启航印刷有限公司
开　　本 / 787 毫米 × 1092 毫米　1/16
印　　张 / 14　　　　　　　　　　　　　　　　　　责任编辑 / 陆世立
字　　数 / 350 千字　　　　　　　　　　　　　　　文案编辑 / 陆世立
版　　次 / 2023 年 8 月第 1 版第 3 次印刷　　　　　责任校对 / 周瑞红
定　　价 / 48.00 元　　　　　　　　　　　　　　　责任印制 / 边心超

图书出现印装质量问题，请拨打售后服务热线，本社负责调换

前言 PREFACE

截至 2022 年 9 月底，我国汽车保有量已达 3.15 亿辆。随着现代汽车工业的发展，车辆电子设备越来越多，计算机控制系统得到广泛应用，汽车电路也越来越复杂。要读懂汽车电路图，不仅需要掌握汽车电路元器件、汽车传感器、汽车基本电路知识，还要根据不同车型，了解其电路特点、线束分布、元器件位置、开关功能等。这对汽车维修人员的技术水平提出了更高、更新的要求。

同时，为了解决学生学不懂、学习兴趣不浓、教材内容枯燥乏味、老师不好教等问题，北京理工大学出版社特邀请一批知名行业专家、学者以及一线骨干老师结合新的专业教学标准，规划出版了该套图解版汽车职业教育系列教材。

本系列教材坚持如下定位：

◇ 以就业为导向，培养学生的实际运用能力，以达到学以致用的目的；
◇ 以科学性、实用性、通用性为原则，以使教材符合职业教育汽车类课程体系设置；
◇ 以提高学生综合素质为基础，充分考虑对学生个人能力的提高；
◇ 以内容为核心，注重形式的灵活性，以便于学生接受。

本系列坚持理论知识图解化的基本理念，教材配有大量的插图、表格和立体化教学资源，介绍了大量的故障诊断、维修服务和营销案例。

◇ 在内容上强调面向应用、任务驱动、精选案例、严控质量；
◇ 在风格上力求文字简练、脉络清晰、图表明快、版式新颖；
◇ 在理论阐述上，遵循"必需"、"够用"的原则，在保证知识体系相对完整的同时，做到知识讲解实用、简洁和生动。

本书共分为 4 个课题，重点介绍汽车电路图基础知识、识读汽车电路图、汽车主要电气系统电路识读、典型汽车电路识读等内容。

本书图文并茂、通俗易懂，适合作为职业院校汽车专业教材，也可作为汽车售后服务站专业技术人员的培训教材。

由于作者水平有限，书中可能会有疏漏和不妥之处，欢迎读者批评指正。

编　者

目录 CONTENTS

课题一　汽车电路图基础知识 1

　　任务一　汽车电路的组成与特点 1
　　任务二　汽车电路常用电气元件 5
　　任务三　汽车电路的类型 17

课题二　识读汽车电路图 33

　　任务一　汽车电路图的类型 33
　　任务二　汽车电路图形、文字符号与标志 38
　　任务三　汽车电路图的识读技巧与要领 53

课题三　汽车主要电气系统电路识读 59

　　任务一　电源系统电路 59
　　任务二　发动机控制系统电路 76
　　任务三　自动变速器控制电路 101
　　任务四　ABS、ASR 和 ESP 车辆制动控制电路 105
　　任务五　悬架系统电子控制电路 111
　　任务六　车身安全舒适系统控制电路 117
　　任务七　基本电气电路 137

课题四　典型汽车电路图识读 154

　　任务一　丰田汽车电路图识读 154
　　任务二　现代汽车电路图识读 161
　　任务三　大众汽车电路图识读 191

课题一 汽车电路图基础知识

学习目标

通过本课题的学习，你应能：
1. 熟悉汽车电路的组成与特点。
2. 熟悉汽车电路常见电气元件的性能与特点。
3. 熟悉汽车电路的类型。

任务一 汽车电路的组成与特点

一、汽车电路的组成

按照汽车电气设备的工作原理及设备相互之间的内在联系，用导线和车身金属机件把车辆电源、电路保护装置、控制器件和用电器等装置连接起来，形成能够使电流流通的闭合回路，称为汽车电路。根据汽车电路中各电气设备的连接关系绘制成的线路图称为汽车电路图。

现代汽车的电气设备的种类和数量越来越多，但汽车电路主要是由电源、电路保护装置、控制装置、用电设备及导线等组成的，简单的汽车电路图如图1-1所示。

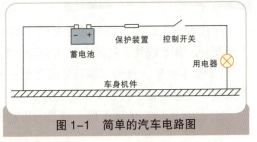

图1-1 简单的汽车电路图

课题一　汽车电路图基础知识

1. 电源

汽车上的电源主要由蓄电池、发电机及调节器组成。发动机不工作或起动时，车辆上的电源主要依靠蓄电池来提供；发动机工作后，车辆上的电源主要由发电机来提供，同时给蓄电池进行充电。调节器的作用是在发电机工作时，对其发电量进行调节以保证输出电压的稳定。

2. 电路保护装置

电路保护装置一般有熔断器（俗称熔丝）、电路断路器及易熔线等。其中，熔断器主要用于保护局部电路，其限额电流值较小；电路断路器用于保护电动机等较大容量的电气设备；易熔线用于保护总电路或大电流电路。它们的共同特点是当电路中的电流超过规定值时，能及时切断电路，从而起到保护作用。

3. 控制装置

汽车电路中的控制装置大体可分为开关和控制器两大类型。其中，开关又可分为手动开关和非手动开关；控制器包括电磁继电器、电子继电器和电子控制器。

手动开关即通过驾驶人的手直接操纵的开关，如点火开关、照明开关、转向灯开关等；非手动开关即通过压力、温度、液位、机械等方式动作的开关，如机油压力报警开关、空调高低压力开关、制动液位报警开关及制动、倒车、门灯开关等。电磁继电器在汽车电路中的用途很广，它通过电磁线圈通电后产生的磁力吸动触点，实现小电流控制大电流的目的；电子继电器是由电磁继电器和电子控制部分组合而成的，除了具备电磁继电器的作用外，还有时间、频率等控制功能，如雨刮器间歇继电器、闪光继电器等；一些控制项目（内容）较多，内部具有信息处理、比较、计算等功能，根据不同的输入信号做出准确的判断并输出相应的控制指令的电子控制单元、电子控制模块都称为电子控制器，只不过是控制内容有多有少，所以叫法也不一样。例如，对于预热控制器，它能根据温度传感器的信息控制预热加热器的通电时间，功能相对简单。较为典型的电子控制器是用于发动机燃油系统的电控单元，它能根据电子控制器内存储的程序和数据，对各种传感器输入的信息进行运算、处理、判断，然后输出指令，控制多个执行器动作，达到快速、准确、自动控制发动机的目的。

现代汽车上的电子控制器越来越多，已经涉及电气设备的各个系统，如自动变速器、防抱死制动、安全气囊、空调系统、悬架、车窗、座椅等。它们共同的特点是，电子控制器一般有独立的工作电源，并需要相关传感器或开关提供信号。

4. 用电设备

现代汽车上的电气设备的数量随车辆用途的不同而不同，也没有统一的标准，但大体上可以按照车辆的基本配置、辅助电器和发动机控制三大部分进行划分。

1）基本配置。机动车辆行驶必备的一些电气设备均归类到基本配置，它们包括起动系统、照明系统、信号装置、仪表及报警装置。

2）辅助电器。辅助电器一般是与发动机无关或关系不大的电气设备，主要有电动风窗雨刮器和洗涤器、空调系统、音响、点烟器、电动车窗、电动座椅、电动后视镜、电动天窗、电动门锁及防盗系统等。随着人们对舒适性和安全性的不断要求，越来越多的电气设备用于车辆，有些车辆已经配备了自动悬架、音响娱乐、电子导航、卫星定位、车距监测、倒车报警等，而且车辆的豪华程度越高，电气设备越多，可以用不胜枚举来形容。

无论车辆电气设备数量有多少，真正作为用电器也就是执行器的电器件仍然以灯泡、电动机、电磁阀数量居多，它们是学习和掌握汽车电气工作原理的重点部分。

3）发动机控制。现代车辆（无论是柴油作为燃料的柴油发动机，还是采用汽油作为燃料的汽油发动机），都已经采用了电子技术对发动机进行控制，主要是燃油喷射的控制，汽油发动机还包括点火控制，其辅助控制项目随车辆用途及豪华程度不同，有发动机怠速控制、点火控制、燃油泵控制、废气再循环控制、预热控制、排气制动控制、空调控制、冷却风扇控制、故障报警指示、自诊断功能及与其他电控系统的电路控制功能。

发动机采用电子控制可以使汽车上的各个系统均处于最佳工作状态，达到提高汽车动力性、经济性、安全性、舒适性，降低汽车排放污染的目的。发动机电子控制是车辆上众多电控装置的典型代表，学习和掌握它的结构和工作原理有助于其他电子控制系统的学习和理解。

汽车电气设备的基本组成如图1-2所示。

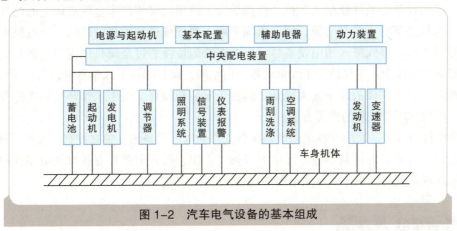

图1-2 汽车电气设备的基本组成

二、汽车电路的特点

汽车的种类和型号很多，所用电器和电子设备的种类繁多、数量不等，安装位置、连接方法也有一定的差异，但其电路的设计都遵循一定的电路规律和原则，虽然各国汽车制造厂商都有各自的标准，但也有一些共同的特点和规律，了解和掌握这些特点和规律对正确识读汽车电路图会有很大的帮助。

1. 两个电源

汽车基本上有两个电源，一个是蓄电池，另一个是发电机。发电机是主电源，主要供汽车运行时各用电设备用电，同时给蓄电池进行充电；蓄电池为辅助电源，在发动机未工作时，向有关电气设备供电，特别是起动发动机时对起动机提供足够大的起动电流，以保证发动机顺利起动。两者互补可以有效地使用电设备在不同的情况下正常地工作，有利于延长蓄电池的使用寿命。蓄电池和发电机在汽车电路中为并联关系。

2. 低压直流

无论是蓄电池还是发电机，它们向用电设备提供的电流都是以直流电的方式输出的。目前汽车电气设备用电源的额定电压主要有两种，汽油车普遍采用低压直流 12V 电源，重型柴油车多用低压直流 24V 电源，部分轻型柴油车也有用 12V 电源供电的。在发动机工作或车辆运行时，12V 的电源电压可以达到 14V，24V 的电源电压可以达到 28V。

随着汽车用电设备的增多和环保节能的需要，汽车制造厂商正在探索通过提高电源电压来尽可能地将导线、线束变细的方案，目前比较公认、理想的汽车电源电压为 42V。这是一种趋势，相信在不久的将来，42V 的汽车电源将会成为汽车的动力之源。

3. 单线并联

单线制是汽车电路设计的共同特点，它是利用汽车上的金属机体（即车身与发动机和变速器等构件）作为电气设备公共并联端（常称"搭铁端"）使用。安装在非金属机体上的电气设备则采用双线制。电气设备的正极与电源、用电器则采用一根导线进行连接。任何一个电路中的电流由电源的正极经开关、导线流入用电设备后，再由搭铁的负极通过金属机体流回电源负极而形成回路。单线制使用导线少，不仅减少了线束所需占用空间，而且减轻了汽车自重，简化了汽车电路，减少了导线的连接点，使故障率大大降低，也便于安装和检修。对于工作环境和工作要求较高的电路连接，仍然采用双线制的连接方法。

汽车用电设备较多，采用并联电路能确保各支路的电气设备相互独立控制，互不干扰。

每条电路均有各自的控制器件，保证电路独立工作；每条电路都有各自的电路保护装置，防止因电路短路或过载而引起导线及用电器的损坏。

4. 负极搭铁

采用单线制时，蓄电池的一个电极需与车身金属机体相连接，即搭铁。所谓负极搭铁，就是将蓄电池的负极通过电缆线与车身金属机体连接；若将蓄电池的正极与车身连接，则称为正极搭铁。由于采用负极搭铁方式不仅使汽车车身、车架均不宜锈蚀，而且电气设备对无线电的干扰也较正极搭铁方式小。所以，目前国内外汽车均采用负极搭铁方式。

随着电子技术特别是微电子技术在汽车上应用程度的不断提高，现代汽车电路中，传统的汽车电气正在逐步向电子化、专业化、机电一体化方向快速发展。电子控制技术已经涉及汽车电气设备的方方面面，今后汽车电路图的识读、汽车电路的分析、电路故障的排除将以电子技术为基础，掌握电控技术是前提。

任务二　汽车电路常用电气元件

一、开关

1. 开关的种类

开关在汽车电路中主要起接通或切断电路的控制作用。

（1）按工作性质分类

在汽车电路中，控制电气设备的开关有机械式和电磁式两大类。机械式开关触点的动作是通过操作人员的手、脚或其他外力来实现的；电磁式开关触点的动作是通过电磁线圈产生的磁力来实现的。

（2）按功能和用途分类

在汽车电路中根据功能和用途不同，开关可分为电源开关、点火开关、照明开关、信号开关、雨刮器开关等。

（3）按结构分类

按结构不同，开关可分为推杆式、顶杆式、旋转式、板柄式、翘板式、按钮式和组合式等多种形式。组合开关常安装在转向盘下的转向柱上，如图1-3所示。

（4）按操纵方式分类

按操纵方式不同，开关可分为手动开关、压力开关、温控开关、液位开关、机械开关等。

课题一 汽车电路图基础知识

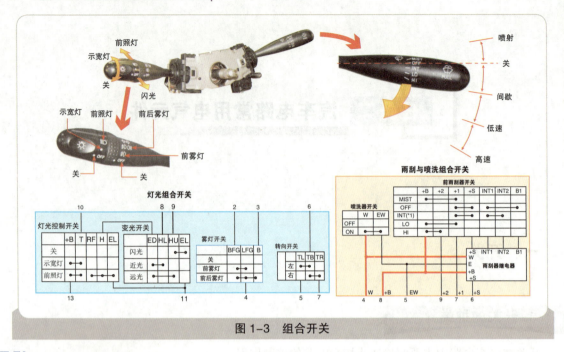

图 1-3 组合开关

（5）按工作状态分类

按开关的工作状态不同，开关可分为常开型开关、常闭型开关和混合型开关。常开型开关在操作开关时闭合；常闭型开关在操作开关时断开；混合型开关内置有常闭型开关和常开型开关，操作开关时触点动作相反。

2. 开关在电路图中的表示

（1）表格法（灯光开关）

表格法即把开关相关信息通过表格的方法反映在电路图中，主要有挡位、接线端子和开关内部导通情况，如图1-4所示。

从图1-4中可以看出，该开关有两个有效挡 Ⅰ、Ⅱ，0挡无输出；共有3个接线端子，其中1端子为公共端子，2端子为一挡输出端子，3端子为二挡输出端子；开关置于一挡位置时只有2端子输出，开关置于二挡时2端子和3端子同时输出。

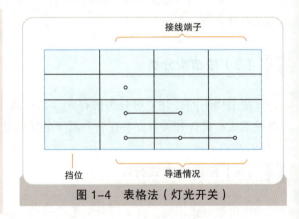

图 1-4 表格法（灯光开关）

（2）图形符号法（点火开关）

图形符号法，即把开关按实际挡位用相应的触点和触点臂表示在一个方框内，能体现操作方向、触点导通关系及外部接线端子等相关信息，如图1-5所示。

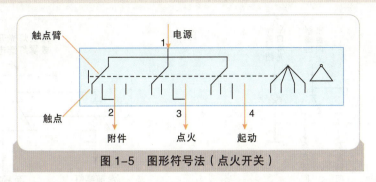

图1-5 图形符号法（点火开关）

从图1-5中可以看出，该开关是一个三掷（3个触点臂）四位（4个触点）四端子（开关接线端子）多挡位开关，共有4个挡位，1端子为公共输入端子，2端子为一挡输出端子，3端子为二挡输出端子，4端子为三挡输出端子，开关导通情况如下：

L(LOCK)：关闭挡或静止位置，该挡位无输出。

A(ACC)：第一个有效挡，主要提供给附件设备电源，由2端子输出。

O(ON)：第二个有效挡，也是发动机能够工作的挡位，也称点火挡或运行挡。该挡位除了3端子给发动机相关设备提供电源外，还有2端子给附件设备提供电源，所以，该挡位有两个端子输出。

S(ST)：第三个有效挡，是专门用于起动发动机的，主要由4端子给起动系统提供起动信号，使起动机运转，同时由3端子给发动机相关设备供电，所以，该挡位也是两个端子输出。

（3）结构法（雨刮器开关）

结构法采用类似内部触点和触点臂的实际结构来反映开关内触点间的导通情况，如图1-6所示。

从图1-6中可以看出，该开关是一个三挡位四端子开关，在0挡（即关闭挡），1端子和3端子导通，Ⅰ挡时3端子和4端子导通，Ⅱ挡时2端子和4端子导通。

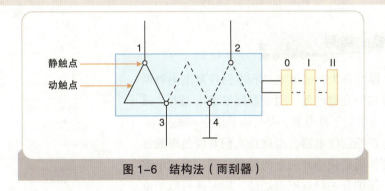

图1-6 结构法（雨刮器）

3. 典型开关内部电路

①危险报警开关。危险报警开关内部电路如图1-7所示。

②前后雾灯开关。前后雾灯开关内部电路如图1-8所示。

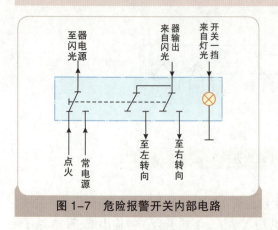

图1-7 危险报警开关内部电路

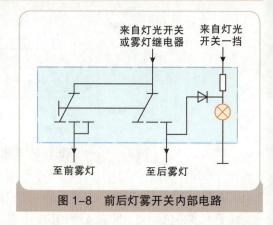

图1-8 前后灯雾开关内部电路

③鼓风机开关。鼓风机开关内部电路如图1-9所示。

④组合开关（变光、转向）。组合开关（变光、转向）内部电路如图1-10所示。

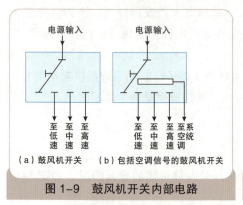

图1-9 鼓风机开关内部电路

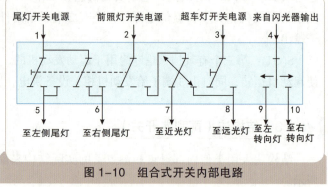

图1-10 组合式开关内部电路

二、继电器

1. 继电器的类型

汽车用继电器可分为功能继电器和电路控制继电器两种。功能继电器如闪光继电器、雨刮器间歇继电器等，该类型继电器可以称为电子继电器，在具体系统中再做介绍。这里主要介绍电路控制继电器，也就是人们常说的电磁继电器，它的主要作用是减小开关上的电流负荷，实现电路的通断与转换，保护开关触点不被烧蚀，同时还可以给电动机进行换向，通过电动机串、并联实现调速的功能。根据触点的状态不同，继电器又可分为常开型（常开触点，又称动合触点）、常闭型（常闭触点，又称动断触点）和开、闭混合型三类，如图1-11所示。继电器按外形分为方形

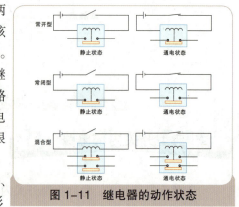

图1-11 继电器的动作状态

继电器和圆形继电器,按插脚多少有三脚、四脚、五脚、六脚等多种插脚形式。继电器一般安装在继电器盒内。如图1-12所示为丰田威驰轿车发动机室继电器盒。

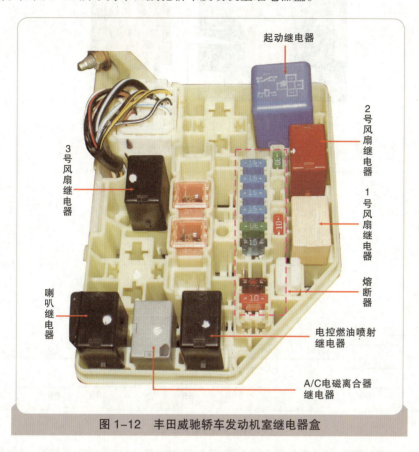

图1-12 丰田威驰轿车发动机室继电器盒

继电器由电磁铁和触点等组成,为防止线圈断路时产生的自感电动势将电子设备损坏,有的继电器在磁化线圈两端并联有泄放电阻或续流二极管。工作时,流经开关的小电流,控制用电装置的大电流。这种继电器在汽车上广泛应用,如电源继电器、卸荷继电器、前照灯继电器、雾灯继电器、起动继电器、喇叭继电器、鼓风机继电器、风扇继电器、空调压缩机继电器、电控系统主继电器、燃油泵继电器等。

常开型继电器的触点平时是断开的,继电器线圈通电后,产生磁力吸动触点,常开触点变为闭合触点,接通控制电路;常闭型继电器的触点平时是闭合的,继电器线圈通电后,产生磁力吸动触点,常闭触点断开,切断控制电路;混合型继电器的常闭触点平时接通,常开触点断开,线圈通电后,产生磁力吸动触点,触点则处于相反状态。

继电器线圈的工作电压一般有12V和24V,这两种电压的继电器应用较为广泛,此外,还有6V电压的继电器,用于特殊的地方,如充电指示灯继电器。继电器应严格按照线圈额定工作电压使用,不能互换电压等级不同的工作电压。

2.继电器在电路图中的表示

大众帕萨特继电器外形如图1-13所示。继电器插脚布置和内部电路如图1-14所示。

常见电磁继电器符号如图1-15所示。

图 1-13 大众帕萨特继电器外形

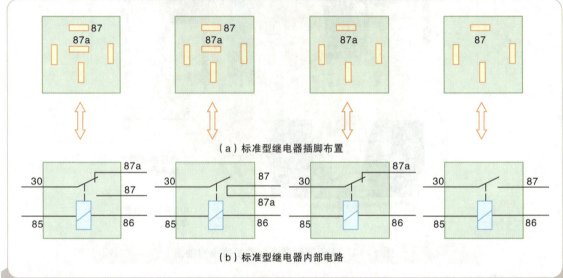

图 1-14 继电器插脚布置和内部电路

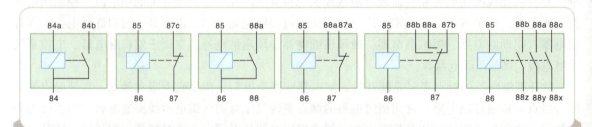

图 1-15 常见电磁继电器符号

常见电磁继电器接线柱标识见表 1-1。

表 1-1 常见电磁继电器接线柱标识	
接线柱标识	接线柱标识的含义
84	继电器线圈始端与触点共同电流输入接线柱
84a	继电器线圈末端电路输出接线柱
84b	继电器触点电流输出接线柱
85	继电器线圈末端电流输出接线柱
86	继电器线圈始端电流输入接线柱
87	继电器常闭触点与转换触点的电流输入接线柱
87a	继电器常闭触点的第一个电流输出接线柱
87b	继电器常闭触点的第二个电流输出接线柱

续表

接线柱标识	接线柱标识的含义
87c	继电器常闭触点的第三个电流输出接线柱
87z	继电器常闭触点与转换触点的第一个电流输入接线柱（单独回路时）（未示出）
87y	继电器常闭触点与转换触点的第二个电流输入接线柱（单独回路时）（未示出）
87x	继电器常闭触点与转换触点的第三个电流输入接线柱（单独回路时）（未示出）
88	继电器常开触点与转换触点的电流输入接线柱
88a	继电器常开触点的第一个电流输出接线柱
88b	继电器常开触点的第二个电流输出接线柱
88c	继电器常开触点的第三个电流输出接线柱
88z	继电器常开触点与转换触点的第一个电流输入接线柱（单独回路时）
88y	继电器常开触点与转换触点的第二个电流输入接线柱（单独回路时）
88x	继电器常开触点与转换触点的第三个电流输入接线柱（单独回路时）

三、熔断器

熔断器在电路中起过载保护作用，能长时间承受额定电流负载，但当电路中的电流强度达到某个预定值时，熔丝（片）因发热过高而烧断，从而切断电路。

熔丝的容量可通过它的颜色判断：紫色为3A，红色为10A，蓝色为15A，黄色为20A，绿色为30A。各种颜色的熔断器如图1-16所示。

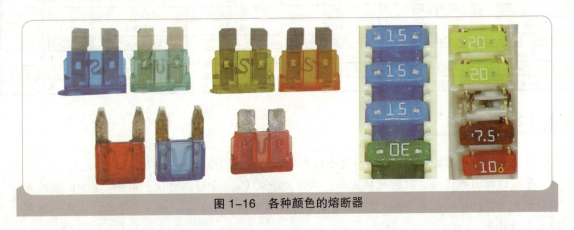

图1-16 各种颜色的熔断器

熔断器为一次性器件，使用时须注意：

①熔断器熔断后，必须先查找故障原因，并彻底排除。

②更换熔断器时，一定要与原规格相同，特别不能使用比规定容量大的熔断器，否则将失去保护作用。

③熔断器支架与熔断器接触不良会产生电压降和发热现象。因此，特别要注意检查其有无氧化现象和脏污。若其有脏污和氧化现象，须用细砂纸打磨光，使其接触良好。

四、导线

汽车电气系统的导线有低压导线和高压导线两种。

高压导线主要用于点火线圈高压输出及分电器盖至发动机各缸火花塞上的高压分线。

低压导线（如图1-17所示）按其用途分为普通低压导线和低压电缆线两种。汽车充电系统、仪表、照明、信号及辅助电气设备均使用普通低压导线，而起动机与蓄电池的连接线、蓄电池与车架的搭铁线等则采用低压电缆线。

一般对低压导线的线径、颜色甚至所属的电气系统做出标注。

图1-17 低压导线

（1）导线的颜色

为了便于安装和检修，低压导线绝缘层外表面常用不同的颜色加以区分，用字母（主要是英文字母）来表示。采用双色线，主色为基础色，辅色为环布导线的条色带或螺旋色带，且标注时主色在前，辅色在后。各种汽车电器的搭铁线应选用黑色导线，黑色导线除做搭铁外，没有其他用途。常见导线颜色的标注如表1-2所示。

表1-2 常见导线颜色的标注

颜色	常用缩写	中文	颜色	常用缩写	中文
Black	BLK/B	黑色	Light Green	LT GRN	浅绿
Blue	BLU/BL	蓝色	Orange	ORG/O	橙色
Brown	BRN/BR	棕色	Pink	PNK/P	粉红
Clear	CLR/CL	透明	Purple	PPL/PP	紫色
Dark Blue	DK BLU	深蓝	Red	RED/R	红色
Dark Green	DK GRN	深绿	Tan	TAN/T	褐色
Green	GRN/G	绿色	Violet	VIO/V	粉紫
Gray	GRY/GR	灰色	White	WHT/W	白色
Light Blue	LT BLU	浅蓝	Yellow	YEL/Y	黄色

（2）横截面积

横截面积一般用数字表示，数字大小代表导线的横截面积大小（单位：mm^2）。

导线的截面积标注在颜色代码前面，单位为毫米（mm）时不标注，例如：1.25R表示导线截面积为1.25mm^2的红色导线；1.0G/Y表示导线截面积为1.0 mm^2的双色导线，主色为绿色，辅助色为黄色。

五、线束与线束图

为了接线和维修的方便，将同路的导线用编织带包扎成束，称为线束。图1-18所示为奥迪A8轿车整车线束。同一种车型的线束在制造厂里按车型设计制造好后，用卡簧或绊钉固定在车上的既定位置，其抽头恰好在各电气设备接线柱附近，安装时按线号装在其对应的接线柱上。各种车型的线束各不相同，同一车型线束按发动机、底盘和车身分多个线束。线束图用来说明线束在车身上的安装位置、搭铁点和线束插接起的基本情况。图1-19所示为本田雅阁仪表板线束布置图。

图 1-18 奥迪 A8 轿车整车线束

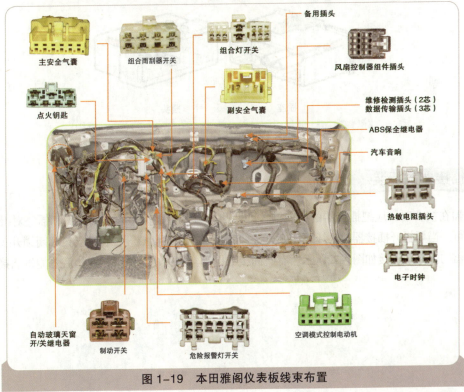

图 1-19 本田雅阁仪表板线束布置

六、插接器

插接器由插头和插座两部分组成。插头和插座均与各个线束端相连接,将插头插入相应的插座,即完成了线束之间的连接。插头的脚数与线束中导线的条数相同,不同的线束应选不同的插头。图 1-20 所示为丰田威驰轿车雨刮器电机插接器。

为防止汽车行驶时插接器松脱,所有的插接器在结构上都有锁闭装置,如图 1-21 所示。需要拆开时,应先按下闭锁开关,使锁扣脱开,才能将其分开。

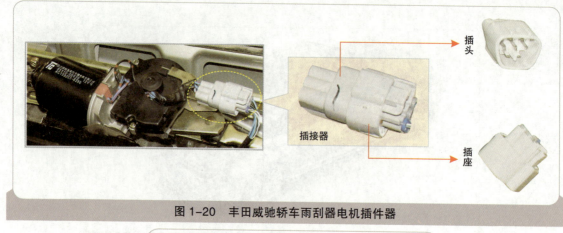

图 1-20　丰田威驰轿车雨刮器电机插件器

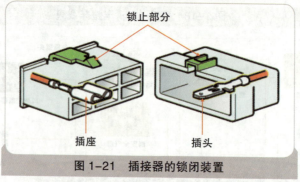

图 1-21　插接器的锁闭装置

1. 插接器的拆装

插接器在接合时，应把插接器的导向槽（即凹凸导轨）重叠在一起，使插头和插座对准，然后平行插入即可。当要拆开插接器时，压下闭锁开关，就可以把插接器拉开，否则会拉坏闭锁开关或连接导线。插接器的拆卸与连接如图1-22所示。有些插接器用钢丝扣锁止，取下钢丝扣后才能将插接器拔开。

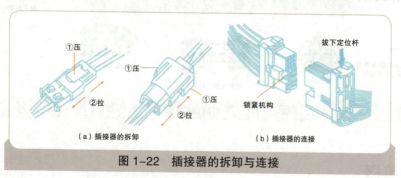

图 1-22　插接器的拆卸与连接

2. 插接器在电路图中的表示

插接器的种类很多，在电路图中没有统一的表示方法，各生产厂家有各自的表示方法，有些车有专用代号，有些车没有代号，有些车是自然编号，有些车在插接器上印有端子号。以下列举其中的几种。

大众车系插接器大部分用 T 表示，例如，T10/8 表示该端子为 10 孔插接器的第 8 孔，再如，

T10b/8 表示该端子为 10 孔插接器 b 序列的第 8 孔。在读图时千万要注意同样插接器的不同序列，例如，T80/59 表示该端子为 80 孔插接器的第 59 孔，如图 1-23 方框内所示。

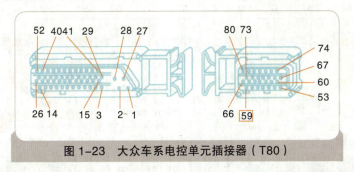

图 1-23　大众车系电控单元插接器（T80）

通用车系插接器大部分用 C 表示。例如，C1/5 表示该插接器编号为 C1，该端子为 C1 系列里第 5 脚；C2/15 表示该插接器编号为 C2，该端子为 C2 系列里第 15 脚，如图 1-24 所示。

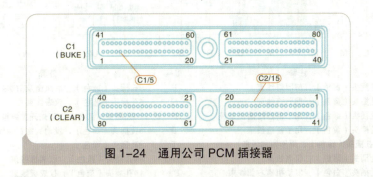

图 1-24　通用公司 PCM 插接器

丰田车系插接器大部分用 E 表示，例如，E3/25 表示编号为 E3 插接器的第 25 脚，E4/16 表示编号为 E4 插接器的第 16 脚，E5/9 表示编号为 E5 插接器的第 9 脚，如图 1-25 所示。

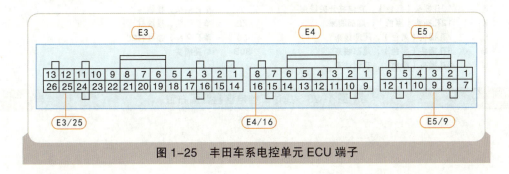

图 1-25　丰田车系电控单元 ECU 端子

七、中央线路板

一般整车电气系统通常采用中央线路板方式，即大部分继电器和熔丝安装在中央线路板正面。主线束从中央线路板反面接插后通往各用电器。中央线路板上标有线束和导线接插位置的代号及接点的数字号。图 1-26 所示为捷达王继电器盘背面布置。

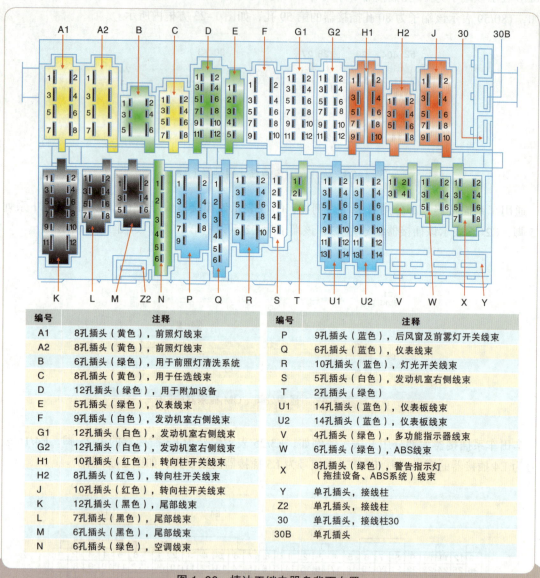

图 1-26 捷达王继电器盘背面布置

任务三 汽车电路的类型

纵观汽车整车电路，不难发现汽车电路是由许多基本电路和电气设备组成的。汽车电路按照控制电路中有无使用继电器可以分为直接控制电路和间接控制电路，按照控制用电器工作时是否使用电控单元可以分为电控电路和非电控电路，按照电路的作用可以分为电源电路、信号电路和执行器工作电路等。在阅读汽车电路图的时候，可以按照上面的分法先把整个电路分为不同种类的电路，然后逐类分析解读，把每类电路读懂了，也就读懂整车电路了。

一、直接控制电路和间接控制电路

1. 直接控制电路

直接控制电路是指不使用继电器，用电器由控制器（如点火开关、灯光开关）直接控制的电路。在这种电路中，控制器和用电器串联，直接控制用电器的工作，如图1-27所示。这种直接控制电路是最简单、最基本、最常见的电路。

在阅读直接控制电路时，关键是要遵循回路原则，即用电器正常工作时必须在蓄电池正极、过载保护装置（如熔断器）、控制器、用电器和蓄电池负极间构成闭合回路。如图1-27所示，电路为蓄电池正极→仪表板熔断器F20 10A（过载保护装置）→倒车开关（控制器）→倒车灯（用电器）→G401接地→蓄电池负极。

在汽车上的控制开关中，点火开关是最重要的开关，用来控制汽车各分支电路的通断。点火开关的主要功能如下：1）置于LOCK挡时锁止转向盘轴；2）置于ACC挡时，接通车上的附件电气设备（如收音机、电动车窗）电路；3）置于ON挡时，接通点火电路、油泵电路等；4）置于ST挡时，接通起动机电路，起动发动机。点火开关在置于

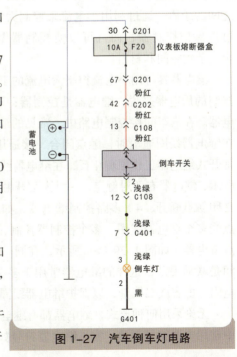

图1-27 汽车倒车灯电路

ST挡时，只要一松手就能自动回到ON挡，不能进行自行定位，而在其他挡均可自行定位，这样可以防止起动机长时间工作。

多功能组合开关是汽车上控制用电器工作的又一重要开关，包括照明开关（前照灯开关、变光开关）、信号开关（转向信号开关、危险报警灯开关、超车灯开关）、风窗玻璃、雨刮器和清洗器开关等，安装在驾驶员前面的转向柱上，便于驾驶员的操纵。

熔断器是汽车上最常见的过载保护装置，用于对局部电路进行保护，能以额定电流长时间工作的负载，但在通过电流超过额定电流25%时，约1min就熔断，在超过额定电流10%时，则3min就熔断。因此，在熔断器结构一定时，流过熔断器的电流越大，熔断器熔断的时间就越短。熔断器为一次性保护装置，在熔断后，只能更换新的熔断器。

2. 间接控制电路

间接控制电路是指在用电器和控制器之间使用继电器、控制器，通过控制继电器触点的通断来控制用电器工作的电路。

继电器是间接控制电路中的重要控制器。继电器主要由电磁线圈和触点等组成。继电器的工作原理如图1-28所示。在间接控制电路中，控制器（开关、电控单元）控制用电器工作过程的实质是控制继电器线圈通电产生磁力闭合继电器触点，接通用电器工作电路使用电器工作的过程。在这个控制过程中，把控制器控制继电器线圈的电路称为控制电路，把继电器触点控制用电器工作的电路称为主电路。在电路中使用继电器进行间接控制，解决了控制器允许通过的电流小和用电器工作需要的电流大之间的矛盾。通过利用小电流来控制大电流，不仅可以保护控制器，而且可以使控制器做得体积更小，节约空间和材料。

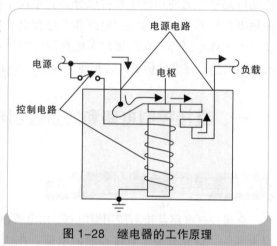

图1-28 继电器的工作原理

继电器具有用小电流控制大电流的工作特点，使继电器在电路中具有双重身份。对于受继电器控制的用电器来说，继电器是控制器；对于控制继电器的各种开关和电控单元来说，继电器是用电器。在汽车间接控制电路中，常见的继电器有：1）常开式继电器，如图1-29（a）、（f）所示，在继电器线圈通电时，触点闭合，接通用电器电路；2）常闭式继电器，如图1-29（b）所示，与常开式继电器工作原理相反，在继电器线圈通电时，触点断开；3）切换式继电器，如图1-29（d）所示，继电器有两对触点，一对为常开触点，一对为常闭触点，在电磁线圈通电时，常开触点闭合，常闭触点断开；4）多路控制继电器，如图1-29（e）所示，继电器内线圈不止有一个，继电器触点受多个继电器线圈、多个控制器控制，常用于同一个用电器受多个控制器控制的电路；5）多触点继电器，如图1-29（c）所示，在同一个继电器内，继电器触点不止有一个，继电器各个触点之间是联动关系，这样的继电器常用于多个或多路用电器的控制电路中，有的继电器线圈上会并联电阻、电容或二极管，以保护继电器线圈、控制开关触点和电控单元。

无论采用何种形式，继电器都有继电器线圈和继电器触点这两个基本元器件。继电器在电路图中常用电器符号表达。常见继电器符号如图1-29所示。继电器符号一般由继电器线圈和继电器触点组成，线圈与触点用虚线相连，表示此触点受该线圈的控制。继电器触点在电路图中所处的位置一般表示该系统处于停止工作状态时的位置。若继电器触点处于断开状态，如图1-29（f）所示，则说明该继电器为常开式继电器。若继电器触点处于闭合状态，则说明该继电器为常闭式继电器。

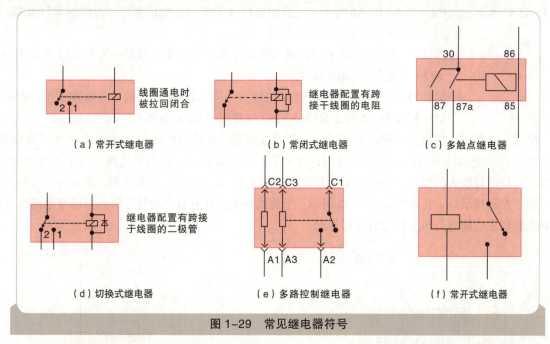

图1-29　常见继电器符号

间接控制电路由两部分电路构成，即控制电路和主电路。在阅读间接控制电路时，关键是以继电器为中心来区分控制电路和主电路，然后根据回路原则，分别分析控制电路和主电路。上海通用汽车前雾灯受继电器的控制，其电路如图1-30所示。下面以该电路为例来分析间接控制电路。

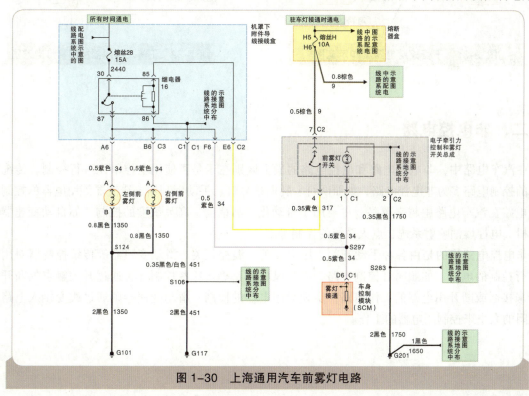

图1-30　上海通用汽车前雾灯电路

1）雾灯控制电路驻车灯接通时通电→熔丝 H(10A)→前雾灯开关触点→继电器 16 的 85 端子→继电器线圈→继电器 16 的 86 端子→S106 绞接点→G117 接地。

2）雾灯主电路所有时间通电→熔丝 28 (15A)→继电器 16 的 30 端子→继电器 16 触点→继电器 16 的 87 端子┬→插接器 C3 的 A6 端子→左侧前雾灯 A 端子→左侧前雾灯→左侧前雾灯 B 端子→S124 绞接点→G101 接地。
├→插接器 C3 的 B6 端子→右侧前雾灯 A 端子→右侧前雾灯→右侧前雾 B 端子→S124 绞接点—G101 接地。
└→插接器 C2 的 F6 端子→S297 绞接点→插接器 C1 的 1 端子→前雾灯开关指示灯→插接器 C2 的 2 端子→S283 绞接点→G201 接地。

在汽车电路中还使用另一种继电器——干簧式继电器，其结构如图 1-31 所示。干簧式继电器在工作时，继电器线圈通过电流产生磁力，使笛簧开关触点闭合，接通主电路。由于干簧式继电器线圈允许通过较大的电流，因此其具有反应灵敏的特点，常用于信号采集电路，作为传感器使用，还可用于控制指示灯，其电路如图 1-32 所示。干簧式继电器在电路中的符号依然采用继电器符号，控制电路和主电路的分析方法与继电器相同。

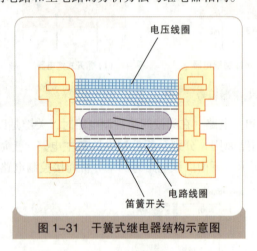

图 1-31　干簧式继电器结构示意图

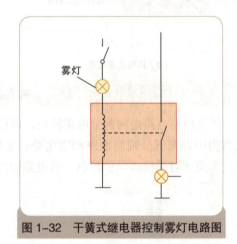

图 1-32　干簧式继电器控制雾灯电路图

二、非电控电路

在汽车电路中，非电控电路和电控电路的最大区别在于是否使用电控单元进行控制。传统用电器的控制电路多为非电控电路，如照明灯、转向信号灯、手动雨刮器、清洗器等用电器的控制。电控电路在汽车电路中越来越多，主要用于自动化、高精度、高灵敏度的控制，如自动变速器、发动机、电控燃油喷射系统、点火系统的控制等。

非电控电路指的是由各种手动开关、压力开关、温控开关、滑动变阻器等传统控制器对用电器进行控制的电路，如照明灯控制电路、冷却风扇电路等。这些控制开关通过开关触点的断开或闭合来接通或断开用电器的工作电路，实现对用电器的控制。滑动变速器则通过改变接入电路中的电阻的大小来控制用电器的工作。

1. 手动开关

手动开关主要是指点火开关、照明灯开关、转向信号灯开关、危险报警灯开关、鼓风机转速调节开关、各种控制面板开关、座椅位置调节开关、门窗玻璃升降开关等。在汽车上，最重要的开关是点火开关，驾驶员通过点火开关来控制汽车上各用电器电路的通断。常见点火开关符号如图1-33所示。照明灯开关、转向信号灯开关、危险报警灯开关、远近光转换开关等开关往往组合在一起组成组合开关安装在驾驶员面前的转向盘柱上，方便驾驶员的操作。对于组合开关，在电路图中往往只画出所需的开关，再在开关旁边注明在组合开关上。

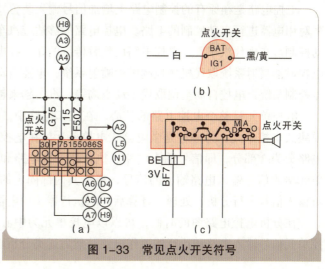

图1-33　常见点火开关符号

2. 温控开关

温控开关是指受温度控制的开关。这类开关往往由热敏电阻材料或温度系数不同的双金属组成，在外界温度发生变化时切断或接通用电器的电路，如用于控制冷却液散热风扇的热敏开关及空调系统中用来感受外界的温度、控制压缩机工作的温度保护开关等。温控开关在电路图中一般用普通开关的符号再在开关触点上加字母θ或者是在开关旁用文字说明的方法来标注。

3. 压力开关

压力开关是指受液压或气压管路中压力控制的电路开关。在管路压力高于或低于一定标准值时，开关触点断开或关闭，切断或接通用电器电路，起到对用电器的保护作用。例如，空调系统中用于控制压缩机工作的双压开关、发动机润滑系统中的机油压力开关等均属于压力开关。压力开关在电路图中可用普通开关符号加文字标注的方法来表示，也可以用专用符号来表示。

4. 滑动变阻器

滑动变阻器通过改变串入电路中的电阻来改变电路中用电器两端的电压来控制用电器的转速、亮度等，如用来调节电动机的转速、调节灯光的亮度等。

随着汽车电控技术的发展，汽车上越来越多的传统控制器将被电控单元或电控单元的功能所取代。例如，可以利用压力传感器来代替压力开关，利用电控单元来代替滑动变阻器控制电动机的转速、灯光亮度等。

三、电控电路

电控电路是在原有的控制电路上增加信号输入装置（信号传感器）和电控单元，利用电控单元来对用电器进行自动控制的电路。电控电路能够适应汽车电控技术的发展，实现对车上执行器的自动控制。在现代汽车上，电控电路已代替传统的非电控电路成为汽车控制电路的主要形式。例如，电控燃油喷射系统取代机械控制燃油喷射系统，电控自动变速器控制系统取代传统的液压自动变速器控制系统，电控自动空调取代手动空调等，汽车越来越多的用电器被电控单元所控制。

电控单元是整个电控电路的核心。在汽车电路中，电控单元有两种形式，一种是简单的电子模块式电控单元，另一种是微电脑式电控单元。在电控电路中，根据电气设备的作用不同，电控电路分为3部分，即信号输入电路、执行器工作电路和电控单元电路。在电控单元工作时，电控单元接收信号输入电路输入的信号，根据其内部固定的电路（电子模块式）或程序（微电脑式）对输入信号进行分析、处理、计算后控制执行器（用电器）的工作。

在分析电控电路图的时候，可以以电控单元为中心，把电控电路分为电控单元电源电路、电控单元信号输入电路和执行器工作电路，然后逐类分析电控电路，可以收到事半功倍的效果。

1. 电控单元电源电路

电控单元电源电路是指蓄电池向电控单元供电的电路。按照蓄电池向电控单元供电电路的不同，电控单元电源电路分为两部分：一部分电路是蓄电池正极与电控单元直接相连，无论何时都向电控单元供电，这部分电路的作用是让电控单元在点火开关关闭时仍能保存必要的数据，电流较小，称为常电源电路；另一部分电路是蓄电池正极与电控单元间通过点火开关或继电器相连，这部分电路一般在点火开关置于点火挡时向电控单元供电，作用是向电控单元提供工作电源，电流一般较大，称为主电源电路。

电控单元要与蓄电池负极相连，才能构成闭合回路正常工作。电控单元一般通过车体与蓄电池负极相连，这样的电路称为电控单元接地电路。电控单元的接地电路往往不止一条，这样可以提高接地的可靠性。

一汽丰田汽车发动机电控单元电路（简称发动机 ECU 电路）如图 1-34 所示。

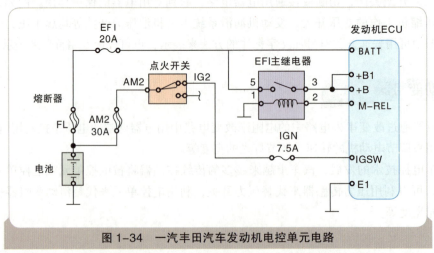

图 1-34　一汽丰田汽车发动机电控单元电路

1）发动机 ECU 电源电路蓄电池"+"→熔断器 FL→熔断器 EFI (20A)→发动机 ECU 端子

BATT→发动机ECU。

2）发动机ECU主电源电路有两条。

一条电源电路是蓄电池通过点火开关IG2触点向发动机ECU供电。主电源电路1：蓄电池"+"→熔断器AM2（30A）→点火开关AM2端子→点火开关IG2触点→熔断器IGN（7.5A）→发动机ECU IGSW端子→发动机ECU。

另一条电源电路是点火开关置于IG2挡时，发动机ECU令EFI主继电器触点闭合，蓄电池通过EFI主继电器触点向发动机ECU供电。主电源电路2：蓄电池"+"→熔断器FL→熔断器EFI（20A）→EFI主继电器5端子→EFI主继电器触点→EFI主继电器3端子→┬→发动机ECU+B1端子→发动机ECU。
└→发动机ECU+B端子→发动机ECU。

3）发动机ECU接地电路发动机ECU通过E1端子与车身相连和蓄电池"–"极构成回路。发动机ECU接地电路：发动机ECU→发动机ECU E1端子→接地。

2. 电控单元信号输入电路

电控单元信号输入电路按信号的来源不同，可以分为传感器信号电路、外接开关信号电路和电控单元间数据传输电路。

（1）传感器信号电路

传感器信号电路按传感器在工作时需不需要电控单元或蓄电池向其提供工作电压，可以分为有源传感器信号电路和无源传感器信号电路。有源传感器信号电路一般分为电源电路、信号电路和接地电路。例如，霍尔效应式车速传感器、空气流量计、节气门位置传感器等，其中信号电路一定与电控单元相连。电源电路和接地电路不一定与电控单元相连。无源传感器信号电路只有一条信号电路与电控单元相连，这类传感器如氧传感器、爆燃传感器。由于无源传感器的信号较弱，为防止无线电信号的干扰，在传感器信号线上往往加有信号屏蔽线。信号屏蔽线可以通过电控单元接地，也可以直接接地，如图1-35所示。

传感器在电路图中一般不绘制出其内部具体结构，只用简单的符号或符号加文字标注的方法来表示。例如，冷却液温度传感器和进气温度传感器的工作原理基本相同，在电路图中符号相似，可用在符号旁加文字标注的方法来表示。在阅读分析汽车电路图的时候，一般不需要知道传感器的内部结构如何，只要知道传感器各端子的作用即可。因此在电路图中，传感器和电控单元各端子处往往用缩略语或简洁文字来标明端子的作用。

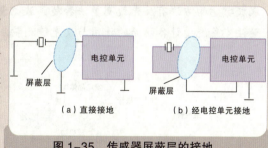

图1-35 传感器屏蔽层的接地

在现代汽车上传感器数量众多，传感器信号主要应用于发动机控制、自动变速器控制、制动控制、转向控制、车身控制、空调控制等。

课题一 汽车电路图基础知识

① 空气流量计

空气流量计用来测量发动机的进气量,并将信号输送到发动机电控单元,作为电控直接燃油喷射系统燃油喷射量和点火控制的主要控制信号。空气流量计按测量空气的原理不同,可以分为叶片式、卡门涡旋式和热式空气流量计。空气流量计都为有源传感器。

a. 叶片式空气流量计。叶片式空气流量计通过利用与测量板同轴转动的电位计来测量叶片转动的角度,将进入发动机的进气量转变成电压信号输送到发动机电控单元。叶片式空气流量计的结构和电路如图1-36所示。

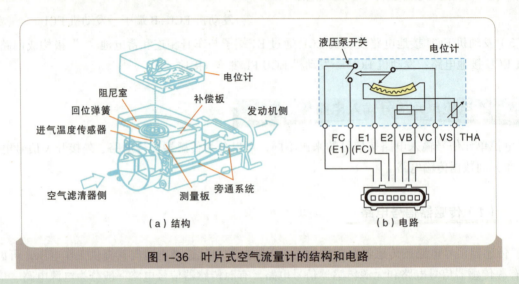

图1-36 叶片式空气流量计的结构和电路

b. 卡门涡旋式空气流量计。卡门涡旋式空气流量计利用卡门原理制成,其结构与电路如图1-37所示。在空气流通道内设置涡流发生器,当空气流过时,在涡流发生器后方会产生许多空气涡旋。空气涡旋的数量与空气的流速成正比,因此只需测出空气涡旋的数量就可以计算出空气的流速,再将空气通道的有效截面积与空气流速相乘即可计算出发动机的进气量。测量空气涡旋数量的方法有反光镜测量法和超声波测量法两种。图1-37所示为反光镜测量法。超声波测量法空气流量计各端子的作用与反光镜测量法空气流量计各端子的作用标注相同。

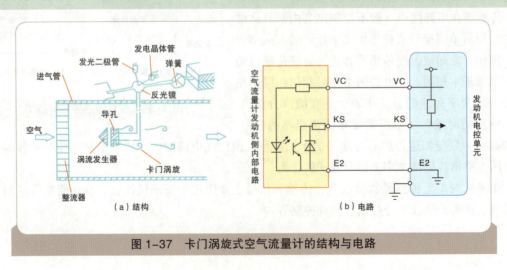

图1-37 卡门涡旋式空气流量计的结构与电路

c. 热式空气流量计。热式空气流量计把发热电阻丝组成桥式电路，其电路如图1-38所示。把桥式电路放在空气流量计进气道内，蓄电池向桥式电路中的发热电阻丝供电。当有空气从空气流量计流过时，带走发热丝的热量使桥式电路失去平衡，产生电压差。发动机电控单元通过测量精密电阻 R_H 上的电压下降值来计算出发动机的进气量。热式空气流量计与发动机电控单元的连接电路如图1-39所示。热式空气流量计根据桥式电路的安装位置不同可分为主流测量式空气流量计、旁通测量式空气流量计和热膜式空气流量计3种。

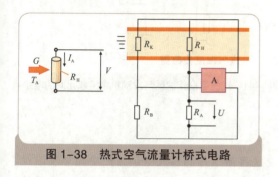

图1-38 热式空气流量计桥式电路

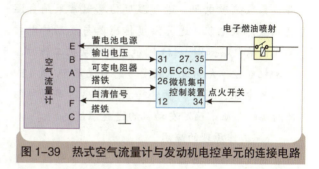

图1-39 热式空气流量计与发动机电控单元的连接电路

② 进气压力传感器

a. 信号作用。

进气压力传感器用来测量发动机进气管压力，并把压力信号输送到发动机电控单元，发动机电控单元利用该信号和发动机转速信号间接计算出发动机进气量。压力信号是电控间接型燃油喷射系统的重要信号。

b. 结构与工作原理。

进气压力传感器主要由压力转换元件和压力信号放大元件组成。压力转换元件由具有压电效应的硅片（膜）组成。在进气压力作用下，硅片（膜）产生变形，使硅片（膜）的电阻值发生变化，从而使电桥电压发生变化。电桥电压值很小，需要通过压力信号放大元件放大后输送到发动机电控单元PIM端。发动机电控单元通过VCC端子向进气压力传感器提供5V工作电压。进气压力传感器与发动机电控单元间的电路如图1-40所示。

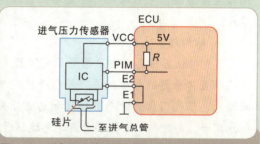

图1-40 进气压力传感器与发动机电控单元间的电路

c. 工作原理的应用。

在汽车各传感器中，机油压力传感器、各种液压传感器等压力传感器的工作原理与进气压力传感器的工作原理相同。

③ 进气温度传感器

a. 信号作用。

空气的密度会随着温度的升高而变小。进气温度传感器的作用就是检测进气温度，并把进气温度信号输送到发动机电控单元。发动机电控单元根据该信号来对发动机喷油量进行修正，以便获得最佳空燃比。

b. 结构与工作原理。

进气温度传感器中的电阻由热敏电阻材料制成。热敏电阻在外界温度发生很小的变化时，阻值就会发生很大的变化。根据热敏电阻材料的性质不同，热敏电阻分为正温度系数热敏电阻和负温度系数热敏电阻。进气温度传感器常采用负温度系数热敏电阻。进气温度传感器与发动机电控单元间的电路如图1-41所示。在发动机工作时，发动机电控单元向进气温度传感器提供5V或12V的工作电压，通过测量进气温度传感器串联电阻R两端的电压来确定发动机的进气温度。

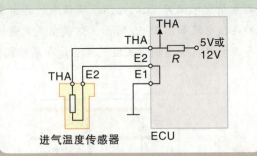

图1-41　进气温度传感器与发动机电控单元间的电路

c. 工作原理的应用。

在汽车各传感器中，冷却液温度传感器、自动变速器油温传感器及空调系统中的环境温度传感器、车内温度传感器、出风口温度传感器、蒸发器表面温度传感器等温度传感器的工作原理与进气温度传感器的工作原理相同。

④ 节气门位置传感器

a. 信号作用。

节气门位置传感器安装在节气门体上，将节气门打开或关闭的角度信号转变成电压信号输送到发动机电控单元。发动机电控单元根据节气门位置传感器信号来控制喷油器的喷油量。节气位置传感器信号不仅应用于发动机电控单元，而且应用于其他电控单元，如自动变速器电控单元。

b. 结构与工作原理。

节气门位置传感器实质是滑动变阻器，节气门位置传感器的结构与电路如图1-42所示。节气门位置传感器的电阻随着节气门开度的增大而增大，输出的电压信号也随着节气门开度增大而增大。节气门位置传感器往往和急速开关做成一整体，在节气门处于急速位置时，急速开关触点闭合，向发动机电控单元输送急速信号，用于发动机电控单元对发动机的急速控制。

c. 工作原理的应用。

在汽车各传感器中，叶片式气流量计、EGR阀位置传感器、燃油表位置传感器等传感器的工作原理与节气门位置传感器的工作原理相同。

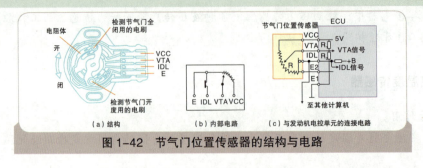

图1-42　节气门位置传感器的结构与电路

⑤ 发动机转速与曲轴位置传感器

a. 信号作用。

空气流量计把单位时间内进入发动机的空气量输送到发动机电控单元。为了计算出每次循环进入发动机的进气量，确定喷油器的最佳喷油量，需要测出发动机在单位时间内的转速。发动机转速传感器就是用来测量发动机转速的。发动机电控单元为了选取最合适的喷油时刻和点火时刻，还需要知道发动机曲轴转角的位置。曲轴位置传感器就是用来测量发动机曲轴转角的。

b. 结构与工作原理。

发动机转速传感器和曲轴位置传感器往往可以共用一个传感器。发动机转速与曲轴位置传感器可以有很多种形式，如电磁感应式、霍尔效应式、光电式等，其中应用最为广泛的是电磁感应式。

电磁感应式发动机转速与曲轴位置传感器（如图1-43所示）主要由转子、托架、电磁线圈和永久磁铁构成。永久磁铁的磁力线经转子、电磁线圈、托架构成闭合回路，在转子旋转时，转子凸起与托架间的磁隙不断发生变化，通过线圈的磁通量也不断发生变化，在线圈中便产生了感应电压，并以交流形式输出。电磁感应式发动机转速与曲轴位置传感器为无源信号传感器，不需电控单元或蓄电池额外供给电源。传感器上有两条线与电控单元相连。电磁感应式发动机转速与曲轴位置传感器还应用在ABS系统中的轮速传感器、自动变速器上的转速传感器、车速传感器等。

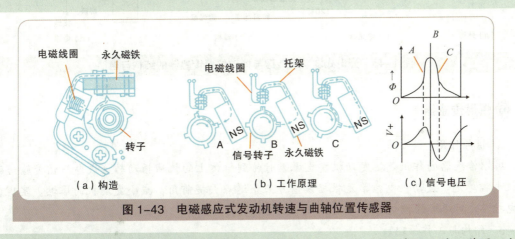

图1-43 电磁感应式发动机转速与曲轴位置传感器

霍尔效应式发动机转速与曲轴位置传感器是根据霍尔原理制成的传感器。其工作原理与电路如图1-44所示。当触发叶轮以其缺口对着空气隙时，磁铁产生的磁通经导板、空气隙到半导体基片构成回路，这时传感器输出霍尔电压。当触发叶轮的叶片进入空气隙时，原磁路被叶片旁通，此时，传感器无霍尔电压输出。霍尔电压变化的时刻反映了曲轴的位置，单位时间内霍尔电压变化的次数可反映发动机的转速。霍尔效应式发动机转速与曲轴位置传感器还可应用在自动变速器的输入轴转速传感器、车速传感器等。霍尔效应式发动机转速与曲轴位置传感器为有源传感器，一般由3条线路与电控单元相连，分别是电源线、接地线和信号线。

光电式发动机转速与曲轴位置传感器主要由发光二极管、光敏二极管、遮光盘和控制电路组成，其结构与电路如图1-45所示。遮光盘上均匀刻有360条缝隙，每条缝隙代表曲轴的每度转角，遮光盘固定在凸轮轴上，随凸轮轴一起转动，当遮光盘挡住发光二极管光线时，光敏二极管截止，控制电路输出低电压，当缝隙对准发光二极管与光敏二极管时，光线照射到光敏二极管上，控制电路输出高电压。凸轮轴每旋转一周，控制电路将输出360个脉冲信号，发动机电控单元根据该信号来确定一缸上止点位置和缸序，控制喷油器喷油和点火线圈点火。光电式传感器为有源式传感器，有3条电路与电控单元相连。光电式传感器还应用于主动悬架系统中的车身高度传感器等。

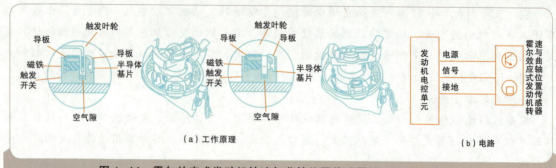

图1-44　霍尔效应式发动机转速与曲转位置传感器的工作原理与电路

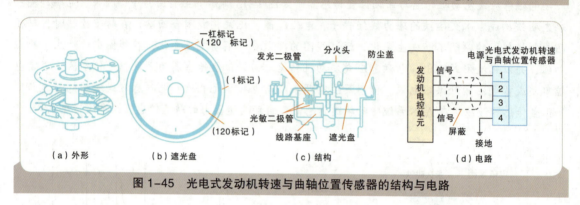

图1-45　光电式发动机转速与曲轴位置传感器的结构与电路

⑥ 爆燃传感器

a. 信号作用。

爆燃传感器的作用是把发动机发生爆燃时传到缸体上的机械振动转换成电压信号输送到发动机电控单元。发动机电控单元根据该信号来推迟点火提前角，减小发动机的爆燃，实现发动机电控单元对爆燃的控制。

b. 结构与工作原理。

爆燃传感器根据工作原理不同，可以分为共振型、非共振型和火花塞座金属垫型3种。这3种类型的爆燃传感器在工作时都不需要额外的电源供电，为无源传感器，通过信号屏蔽线与发动机电控单元相连，如图1-46所示。

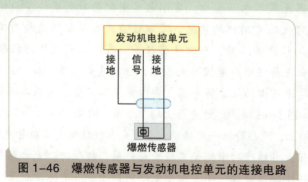

图1-46　爆燃传感器与发动机电控单元的连接电路

● 共振型爆燃传感器是由与爆燃几乎具有相同共振频率的振子和能够检测振子振动电压并将其转换成电压信号的压电元件构成，其结构如图1-47（a）所示。

● 非共振型爆燃传感器与共振型爆燃传感器相比在结构上缺少产生振动的振子，直接利用能够将振动转变成电压信号的压电元件构成，其结构如图1-47（b）所示。

● 火花塞座金属垫型爆燃传感器是在火花塞的垫圈部位装上压电元件，根据燃烧压力直接检测爆燃信号，并将振动压力转换成电压信号输送到发动机电控单元。该类型爆燃传感器一般在每缸火花塞上都安装一个，其结构如图1-47（c）所示。

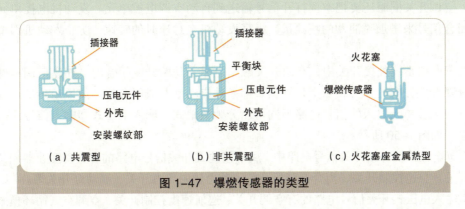

图1-47 爆燃传感器的类型

⑦ 氧传感器

a. 信号作用。

现代汽车普遍采用三元催化排气净化器，把发动机排出废气中的有害气体转化成无害气体。当发动机在标准的理论空燃比14.7∶1运转时，三元催化转化器的转化效率最高，为此必须对发动机空燃比进行精确控制。氧传感器用来检测发动机排气废气中氧的含量，并将其转化成电压信号输送到发动机电控单元。发动机电控单元根据该信号来确定实际空燃比是比理论空燃比高还是低，并控制喷油器增加或减小喷油量。

b. 结构与工作原理。

氧传感器的外观和结构如图1-48所示。敏感元件陶瓷材料（氧化锆）的内外表面都覆盖了薄层铂，传感器内侧与大气相通，外侧与发动机废气相接触。在400℃～800℃的高温环境里，氧化锆内外表面处氧的浓度有很大差别，则氧化锆元件内外侧两铂电极之间将会产生一电压。由于氧化锆只有在400℃～800℃的高温环境里才能正常工作，为保证氧传感器在发动机进气量小、排气温度低时能正常工作，氧传感器中增加了电加热装置来对氧传感器进行加热。这样的氧传感器称为加热型氧传感器。氧传感器属于无源传感器，加热型氧传感器则属于有源传感器。加热型氧传感器与发动机电控单元的连接电路如图1-49所示。

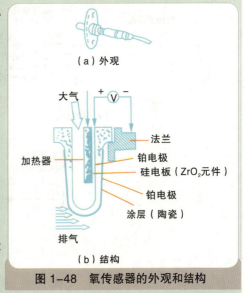

图1-48 氧传感器的外观和结构

图1-49 氧传感器与发动机电控单元的连接电路

（2）外接开关信号电路

在汽车电控系统电路中，外接开关的接通与断开也是作为一种特殊的信号输入发动机电控单元的，如空调开关、自动变速器挡位开关、制动灯开关、电动座椅调整开关、电动门窗升降开关等。这些开关在接通或关闭时，电控单元将根据开关信号控制或改变相应执行器的工作。例如，当制动灯开关触点闭合时，制动防抱死系统（ABS）电控单元将起动 ABS 系统工作，空调开关触点闭合时，把空调系统打开信号输送到发动机电控单元。若车上配置的空调为自动空调系统，空调开关同时还要把空调打开信号输送到自动空调电控单元。发动机电控单元根据空调开关闭合信号来增加喷油器的喷油量，提高发动机在怠速时的转速，防止发动机因增大负荷而熄火。

在汽车电控系统外接开关中，有的开关触点是靠手动断开或闭合的，如座椅调整开关、电动门窗升降开关，有的开关触点则是根据外部条件自动断开或闭合的，如风扇热敏开关。外接开关根据向电控单元输入的信号电路不同可以分为接地式、输入电压式和输入信号式。其电路及工作原理如图 1-50 所示。

在汽车电控系统外接开关信号电路中，属于接地式开关信号电路的有自动变速器挡位开关、安全带开关、怠速控制开关、离合器踏板开关、动力转向压力开关、制动灯开关等。

属于输入电压式开关信号电路的有空调开关、巡航速度控制开关、空调空气循环模式开关、起动信号开关、电动座椅调节开关、电动门窗开关等。

属于输入信号式开关信号电路的有自诊断信号开关、点火钥匙通电开关、风门位置开关等。

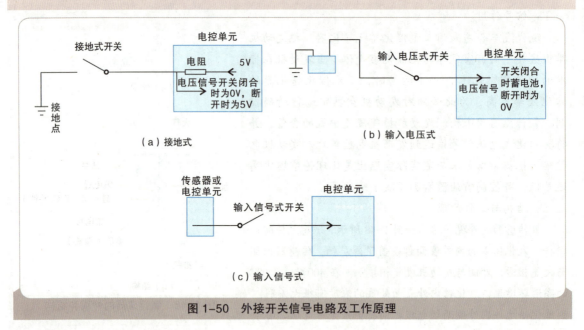

图 1-50 外接开关信号电路及工作原理

3. 执行器工作电路

执行器工作电路是指受电控单元控制的用电器的工作电路。执行器在工作时必须构成闭合回路才能正常工作。电控单元可以通过控制执行器的电源电路来控制执行器的工作，如防盗警告器、行李厢盖锁电动机等。可以通过执行器接地电路来控制执行器的工作，如喷油器、点火线圈、换挡电磁阀等。执行器既可以通过电控单元接地，又可以通过执行器接地。

汽车电控系统的执行器按照工作原理的不同可以分为以下几种。

① **电磁阀类**

电控单元通过控制电磁阀类执行器来控制汽车油路、气路、水路的工作。例如，通过控制喷油器来控制发动机的喷油量；通过控制自动变速器换挡电磁阀来控制自动变速器换挡的油路来实现自动变速器的换挡；通过控制热水阀来控制车内暖气的工作。

② **照明指示灯类**

如阅读灯、故障指示灯、警告灯、仪表信号灯等。

③ **警告装置**

如防盗系统中的报警器、仪表台上的蜂鸣器等。

④ **各种继电器**

电控单元通过控制各种继电器来控制大功率用电器的工作，如二次空气泵继电器、燃油泵继电器等。

⑤ **电动机类**

电控单元通过控制电动机来控制汽车各系统的工作。电控单元对电动机的控制多是通过控制继电器来进行间接控制的，如燃油泵电动机（通过燃油泵继电器控制）及空调系统中的各风门电动机、自动座椅各调节电机等。也有电控单元直接控制的电机，如怠速步进电机、电动节气门电机等。

⑥ **各种仪表**

电控单元通过各种仪表显示信息来告诉驾驶员车辆各系统的运行状况。

⑦ **各种显示屏**

各种显示屏除了显示车辆的运行状况外，还用于车辆的娱乐、导航等。

⑧ **各种数据传输接口**

数据传输接口主要是指故障诊断接口。在对车辆进行故障诊断时，故障诊断仪通过故障诊断接口与电控单元相连。此时故障诊断仪相对电控单元是执行器。故障诊断仪通过故障接口来读取储存在电控单元里的故障诊断码，同时可对电控单元进行程序升级、修复、更换等。

一、填空题

1. 根据汽车电路中各电气设备的_____绘制成的线路图称为_____。
2. 电子控制器一般有独立的_____，并需要相关_____或_____提供信号。
3. 汽车用继电器可分为_____和_____两种。
4. 继电器由_____和_____等组成，为防止线圈断路时产生的_____将电子设备损坏，有的继电器在磁化线圈两端并联有_____或_____。
5. 熔断器在电路中起_____作用，能长时间承受_____负载，但当电路中的电流强度达到某个预定值时，熔丝（片）因_____而_____，从而_____。
6. 直接控制电路是指不使用_____，用电器由_____直接控制的电路。

二、选择题

1. 下列开关不属于按操纵方式分类的是（   ）。
   A. 压力开关　　　　　　　　　B. 温控开关
   C. 液位开关　　　　　　　　　D. 点火开关
2. 在电路中起过载保护作用的是（   ）。
   A. 熔断器　　　　　　　　　　B. 断路器
   C. 易熔线　　　　　　　　　　D. 前三项都是
3. 不属于电控单元信号输入电路的是（   ）。
   A. 传感器信号电路　　　　　　B. 外接开关信号电路
   C. 电控单元间数据传输电路　　D. 发动机 ECU 接地电路

三、问答题

1. 简述汽车电路的组成。
2. 汽车电路中的间接控制电路是什么？
3. 汽车电路中的电控电路是什么？

课题二 识读汽车电路图

学习目标

通过本课题的学习,你应能:
1. 掌握汽车电路图的类型。
2. 掌握汽车电路图中的图形符号与文字标志。
3. 掌握汽车电路图的识图技巧与要领。

任务一 汽车电路图的类型

汽车电路图可以用来表达整车电路,也可以用来表达局部电路。局部电路又称单元电路或部分电路。汽车电路图通常可以分为电源电路、起动电路、点火电路、燃油喷射电路、照明信号电路、仪表电路、自动变速器电路等局部电路。整车电路就是汽车用电设备总电路,通常指将汽车上各种电气设备按照它们各自的工作特点和相互联系,通过各种开关、配电装置用导线把它们合理地连接起来而构成的整体电路。汽车电路图不仅可以用来表达汽车电路,还可以表示各用电设备、线束等在车上的具体位置。

世界上各汽车制造厂家在电路图的绘制上没有统一的规定,风格各异,但根据汽车电路图的特点可以把汽车电路图分为汽车电器布线图、汽车电路原理图、汽车线束图和汽车电气设备定位图。

课题二 识读汽车电路图

一、汽车电器布线图

汽车电器布线图（如图2-1所示）也称汽车电器线路图，是传统的汽车电路表达方法。汽车电器布线图就是根据汽车各电气设备的外形和实际安装位置，用相应的图形符号和合理的导线布置将电路中的电源、开关、用电器等用导线——连接起来所构成的电路图。汽车电器布线图的优点是能真实地反映电气设备的外形、安装位置和线路的路径。根据布线图可以很方便地找到导线中间的分支、接点，便于汽车制造厂制作线束，因此汽车电器布线图现在仍被不少汽车制造厂家采用。

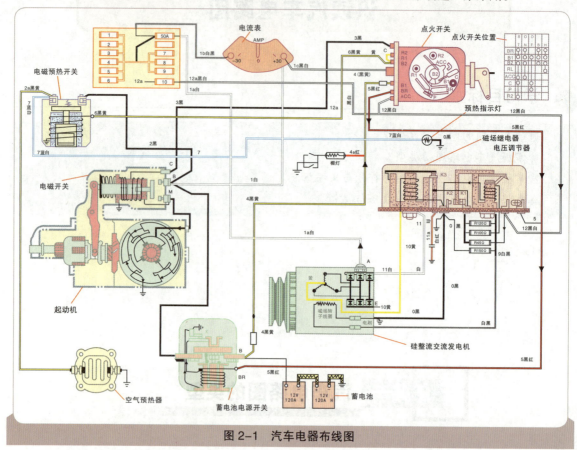

图2-1 汽车电器布线图

汽车电器布线图也有自身的缺点，布线图中线路密集、纵横交错，不能清晰简洁地反映电器系统的工作原理，给读图、查找和分析故障带来很大不便，需要较长时间才能读懂。随着汽车电气设备的增多，也不可能把所有电气设备画到一张图上，因此这样的图会越来越少。

二、汽车电路原理图

汽车电路原理图是用规定的图形符号，根据汽车各系统的工作原理和电气设备的连接关系绘制而成的。汽车电路原理图是现在最常见的汽车电路图，既可以是全车电路图，也可以是单元电路图，如图2-2所示。

汽车电路原理图在绘制的时候不讲究电气设备的开关、安装位和线路走向，用简明的符号代替电气设备，根据绘图的需要布置汽车电气设备的位置和线路走向，使得电路图简洁清晰，电路简单明了，电气设备间的连接控制关系十分清楚，对于读图者了解汽车电气设备的工作原理和分

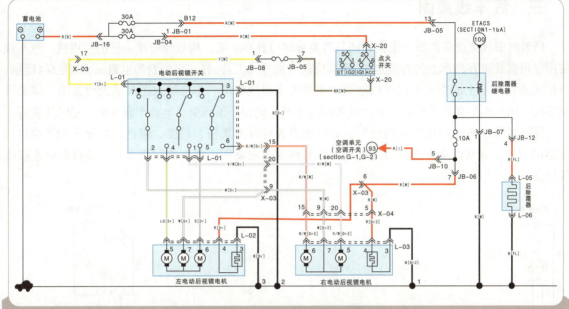

图 2-2　东风悦达起亚电动后视镜系统电路

析排除电气系统的故障十分方便。汽车电器原理图多由汽车制造厂家提供，虽然在绘制风格和表达内容上没有统一规定，风格各异，但也存在着很多相似处。

1）导线都标注有颜色代码和规格，有的车型上还标有线路代码，如上海通用车系。

2）汽车电气设备符号旁边都标有设备名称和代码。

3）过载保护装置都标有规格、代码和安装位置。

4）电路图中的开关、继电器等控制器都处于断开状态，用电器都处于停止工作状态。

5）电路图中的电源线常画在图的上方，如一汽大众车系，如图 2-3 所示。也有的画在图的左边，如一汽丰田车系。在阅读汽车电路图的时候，可以充分利用不同车系电路图中的相似处来提高读图效率。

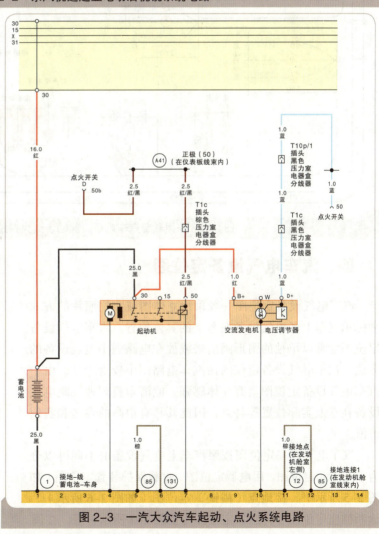

图 2-3　一汽大众汽车起动、点火系统电路

三、汽车线束图

所谓汽车线束就是汽车上走向相同的各类导线包扎在一起，构成像电缆一样的一束线。汽车线束图是根据线束在汽车上的布置走向，用来反映线束导线汇合、分支而绘制的电路图，如图2-4所示。根据线束在汽车上的位置不同可以把线束图分为底盘线束图、车身线束图和辅助线束图。辅助线束多用于辅助电器和车身线束、底盘线束间的连接，例如车顶线束、电动车窗线束、ABS线束等。

线束图能反映已制成线束的外形、组成线束各导线的规格、长度、颜色，各分支导线端口插接器的型号、规格以及所连接的用电气设备名称等，主要用于线束的制作和在制造汽车时连接电气设备。

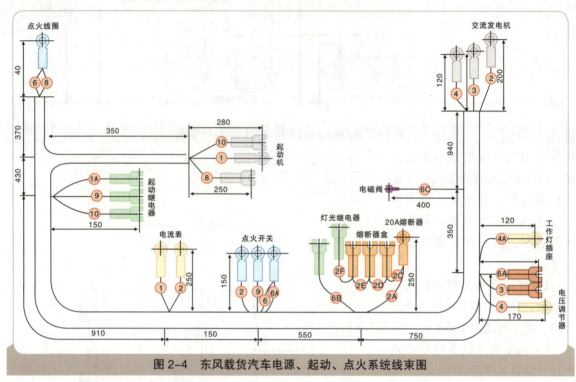

图2-4 东风载货汽车电源、起动、点火系统线束图

四、汽车电气设备定位图

汽车电气设备定位图一般采用立体图或实物照片的方式来标示汽车上各电气设备在车上的具体位置。汽车电气设备定位图常常以单独的图形画出来或放在电路图中电气设备的旁边。汽车电气设备定位图在汽车电路图中较为少见。由于汽车电气设备定位图具有立体感强、能清晰直观地反映电气设备在车上实际位置等特点，因此其具有很高的参考和实用价值。

汽车电气设备定位图按照汽车上电气设备的不同可以分为电控单元定位图、用电器定位图、过载保护装置定位图（如图2-5所示）、接地点（搭铁）定位图（如图2-6所示）、诊断插座定位图、传感器定位图（如图2-7所示）等。在阅

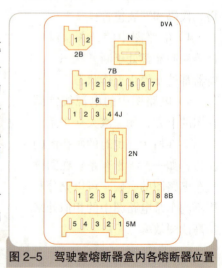

图2-5 驾驶室熔断器盒内各熔断器位置

读汽车电路原理图的时候，参照汽车电气设备定位图能更容易地读懂电路图，并能把电路图与实物快速地联系起来，排除汽车电路的故障。

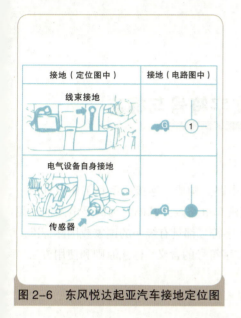

图2-6　东风悦达起亚汽车接地定位图

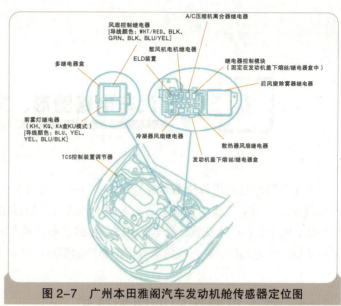

图2-7　广州本田雅阁汽车发动机舱传感器定位图

由于各国对汽车电路图的绘制技术标准、文字标注等方面没有统一的标准，因此世界上各大汽车制造厂家绘制的电路在电器符号、连接关系的表达及文字标注等方面存在很大差异。在维修汽车电路时参考的电路里有时很难把它归到上面所述的标准中去。有些汽车制造厂家为满足不同的需要，在一张电路图中会采用不同的绘制方法。无论汽车电路图采用何种绘制方法，只要其能清楚地表达汽车电器系统的原理、各电气设备间的连接关系，只要能用简明规范的文字标注和电器符号来表示电气设备，只要能把电路图绘制得简单清晰且便于阅读和分析，那么这种电路图绘制方法就是有价值的。

任务二　汽车电路图形、文字符号与标志

汽车电路图是利用各种图形符号和文字符号来表示汽车电路的构成、连接关系和工作原理的一种电气简图,是电气技术领域中最基本的工程语言,是看懂汽车电路图的基础。为满足电路的通用性要求,便于进行技术交流,汽车电路图采用的图形符号和文字符号都具有统一的国家或国际标准。学习识读汽车电路图,首先应熟悉汽车电路图的图形符号和文字符号的含义、标注原则和使用方法。

一、汽车电路图中的图形符号

不同国家不同汽车生产厂家的汽车电路上所用的电路图形符号也不完全相同。目前,我国自行设计的、具有完全自主知识产权的车型基本把这些符号作为汽车电路图设计、识读的工具。这套符号图形简单、含义明确,下面重点介绍这些符号。

① 基本符号

常用基本符号见表2-1。

表2-1　常用基本符号

序号	名称	图形符号	序号	名称	图形符号
1	直流	—	6	中性点	N
2	交流	∼	7	磁场	F
3	交直流	∼	8	搭铁	⊥
4	正极	+	9	交流发电机输出接柱	B
5	负极	—	10	磁场二极管输出端	D

② 导线端子和导线连

导线端子和导线连接符号见表2-2。

表2-2　导线端子和导线连接

序号	名称	图形符号	序号	名称	图形符号
1	接点	⊥	8	插头和插座	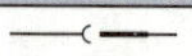 —⟩⟨—
2	端子	○	9	多极插头和插座(示出的为三极)	
3	导线的连接	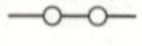 —○—	10		
4	导线的分支连接	 —•—	11		
5	导线的交叉连接		12	接通的连接片	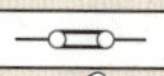
6	插座的一个极	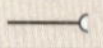 —⟨	13	断开的连接片	
7	插头的一个极	—	14	屏蔽导线	

③ 触点开关符号

触点开关符号见表2-3。

序号	名称	图形符号	序号	名称	图形符号
1	常开（动合）触点		20	一般情况下手动控制	
2	常闭（动断）触点		21	拉拨操作	
3	先断后合的触点		22	旋转操作	
4	中间断开的双向触点		23	推动操作	
5	双常开触点		24	一般机械操作	
6	双常闭触点		25	钥匙操作	
7	单常闭双常开触点		26	热执行器操作	
8	双常闭单动合触点		27	温度控制	
9	压力控制		28	液位控制开关	
10	制动压力控制		29	机油滤清器报警开关	
11	液位控制		30	热敏开关常开触点	
12	凸轮控制		31	热敏开关常闭触点	
13	联动开关		32	热敏自动开关常闭触点	
14	手动开关的一般符号		33	热继电器触点	
15	定位开关(非自动复位)		34	旋转多挡开关位置	
16	按钮开关		35	推拉多挡开关位置	
17	能定位的按钮开关		36	钥匙开关(全部定位)	
18	拉拨开关		37	多挡、点火、起动开关，瞬时位置2 能自动返回到1（即2挡不能定位）	
19	旋钮开关		38	节流阀开关	

④ 电器元件符号

电器元件符号见表2-4。

表2-4 电器元件符号

序号	名称	图形符号	序号	名称	图形符号
1	电阻器		20	极性电容器	
2	可变电阻器		21	穿心电容器	
3	压敏电阻器		22	半导体二极管（一般符号）	
4	热敏电阻器		23	稳压二极管	
5	滑线式变阻器		24	发光二极管	
6	分路器		25	双向二极管（变阻二极管）	
7	滑动触点电位器		26	三极晶体闸流管	
8	仪表照明调光电阻器		27	光电二极管	
9	光敏电阻		28	PNP型晶体管	
10	加热元件、电热塞		29	集电极接管壳晶体管(NPN)	
11	电容器		30	具有两个电极的压电晶体	
12	可变电容器		31	电感器、线圈、绕组、扼流圈	
13	带铁心的电感器		32	两个绕组电磁铁	
14	熔断器		33		
15	易熔线		34	不同方向绕组电磁铁	
16	电路断电器		35		
17	永久磁铁		36	触点常开的继电器	
18	操作器件一般符号		37	触点常闭的继电器	
19	一个绕组电磁铁				

⑤ 仪表符号

仪表符号见表 2-5。

表 2-5 仪表符号					
序号	名称	图形符号	序号	名称	图形符号
1	指示仪表	✻	8	瓦特表	W
2	电压表	V	9	油压表	OP
3	电流表	A	10	转速表	n
4	电压、电流表	A/V	11	温度表	t°
5	欧姆表	Ω	12	燃油表	Q
6	车速里程表	V	13	数字式电钟	🕐
7	电钟	⌀			

⑥ 传感器符号

传感器符号见表 2-6。

表 2-6 传感器符号					
序号	名称	图形符号	序号	名称	图形符号
1	传感器的一般符号	✻	8	空气流量传感器	AF
2	温度表传感器	t°	9	氧传感器	λ
3	空气温度传感器	t°	10	爆燃传感器	K
4	水温传感器	t°	11	转速传感器	n
5	燃油表传感器	Q	12	速度传感器	V
6	油压表传感器	OP	13	空气压力传感器	AP
7	空气质量传感器	M	14	制动压力传感器	BP

⑦ 电气设备符号

电气设备符号见表2-7。

表2-7 电气设备符号

序号	名称	图形符号	序号	名称	图形符号
1	照明灯、信号灯、仪表灯、指示灯		20	热继电器	
2	双丝灯		21	间歇刮水继电器	
3	荧光灯		22	火花塞	
4	组合灯		23	电压调节器	
5	预热指示器		24	转速调节器	
6	电喇叭		25	温度调节器	
7	扬声器		26	串励绕组	
8	蜂鸣器		27	并励或他励绕组	
9	报警器、电警笛		28	集电环或换向器上的电刷	
10	信号发生器		29	直流电动机	
11	脉冲发生器		30	串励直流电动机	
12	加热器（除霜器）		31	并励直流电动机	
13	振荡器		32	永磁直流电动机	
14	变换器、转换器		33	起动机（带电磁开关）	
15	光电发生器		34	燃油泵电动机、洗涤电动机	
16	空气调节器		35	整体式交流发电机	
17	滤波器		36	蓄电池	
18	稳压器		37	闪光器	
19	点烟器		38	霍尔信号发生器	

续表

序号	名称	图形符号	序号	名称	图形符号
39	磁感应信号发生器		54	分电器	
40	温度补偿器		55	晶体管电动汽油泵	
41	电磁阀一般符号		56	加热定时器	
42	常开电磁阀		57	点火电子组件	
43	常闭电磁阀		58	风扇电动机	
44	电磁离合器		59	刮水电动机	
45	用电动机操纵的怠速调整装置		60	电动天线	
46	过电压保护装置		61	直流伺服电动机	
47	过电流保护装置		62	直流发电机	
48	防盗报警系统		63	星形连接的三相绕组	
49	天线一般符号		64	三角形连接的三相绕组	
50	发射机		65	定子绕组为星形连接的交流发电机	
51	内部通信联络及音响系统		66	定子绕组为三角形连接的交流发电机	
52	无线电话		67	外接电压调节器与交流发电机	
53	点火线圈		68	蓄电池组	

二、汽车电路图中的文字符号

文字符号是一种用文字形式表示电气设备、装置和元器件种类（名称）和功能（与状态、特征）的字母代码或代号，用于电气技术领域中技术文件的编制，也可标注在电气设备、装置和元器件上或其近旁。此外，它还可以与基本图形符号和一般图形符号组合使用，以派生新的图形符号。

文字符号分为基本文字符号和辅助文字符号两大类，基本文字符号又分为单字母符号和双字母符号。

1. 基本文字符号

（1）单字母符号

单字母符号按拉丁字母将各种电气设备、装置和元器件划分为23大类，每大类用一个专用单字母符号表示。例如，"C"表示电容器类，"R"表示电阻类等。常用单字母符号见表2-8。

表2-8 常用单字母符号

字母代码	项目种类	举例
A	组件、部件	分立元件放大器、磁放大器、激光器、微波激射器、印制电路板等
B	变换器	热电传感器、热电池、光电池、测功计、晶体换能器、传声器、扬声器、耳机等
C	电容器	
D	二进制单元、延迟器件、存储器件	数字集成电路和元器件、延迟线、双稳态元件、单稳态元件、磁芯存储器、寄存器、磁带记录机等
E	杂项	光器件、热器件等
F	保护元件	熔断器、过电压放电元件、避雷器
G	发电机、电源	旋转发电机、旋转变频机、电池、振荡器
H	信号器件	光指示器、声响指示器设备、装置
K	继电器、电抗器	
L	电感器、电抗器	感应线圈、线路阻波器、电抗器（并联和串联）
M	电动机	
N	模拟集成电路	运算放大器、模拟/数字混合器件
P	模拟设备、实验设备	指示、记录、计算、测量器件、信号发生器、时钟
Q	电力电路的开关	断路器、隔离开关
R	电阻器	可变电阻器、电位器、变阻器、分流器、热敏电阻
S	控制电路的开关、选择器	控制开关、按钮、限制开关、选择开关、选择器
T	变压器	电压互感器
U	调制器、变换器	鉴频器、解调器、变频器、编码器、逆变器、交流器、电报译码器
V	电真空器件、半导体器件	电子管、气体放电器、晶体管、晶闸管、二极管
W	传输通道、波导、天线	导线、电缆、母线、波导、波导定向耦合器
X	端子、插头、插座	连接插头和插座、测试插孔、端子板、焊接端子板、连接片、电缆封端和接头
Y	电气操作的机械器件	电磁制动器、电磁离合器、气阀
Z	终端设备、混合变压器、滤波器、均衡器、限幅器	电缆平衡网络、压缩扩展器、晶体滤波器、网络

（2）双字母符号

双字母符号由一个表示种类的单字母符号与另一个字母组成，其组合形式应以单字母符号在前面而另一个字母在后的次序列出。双字母符号常用于表达比较详细、具体的电气设备和元器件名称，例如，"RP"表示电位器，"RT"表示热敏电阻，"GB"表示蓄电池，"GS"表示同步发电机、发生器，"GA"表示异步发电机。常用双字母文字符号见表2-9。

表2-9 常用双字母符号

字母代号	名称	字母代号	名称	字母代号	名称
AB	电桥	HA	声响指示器	SP	压力传感器
AD	晶体管放大器	HL	光指示器	SQ	位置传感器
AJ	集成电路放大器	HL	指示灯	ST	温度传感器
AP	印制电路板	KA	交流继电器	TA	电流互感器
BP	压力变换器	KL	双稳态继电器	TC	控制电路电源用变压器
BT	温度变换器	KM	接触器	TM	电力变压器
EH	发热器件	KR	簧片继电器	TV	电压互感器
EL	照明灯	PA	电流表	VC	控制电路用电源整流器
EV	空气调节器	PC	（脉冲）计数器	XJ	测试插孔
FA	具有瞬时动作的限流保护器件	PV	电压表	XB	连接片
FA	具有瞬时动作的限流保护器件	QF	断路器	XS	插座
FA	具有瞬时动作的限流保护器件	QM	电动机保护开关	XT	端子板
FR	具有延时动作的限流保护器件	QS	隔离开关	XP	插头
FR	具有延时动作的限流保护器件	RP	电位器	YA	电磁铁
FU	熔断器	RT	热敏电阻器	YB	电磁制动器
FV	限压保护器件	RV	压敏电阻器	YC	电磁离合器
GA	异步发电机	SA	控制开关、选择开关	YM	电动阀
GB	蓄电池	SB	按钮开关	YV	电磁阀
GS	同步发电机	SL	液体标高传感器		

2. 辅助文字符号

辅助文字符号用于表示电气设备、装置和元器件及电路的功能、状态和特征。例如，"SYN"

表示同步,"L"表示限制左或低,"RD"表示红色,"ON"表示闭合,"OFF"表示断开等。常用辅助文字符号见表 2-10。

表 2-10 常用辅助文字符号

文字符号	名称	文字符号	名称	文字符号	名称
A	电流	BK	黑色	DC	直流
A	模拟	BL	蓝色	DEC	减少
AC	交流	BW	向后	E	搭铁
A、AUT	自动	C	控制	EM	紧急
ACC	加速	CW	逆时针	F	快速
ADD	附加	CCW	顺时针	FB	反馈
ADJ	可调	D	延时(延迟)	FW	正向、向前
AUX	辅助	D	差动	GN	绿色
ASY	异步	D	数字	H	高
B、BRK	制动	D	降低	IN	输入
INC	增加	P	压力	ST	起动
IND	感应	P	保护	S、SET	置位、定位
L	左	PE	保护搭铁	SAT	饱和
L	限制	REN	保护搭铁与中性线共用	STE	步进
L	低			STP	停止
LA	闭锁	PU	不保护搭铁	SYN	同步
M	主	R	记录	T	温度
M	中	R	右	T	时间
M	中间线	R	反	TE	无噪声(防干扰)搭铁
M、MAN	手动	RD	红色	V	真空
N	中性线	R、RST	复位	V	速度
OFF	断开	RES	备用	V	电压
ON	闭合	RUN	运转	WH	白色
OUT	输出	S	信号	YE	黄色

3. 文字符号的使用规则

1)单字母符号应优先选用。

2)只有当用单字母符号不能满足需求而需要进一步划分时,才采用双字母符号,以便较详细和更具体地表述电气设备、装置和元器件等。例如,"F"表示保护器类,"FU"表示熔断器,"FV"表示限压保护器件。

3)辅助文字符号也可放在表示种类的单字母符号后边组成双字母符号。例如,"ST"表示起动,"DC"表示直流,"AC"表示交流。为简化文字符号,当辅助文字符号由两个字母组成时,允许只采用其第一位字母进行组合。例如,"MS"表示同步电动机,"MS"中的"S"为辅助文字符号,取"SYN"(同步)的第一位字母。辅助文字符号还可以单独使用。例如,"ON"表示闭合,"N"表示中性线,"E"表示搭铁,"PE"表示保护搭铁等。

三、汽车电路图的接线端子标志

我国结合国情,并参照德国标准制定了国家汽车行业标准《汽车电器接线端子标志》,其主要内容如下。

30 接线端子:无论汽车是否工作,都与蓄电池正极相接,是始终有电的接线端子。

31 接线端子:与蓄电池负极相连的接线端子。

31b 接线端子:可通过一个特定开关搭铁的接线端子。

15 接线端子：在点火开关正常工作 (ON) 时，才与蓄电池正极相通的接线端子。

49 接线端子：转向闪光器的电源输入端。

49a 接线端子：转向闪光器闪光信号的输入端。

56 接线端子：接前照灯变光器的接线端子。

56a 接线端子：前照灯远光灯接线端子。

56b 接线端子：前照灯近光灯接线端子。

58 接线端子：接仪表灯、示宽灯、尾灯、牌照灯、室内灯的接线端子。

1. 充电、起动和点火系统接线端子标志

（1）充电系统接线端子标志

充电系统接线端子标志如表 2-11 所示。在电路图中的表示如图 2-8 和图 2-9 所示。

<table>
<tr><td colspan="5" align="center">表 2-11 充电系统接线端子标志</td></tr>
<tr><td rowspan="2">系统</td><td colspan="2">接线端子标志</td><td rowspan="2">接线端子标志含义</td><td rowspan="2">曾用标志</td></tr>
<tr><td>基本标志</td><td>下标</td></tr>
<tr><td rowspan="11">发电机</td><td>61</td><td></td><td>交流发电机和调节器上接充电指示灯的接线端子</td><td>L</td></tr>
<tr><td>A</td><td></td><td>直流发电机上电枢输出接线端子，调节器上的相应接线端子</td><td>A、S</td></tr>
<tr><td rowspan="3">B</td><td></td><td>交流发电机上的输出接线端子</td><td>B、A</td></tr>
<tr><td></td><td>交流发电机调节器上接点开关或电源开关的接线端子</td><td></td></tr>
<tr><td></td><td>直流发电机调节器上接蓄电池正极的接线端子</td><td>B</td></tr>
<tr><td rowspan="2">D+</td><td></td><td>交流发电机上磁场二极管的接线端子，调节器上相应的接线端子</td><td>D+</td></tr>
<tr><td></td><td>当无 61 接线端子时用于充电指示灯的接线端子</td><td>S</td></tr>
<tr><td>F</td><td></td><td>发电机上的磁场接线端子，调节器上的相应接线端子</td><td></td></tr>
<tr><td>N</td><td></td><td>交流发电机上的中性点接线端子，调节器上的相应接线端子</td><td>N</td></tr>
<tr><td>S</td><td></td><td>交流发电机调节器上接蓄电池电压检测点的接线端子</td><td></td></tr>
<tr><td rowspan="3">W</td><td></td><td>交流发电机上的相电路接线端子</td><td>R、W</td></tr>
<tr><td>W1</td><td>交流发电机上的第一个相电路接线端子</td><td></td></tr>
<tr><td>W2</td><td>交流发电机上的第二个相电路接线端子</td><td></td></tr>
</table>

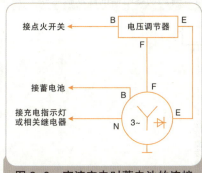

图 2-8 定流充电时蓄电池的连接

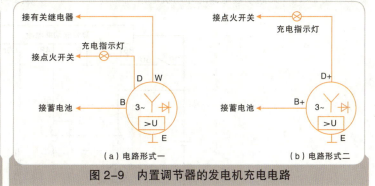

图 2-9 内置调节器的发电机充电电路

（2）起动系统接线端子标志

起动系统接线端子标志如表 2-12 所示。

起动系统接线端子在电路图中的表示如图 2-10~图 2-12 所示。

课题二 识读汽车电路图

表2-12 起动系统接线端子标志

系统	接线端子标志 基本标志	接线端子标志 下标	接线端子标志含义	曾用标志
起动系统		15a	起动机开关上接点火线圈的接线端子	
		30a	带有12~24V电压转换开关时，电压转换开关上接蓄电池正极的接线端子	
	31		12~24V电压转换开关上接蓄电池负极的接线端子	
	48		起动继电器或12~24V电压转换开关上控制起动机继电器电磁开关上的输出接线端子，起动机电磁开关上相应接线端子	
	50		点火开关、预热起动开关上用于起动的输出接线端子，起动按钮的输出接线端子，机械式起动开关上的相应接线端子	
			带有12~24V电压转换开关时电压转换开关上控制本身的输入接线端子	L
		60a	复合起动继电器上接充电指示灯的接线端子	S、SW
	86		起动继电器上绕组始端接线端子	
	A		起动继电器上接交流发电机的接线端子	
	N		复合起动继电器上接交流发电机或类似作用的接线端子	

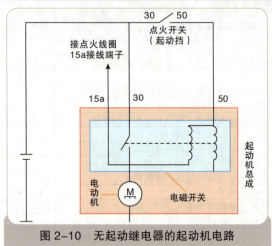

图2-10 无起动继电器的起动机电路

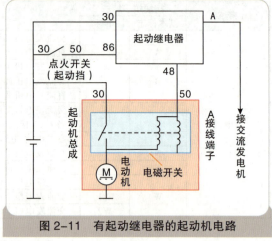

图2-11 有起动继电器的起动机电路

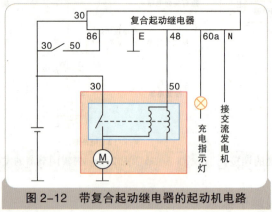

图2-12 带复合起动继电器的起动机电路

（3）点火系统接线端子标志

点火系统接线端子标志如表2-13所示。
点火系统接线端子在电路图中的表示如图2-13~图2-15所示。

表 2-13 点火系统接线端子标志

系统	接线端子标志 基本标志	下标	接线端子标志含义	曾用标志
点火系统	1		点火线圈和分电器互相连接的低压线端子，电子点火装置中点火线圈上出入信号的低压接线端子	
		1a	带两个分立电路的分电器Ⅰ的低压接线端子（自点火线圈Ⅰ的低压接线端子1）	
		1b	带两个发分立电路的分电路Ⅱ的低压接线端子（自点火线圈Ⅱ的低压接线端子1）	
		1e	电子组件上输入信号的接线端子	
	7		无触点分电器上输出信号的接线端子，电子组件上输出信号的接线端子	
	15		点火开关和点火线圈上互相连接的接线端子	+
			电子点火装置中，点火线圈、分电器、电子组件上的电源接线端子	−
预热起动系统	15		预热起动开关上接其他设备的接线端子	BR
	18		预热起动上开关上接其他用电设备的接线端子	R1
	50		预热起动机开关上的起动接线端子	C、R2
一般用途（特殊规定除外）	30		电器上接蓄电池正极或电源的接线端子	B
	31		电器上接蓄电池负极的接线端子	
	E		电器上搭铁的接线端子	E

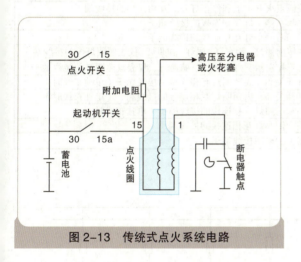

图 2-13 传统式点火系统电路

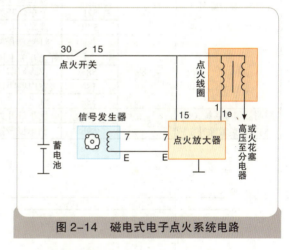

图 2-14 磁电式电子点火系统电路

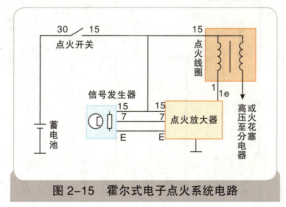

图 2-15 霍尔式电子点火系统电路

2. 照明、信号与报警系统接线柱标志

（1）照明、信号系统接线端子标志

照明、信号系统接线端子标志如表2-14所示。

照明、信号系统接线端子在电路图中的表示如图2-16所示。

表2-14 照明、信号系统接线端子标志

系统	接线端子标志		接线端子标志含义
	基本标志	下标	
照明、信号系统（转向信号装置除外）	54		制动灯开关和制动灯互相连接的接线端子
	55		雾灯开关和雾灯互相连接的接线端子
	56		灯光开关和变光开关互相连接的接线端子，变光开关除远光、近光、超车接线端子外的另一个接线端子
		56a	变光开关上的远光接线端子，远光灯上的相应接线端子
		56b	变光开关上的近光接线端子，近光灯上的相应接线端子
		56d	变光开关上的超车接线端子
	57		灯光总开关或点火开关上和停车灯开关互相连接的接线端子
		57L	停车灯开关和左停车灯互相连接的接线端子
		57R	停车灯开关和右停车灯互相连接的接线端子
	58		灯光总开关接前照灯、示宽灯、尾灯、牌照灯、仪表照明等的接线端子，灯光开关上用于控制示宽灯、尾灯、牌照灯、仪表盘照明灯的接线端子
		58a	仪表照明灯开关和仪表照明灯互相连接的接线端子（单独布线时）
		58b	室内照明灯开关和室内照明灯互相连接的接线端子（单独布线时）
		58c	灯光总开关和前照灯互相连接的接线端子（单独布线时）
照明、信号系统（转向信号装置除外）	59	59a	倒车灯开关和倒车灯互相连接的接线端子
		59b	倒车报警器上的电源接线端子

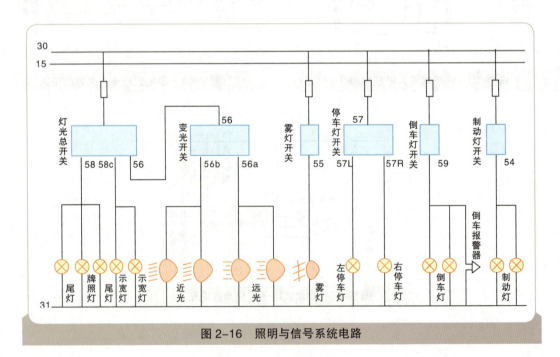

图2-16 照明与信号系统电路

（2）转向信号与报警系统接线端子标志

转向信号与报警系统接线端子标志如表2-15所示。

表2-15 转向信号与报警系统接线端子标志

系统	接线端子标志		接线端子标志含义
	基本标志	下标	
转向信号系统	49		转向灯开关上的输入接线端子
			报警开关上接转向灯开关的接线端子
		49a	报警闪光器和报警开关互相连接的接线端子
	49	49L	转向灯开关、报警开关上和左转向灯互相连接的接线端子
		49R	转向灯开关、报警开关上和右转向灯互相连接的接线端子
	L		转向信号闪光器上接转向灯开关的接线端子
			报警开关上接转向信号闪光器的接线端子
	P		转向信号闪光器上接监视灯的接线端子
		P1	左监视灯的接线端子
		P2	右监视灯的接线端子

转向信号与报警系统接线端子标志在电路图中的表示如图2-17~图2-19所示。

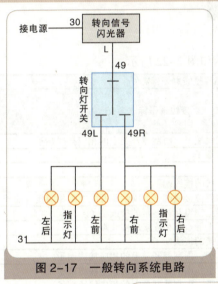

图2-17 一般转向系统电路

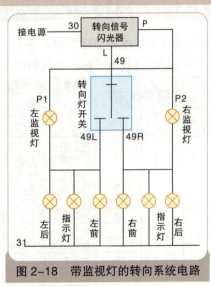

图2-18 带监视灯的转向系统电路

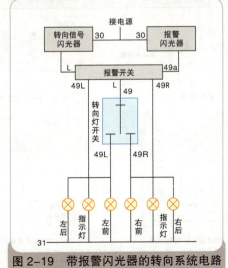

图2-19 带报警闪光器的转向系统电路

电喇叭和声响报警装置接线端子标志在电路图中的表示如图2-20和图2-21所示。

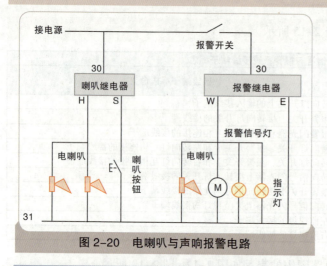

图2-20 电喇叭与声响报警电路

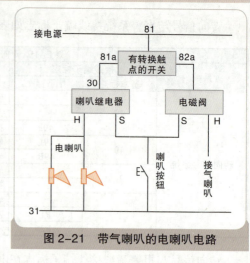

图2-21 带气喇叭的电喇叭电路

3. 雨刮器与洗涤器接线端子标志

雨刮器与洗涤器接线端子标志如表2-16所示。

雨刮器与洗涤器接线端子标志在电路图中的表示如图2-22所示。

表2-16 雨刮器与洗涤器接线端子标志

系统	接线端子标志 基本标志	下标	接线端子标志含义
（风窗）雨刮器和洗涤器	53		雨刮器电动机上的主输入接线端子，雨刮器开关上的相应接线端子
			间歇继电器上绕组始端接线端子
			洗涤器上电源接线端子
		53c	洗涤器和雨刮器开关互相连接的接线端子
		53e	带有复位机构的雨刮器上的复位接线端子，雨刮器开关上的相应接线端子
		53i	雨刮器开关上和间歇继电器上绕组互相连接的接线端子
		53j	雨刮器开关上和间歇继电器上触点互相连接的接线端子
		53m	雨刮器和间歇继电器互相连接的接线端子
		53s	间歇控制板上的电源接线端子，雨刮器开关上的相应接线端子
		53H	双速雨刮器上的高速接线端子，雨刮器开关上的相应接线端子
		53L	双速雨刮器上的低速接线端子，雨刮器开关上的相应接线端子

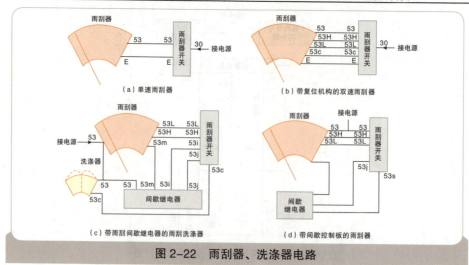

图2-22 雨刮器、洗涤器电路

任务三　汽车电路图的识读技巧与要领

识读汽车电路图是识读汽车线路图、线束图及分析汽车电路的工作原理和判断故障大概部位的基础。汽车上的电气装置繁多，且电路密集、纵横交错，如果不从电路原理上掌握其连线规律，则分析和诊断电路故障就会比较困难。下面将要讲到的是识读汽车电路图的技巧和要领，对初学者有较大的指导意义。

一、汽车电路图的识读技巧

1. 认真阅读图注

在阅读电路图时，必须认真阅读图注。图注用于说明汽车所有电气设备的名称及其数码代号，通过读图注可初步了解该车装配了哪些电气设备，然后通过电气设备的数码代号在电路图中找出该电气设备，再进一步找出与其相关的连线、控制关系，这样就可以大致了解汽车电路的组成及特点。

2. 先易后难

有些汽车电路图的某些局部电路，或局部电路中的某些部分，可能比较复杂，一时难以读懂，可以暂时放一放，待其他局部电路看懂后，再结合与该电路有关的信息，进一步识读这部分电路。

3. 熟悉汽车电路的图形符号

汽车电路图是利用电路图形符号来表示其构成和工作原理的，因此只有熟悉电路图形符号，才能看懂电路图。

4. 电路标记符号

为了便于绘制和识读汽车电路图，有些电器装置或其接线柱等上都赋予了不同的标志代号。例如，接至电源端接线柱用"B"或"+"表示；接至点火开关的接线柱用"SW"表示；接至起动机的接线柱用"S"表示；接至各种灯具的接线柱用"L"表示；发电机中性点接线柱用"N"表示；

发电机磁场接线柱用"F"表示；励磁电压输出端接线柱用"D+"表示；发电机电枢输出端接线柱用"B+"表示等。

5. 了解电气装置在电路图中的布置

在电气系统中，大量电气装置是机电合一的，如各种继电器及多层多挡组合开关。在电路图上表示这些电器装置时，为做到使画面既简单，又便于识图，大多采用集中表示法或分开表示法来反映电路的连接情况。

随着汽车电路的日趋复杂化，一个电气装置往往有较多的组成部分（如组合开关），若将其集中画在一起，则易引起线条往返和交叉线过多，造成识图困难。再如，继电器的线圈、触点有时绘制在一起，也易引起线条往返和交叉过多，造成识图困难。分开表示法，即把继电器的线圈、触点分别画在不同的电路中，用同一文字符号合或数字符号将分开部分联系起来，这种画法可避免上述不足，使画面更清晰、易读。

6. 了解开关在电路中的作用

对于多层多挡多接线柱的开关，要按层、按挡位、按接线柱逐级分析其各层各挡的功能。有的用电装置受两个以上单挡开关（或继电器）的控制，有的用电装置受两个以上多挡开关的控制，其工作状态可能比较复杂，如间歇雨刮器电路等。当开关接线柱较多时，首先应抓住从电源来的一两个接线柱，再逐个分析与其他各接线柱相连的用电装置处于何种挡位，从而找出控制关系。

组合开关在线路图中是画在一起的，而在电路图中又按其功能画在各自的局部电路中，因此必须仔细识读。

7. 了解开关、继电器的初始状态

在电路图中，各种开关、继电器都是按初始位置画出的［如按钮未按下、开关未接通、继电器线圈未通电、其触点未闭合（常开触点）或未打开（常闭触点）］，这种状态称为原始状态。但识读电路图时，不能完全按原始状态分析，否则很难理解电路所表达的工作原理，因为大多数用电设备都是通过开关、按钮、继电器触点的变化而改变回路的，进而实现不同的电路功能。例如，雨刮器就是通过雨刮开关挡位的变化来实现间歇、低速、高速刮水功能的。

8. 掌握回路原则

一个具有某种功能的汽车电路由安全装置（熔断器或易熔线）、控制装置（开关或继电器触点）、用电设备及相应的线路组成。回路分析法就是分析电路的通路情况，回路原则在汽车电路上的具体形式是电源正极→导线→开关→用电器→搭铁→同一电源的负极，这样才能构成回路，这样的电路才是正确的，否则就是读错了或查错了。电流流向必须从电源正极出发，经过熔丝、开关、导线等到达用电设备，再经过导线（或搭铁）回到电源负极。

具体方法是从沿着工作电流的流向，由电源查明用电设备；也可逆着电流的方向，由用电设备查向电源。尤其对于查寻一些不太熟悉的电路，后者比前者更为方便。在上述查找过程中，要

特别注意以下3点：

1）从电源正极出发，经某用电器（或再经其他用电器），最后又回到同一电源的正极。由于电源的电位差（电压）仅存在于电源的正负极之间，电源的同一电极是等电位的，没有电压。这种"从正到正"的途径是不会产生电流的。

2）在汽车电路中，发电机和蓄电池都是电源，在寻找回路时，不能将其混为一谈，不能从一个电源的正极出发，经过若干用电设备后，回到另一个电源的负极，这样不会构成一个真正通路，也不会产生电流。所以，必须强调，回路是指从一个电源的正极出发，经过用电器，回到同一电源的负极。

3）读图时，电流流向必须是从电源的正极出发，回到电源的负极，而不可随意指定其流向。例如，有时从电源正极出发，经用电器回到同一电源的负极（这是正确的）；有时又从电源的负极出发，经用电器回到电源的正极，这样虽然构成了回路，却因电流方向错误，容易在某些线圈与磁路中引出错误的结论，可能使元器件损坏。

进口汽车一般只配有接线图，其原理图往往是汽车进口以后有关人员为研究、使用与检修而收集和绘制的。由于来源不同，收集时间不同及符号、惯例的变更等，这些图在画法上可能出现差异。所以，读电路原理图时应注意这一点。

9. 熟悉汽车电器的结构与工作原理

熟悉汽车电器及电子控制装置的结构与工作原理，对分析电气系统的电路原理、理解线路的连接关系及电路故障的诊断与排除都是很重要的。

二、汽车电路图的识读要领

汽车电路图只表明组成汽车电路的各个电气设备的工作原理，如电流走向、流过电器装置的顺序等，图中的导线只表明各电气设备及其间的相互联系，而不代表其实际安装位置。

在汽车电路图中，电气装置的布置顺序为从左到右、从上到下：供电电源（特别是蓄电池）在左，用电设备在右，各局部电路尽量画在一起；"火线"在上，搭铁线在下。图的上方有一个说明条框，用于说明每一部分电路的功能。在局部电路的原理图中，信号输入（或控制端）在左，信号输出端（或驱动端）在右；"火线"在上，搭铁线在下。电路图的识读要领如下。

1. 了解电路图的特点与规定

汽车电路图的表示方式至今在国际上还没有统一的规定，不同国家、不同的汽车公司绘制的汽车电路图都有各自的特点。读图前必须要熟悉该电路图所具有的特点，以及各种电器的图形符号、导线与接柱的标志等。

2. 熟悉汽车电路的基本特点

汽车电路的特点是单线、并联、负极搭铁。用电设备均由一根导线与电源的正极相连接，如果该用电设备的电源线还连接其他用电设备，则该用电设备与其他用电设备共用电源线；用电设备与电源之间可能串联了熔断器、开关或继电器等,但与其他电气系统都是并联关系;一些电器通过其壳体搭铁连接电源的负极。

3. 阅读全图,框划系统

先看全车电路图,根据电路图上的电气图形符号及文字符号,首先对全车电气设备的基本功能进行全面的了解,然后把一个个单独的电器系统框出来(或画出来)。

在框划各个系统时,应注意既不能漏掉各个系统中的组件,也不能多框划其他系统的组件。一般规律如下:各电气系统只有电源和总开关是公共的,其他任何一个系统都应是一个完整的、独立的电器回路,即包括电源、开关(保险)、电器(或电子线路)、导线等,并从电源的正极经导线、开关、熔丝至电器后搭铁,最后回到电源负极,否则所框出的系统图就不正确。

在查找局部电路的过程中,一定要遵守回路原则。各局部电路只有电源和电源总开关(若有的话)是公用的,任何一个用电设备都要自成回路。看电路图时,应先找出电源部分,然后从电源火线到熔丝、开关,再往下找到用电设备,最后经搭铁回到电源负极。

4. 了解各局部电路之间的内在联系和相互关系

从整车电路来讲,各局部电路除电源电路公用外,其他部分都是独立的,但它们之间存在着内在联系和相互影响。因此,不但要熟悉各局部电路的组成、特点、工作过程和电流流经的路径,而且要了解各局部电路之间的联系和相互影响。

在分析局部电路的工作过程中,应特别注意开关、继电器触点的工作状态。大多数电气设备都是通过开关、继电器触点状态的变化来改变其回路,从而实现不同的电路功能。

在电路图上,开关的触点总是处于零位或静态,即开关处于断开状态或继电器线圈处于失电状态。电子开关若初始通电,其初始状态是电路达到稳定工作时的状态;电子开关若初始不通电,其初始状态就是静止时的状态。

5. 通过划分和联系认识整车电路

清楚局部电路的工作原理后,再来分析各局部电路之间的联系,特别是其与电源电路的联系,进而了解整车电路的工作原理。

1)找出电源系统。找出蓄电池(电源)与起动机之间的连接电路(包括蓄电池总开关);找到由发电机、调节器、电流表、蓄电池等组成的充电主回路;再找出励磁电路,交流发电机的励磁电路的通断常由点火开关或磁场继电器控制。

2)找出起动机电源开关的控制电路。

3)找出点火系统。蓄电池点火系统的低压电路由电源、继电器、点火线圈、点火开关、电子点火控制器和信号传感器等电器串联而成。

4)找出照明系统单元电路。先找到车灯总开关,按接线符号分别找到电源火线、远近光灯、变光器、示宽灯、仪表灯、尾灯、顶灯及其他的灯。一般接线规律为,示宽灯与前照灯不同时亮,远光灯与近光灯不同时亮,仪表灯、尾灯、牌照灯在夜间工作时常亮。

一些汽车采用四灯制前照灯,远光四灯全亮,近光灯则两灯亮。有些日本汽车将前照灯改为双线制；一根灯丝设一个熔断器，变光器有手动与脚踩两种，有的前照灯增设了雨刮器。新增加的特殊灯常备有熔断器，单设开关来控制。由于汽车电路中的灯线多而长，如果将照明系统改用原理图来表达，则看图查线都很方便。

5）找出信号灯光系统。一般汽车都具有转向信号灯、制动信号灯、喇叭等装置。这些信号装置属于随时可能使用的短暂工作的电器，接在经常有电的接线柱上，只受一个开关的控制，以免耽误信号的发出。

6）找出仪表系统。仪表系统电路受点火开关或电源总开关控制。电热或电磁式仪表的表头与传感器串联。

7）找出辅助电器单元电路。汽车采用的电器种类越来越多，除了上述几个系统的电器之外，其余的电器一般都称为辅助用电器。目前较常用的辅助电器有电子控制装置、雨刮器、暖风装置、空调电器、洗涤电动泵、门窗电动机、点烟器、除霜器及油耗油量仪、测速表等。这些新型电器因其用途不同，本身的结构可能很复杂。必要时应对照实物做一些测绘记录，有的还应进行必要的测试。

6. 分清相关连接电路的关系

一些电路互相之间存在某种关联，某一电路发生故障有时也会影响其他电路的工作。因此，对于这些电路，必须了解它们之间的关系，以便进行电路原理与故障分析。电路之间的连接关系主要有以下几种。

1）并联关系。在转向信号电路中，同一侧的前后转向灯电路是一种并联关系，它们受同一个闪光器控制，当某个转向灯电路出现了断路或短路故障后，闪光频率会因回路的等效电阻改变而发生改变。因此，当出现单边转向灯闪光频率异常时，就应立即联想到该侧的转向灯电路有故障。

2）控制与被控制关系。继电器线圈电路与继电器触点所连接的电路之间是控制与被控制的关系。当触点所连接的电路不能正常工作时，除了检查该电路、该电路电器及继电器触点本身的故障可能性外，还应检查继电器线圈电路有无故障（包括继电器线圈及控制开关等）。

3）控制目标关联关系。汽车电子控制装置的传感器电路与执行器电路均连接电控单元，一个是为实现某种控制目标的控制信号源电路，另一个是实施控制目标的控制执行电路，它们通过电控单元相关联。传感器电路异常会对控制执行电路的工作造成直接的影响。因此，某控制执行器不工作或工作异常，故障的原因应该包括所有相关的传感器电路、电控单元及其连接电路等。

课题二 识读汽车电路图

一、填空题

1. 根据汽车电路图的特点可以把汽车电路图分为 _____、_____、_____ 和 _____。

2. 汽车电器布线图也称 _____，是传统的汽车电路表达方法。

3. 汽车电路图是利用各种 _____ 和 _____ 来表示汽车 _____、连接关系和 _____ 的一种电气简图。

4. 文字符号分为 _____ 和 _____ 两大类，基本文字符号又分为 _____ 和 _____。

5. 辅助文字符号用于表示 _____、_____ 和 _____ 及 _____、状态和特征。

6. _____ 用于说明汽车所有 _____ 的名称及其 _____，通过读 _____ 可初步了解该车装配了哪些电气设备。

二、选择题

1. 与蓄电池负极相连的接线端子是（   ）。
   A.30 接线端子　　　　　　　　B.31 接线端子
   C.15 接线端子　　　　　　　　D.49 接线端子

2. 下列字母符号中，表示起动的是（   ）。
   A.DC　　　　　　　　　　　　B.ST
   C.PE　　　　　　　　　　　　D.AC

3. 下列对 15 接线端子表述正确的是（   ）。
   A.15 接线端子与蓄电池负极相通
   B.15 接线端子比 30 接线端子的电压高
   C. 在点火开关正常工作时，15 接线端子才与蓄电池正极相通
   D. 在点火开关不工作时，15 接线端子也与蓄电池正极相通

三、问答题

1. 简述汽车电路原理图的功能特点。

2. 简述汽车电路图的识读技巧。

3. 简述汽车电路图的识读要领。

课题三
汽车主要电气系统电路识读

学习目标

通过本课题的学习,你应能:
1. 掌握电源系统电路的识读方法。
2. 掌握发动机控制系统电路的识读方法。
3. 掌握自动变速器控制电路的识读方法。
4. 掌握悬架系统电子控制电路的识读方法。
5. 掌握车身安全舒适系统控制电路的识读方法。
6. 掌握汽车基本电气电路的识读方法。

任务一 电源系统电路

电源系统电路主要由充电系统电路、起动系统电路、电源分配系统电路等组成。蓄电池与发电机是汽车的两大电源,它们并联向用电设备供电。交流发电机是汽车主要电源,它正常工作时与调节器互相配合工作,向除起动系统以外的用电设备供电,并向蓄电池充电。

一、充电系统电路

1. 发电机的工作电路

现代汽车发电机均采用硅整流发电机,其主要由转子、定子、整流器及附件等组成。硅整流

课题三 汽车主要电气系统电路识读

发电机按定子绕组的连接方式分为星形连接和三角形连接两种，如图 3-1 所示。

硅整流发电机按励磁电流的控制形式分为两种：一种是控制励磁电流的火线，其搭铁可以通过发电机机体直接搭铁，我们通常称这种控制方式为内搭铁，如图 3-2（a）所示；另一种是控制励磁电流的搭铁，我们通常称这种控制方式为外搭铁，如图 3-2（b）所示。

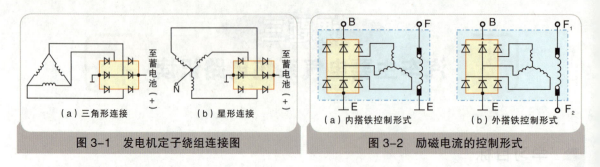

图 3-1　发电机定子绕组连接图　　　　图 3-2　励磁电流的控制形式

发电机整流电路按整流二极管的数量分有 6 管整流电路、8 管整流电路、9 管整流电路和 11 管整流电路等，如图 3-3 所示。

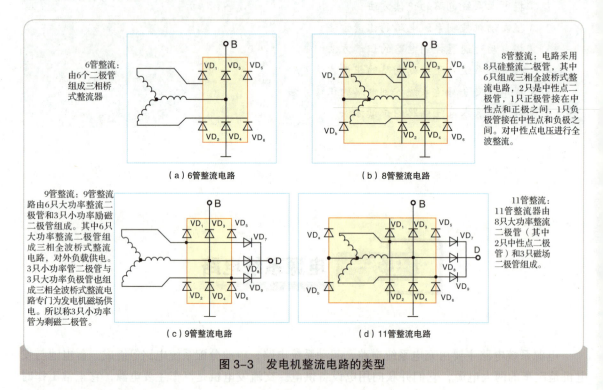

图 3-3　发电机整流电路的类型

2. 调节器

发电机调节器的作用是在发动机转速变化时，通过调节发电机励磁绕组的励磁电流，使发电机的电压保持稳定，防止发电机电压过高而烧坏用电设备和导致蓄电池过量充电，同时防止发电机电压过低而导致用电设备工作失常和蓄电池充电不足。

调节器按元件性质可分为触点式和电子式两种，现在常用的主要是电子式。电子式电压调节器又分为晶体管调节器和集成电路调节器。电子式电压调节器按其搭铁形式又可分为内搭铁式和外搭铁式两种。

（1）晶体管调节器

晶体管调节器是将晶体管作为一只开关串联在发电机的磁场电路中，根据发电机输出电压的高低，控制晶体管的导通和截止，以调节发电机的励磁电流，使发电机输出电压稳定在规定范围之内。晶体管调节器有内搭铁式和外搭铁式两种，如图3-4所示。

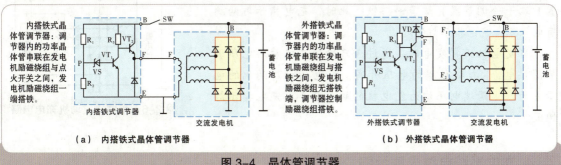

图3-4　晶体管调节器

（2）集成电路调节器

集成电路调节器也称IC调节器，安装在发电机上，其工作原理与晶体管调节器相同。根据电压检测点的不同，集成电路调节器的检测方法可分为发电机电压检测法和蓄电池电压检测法两种，如图3-5所示。

发电机电压检测法：直接在发电机上检测发电机的输出电压。图（a）中加在分压器R_2、R_3上的电压是磁场二极管输出端L的电压U_L，U_L和发电机B端的电压U_B相等，检测点P的电压为U_P，由于检测点P加在稳压管VD_2两端的反向电压与发电机的端电压U_B成正比，所以这种方法称为发电机电压检测法。

蓄电池电压检测法：通过连接导线检测蓄电池端电压的变化来调节发电机的输出。图（b）中电压加到分压器R_2和R_3上的电压为蓄电池端电压，由于检测点P加在稳压管VD_2上的反向电压与蓄电池端电压成正比，所以这种方法称为蓄电池电压检测法。

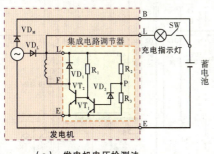
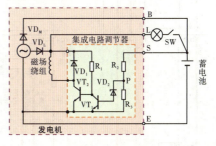

图3-5　集成电路调节器的检测方法

3.整体式发电机充电电路

电压调节器一般有3个接线柱：B（或"+"、火线、电枢）接线柱、E（或"-"、接地）接线柱、F（或磁场）接线柱。

典型的整体式发电机充电电路如图3-6所示。整体式发电机将发电机的电压调节器置于发电机内，发电机无磁场接线柱，但有一个充电指示灯接线柱L（Lamp，中文意思是灯），L接线柱在发电机内部连接提供励磁电流的整流器输出端。

◎ 电路分析

接通点火开关，当发电机不发电时，充电指示灯及发电机励磁绕组通电，其电流通路如下：蓄电池正极→点火开关→充电指示灯→发电机L接线柱→发电机励磁绕组→调节器F端子→调节器E端子→搭铁。此时，充电指示灯两端有电位差，充电指示灯亮起。

当发电机正常发电时，通过3只励磁二极管对电压调节器供电，L接线柱端的电压升高，充电指示灯两端的电压差为零（两端电压均为发电机的端电压），充电指示灯熄灭。

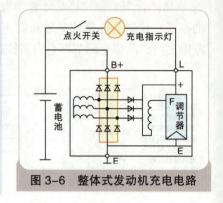

图3-6 整体式发动机充电电路

4. 充电系统电路识读示例

（1）大众车系充电系统电路的识读与分析

下面以桑塔纳轿车电源、起动机和点火电路为例介绍充电系统电路的识读方法，其电路如图3-7所示。其电路编号为1～6、23～28。其中，交流发电机的"B+"为电压输出端，"D+"为充电指示灯控制端。

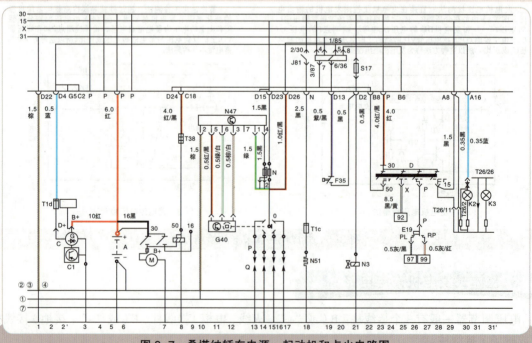

图3-7 桑塔纳轿车电源、起动机和点火电路图

① 发电机的工作电路

蓄电池A正极端子→中央线路板单端子插座P端子→中央线路板内部线路→中央线路板单端子插座P端子→点火开关30端子→点火开关D→点火开关15端子→组合仪表盘下方26端子插接器的11端子（有的车型为14端子插接器的14端子）→两只并联电阻和充电指示灯K2→组合仪表盘下方26端子插接器的26端子（有的车型为14端子插接器的12端子）→中央线路板A16端子→中央线路板内部线路→中央线路板D4端子→单端子插接器T1d(蓄电池旁边)→交流发电机D端子→交流发电机C磁场绕组→电子调节器功率管→电路代号3搭铁→蓄电池负极。

② 整体式交流发电机充发电电路

交流发电机为整体式外搭铁型。当起动发动机或发动机正常运转时，充电系统工作，点火开关D的30端子与15端子接通。

其电路如下：交流发电机B端子→起动机30端子→蓄电池A正极→蓄电池→蓄电池负极→电路代号5搭铁→电路代号3搭铁→发电机负极。

（2）通用车系充电系统电路的识读与分析

图3-8为凯越汽车充电系统电路，该车型内装集成电路调节器整体式交流发电机（发电机电压检测法）。

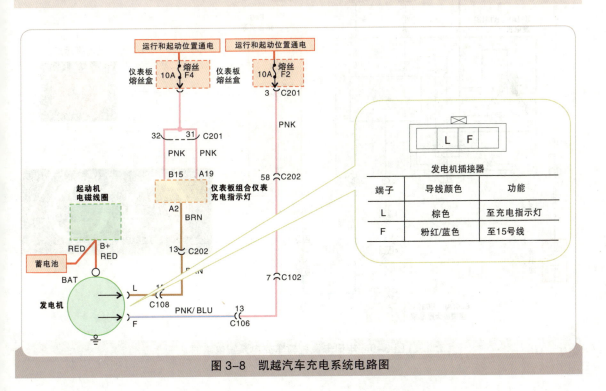

图3-8 凯越汽车充电系统电路图

课题三 汽车主要电气系统电路识读

◎ 电路分析

发电机输出电压通过起动机主接线柱给用电设备供电、给蓄电池充电,充电电路如下:发电机→起动机电磁线圈B+→蓄电池→接地线。

F接线柱为调压器供电电路:点火开关位于ON或ST挡时,蓄电池正极→点火开关→10A熔丝F2→发电机F端。

充电指示灯电路:点火开关位于ON或ST挡时,蓄电池正极→点火开关→10A熔丝F4→仪表板组合仪表充电指示灯→发电机L端。此电路控制充电指示灯的亮与灭。

(3)丰田卡罗拉充电系统电路的识读与分析

丰田卡罗拉轿车充电系统电路如图3-9所示,该车型内装集成电路调节器(蓄电池电压检测法)整体式交流发电机,当点火开关闭合时,电路分析如下。

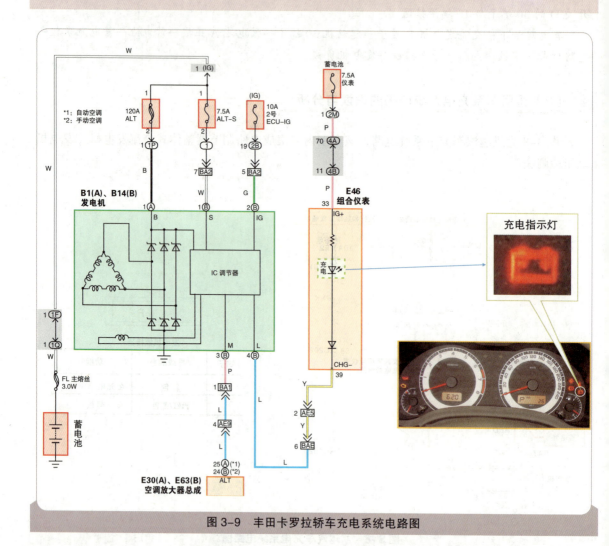

图3-9 丰田卡罗拉轿车充电系统电路图

① 发电机 B4（L）端为充电指示灯控制端

电路：蓄电池电压→7.5A 仪表熔丝→组合仪表 33 接线柱→仪表内部充电指示灯→组合仪表 39 接线柱→发电机 B4（L）端。

当发电机不发电或输出电压低于蓄电池电压时，发电机 B4（L）端为低电压，充电指示灯的两端有电压差，此时充电指示灯亮；当发电机发电后，发电机 B4 端的电压上升，此时充电指示灯两端的电压相等（均为发电机的端电压），充电指示灯熄灭。

② 发电机 A1（B）插接器是交流发电机的输出端

充电电路：发电机 A1 端→120A 熔丝→FL 3.0W 主熔丝→蓄电池→蓄电池接地点→发电机接地点，给蓄电池充电。

③ 发电机 B2（IG）端子为电压调节器供电端

当接通点火开关但未起动发动机时，蓄电池通过 IG 端子给 IC 调节器提供电源。
电路：从点火开关来的电压→10A 2 号 ECU-IG 熔丝→发电机 B2（IG）端子。

④ 发电机 B1（S）端子为蓄电池端电压检测端

检测电路：蓄电池电压→FL 主熔丝→7.5A ALT-S 熔丝→发电机 B1（S）端子。

⑤ 发电机 B3（M）端子接空调放大器

用于控制空调加热器元件的数量。

（4）本田车系充电系统电路的识读与分析

图 3-10 所示为广州本田雅阁轿车充电系统电路图，充电系统装有测量充电系统负载的电负载检测器（ELD）。ELD 向控制电压调节器的动力控制模块（PCM）发送信号。电压调节器为集成电路（IC）式，整流器与调节器均安装在发电机内。

◎ 电路分析

发电机 B 接线柱输出直流电。充电电路：交流发电机 B+→熔丝 No.22（100A）→蓄电池→发电机搭铁端子。

1 号接线柱为电压调节器供电端。电

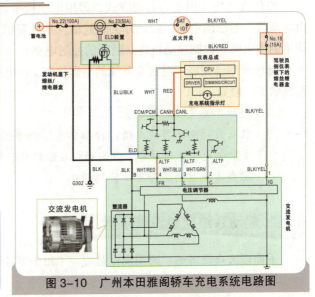

图 3-10　广州本田雅阁轿车充电系统电路图

路：蓄电池正极→发动机盖下熔断器／继电器盒中的熔丝 No.22（100A）→熔丝 No.23（50A）→点火开关→熔丝 No.18（15A）→发电机 1 号（IG）接线柱。

2 号接线柱为动力控制模块（PCM）控制信号输入端；4 号接线柱为交流发电机反馈信号输出端；3 号接线柱为指示灯信号控制端，输入到 PCM，通过 CAN 总线控制仪表总成内充电系统指示灯的亮与灭。

5. 充电系统电路检测

识读电路图的目的主要是方便维修。下面以丰田卡罗拉电路为例，讲解充电系统电路的检测方法。

（1）发电机 B 端子和调节器 S 端子的检测

用万用表电压挡测量静态下的 B 端子和 S 端子的点电压，应为蓄电池电压，否则电路断路。

（2）发电机调节器 IG 端子和 L 端子的检测

断开外部接线端子与调节器的连接。打开点火开关，用万用表电压挡测量 IG 端子和 L 端子的电压，正常情况下应有电压，否则电路断路。

关闭点火开关，用万用表导通挡测量 IG 端子和 L 端子与搭铁间的导通情况，应为截止状态，否则为短路搭铁。

二、起动系统电路

1. 起动系统电路的组成

现代汽车均采用电力起动方式，即用电动机带动发动机转动，实现发动机的起动。起动系统由起动机、起动继电器、起动开关及起动保护装置组成，如图 3-11 所示。起动系统电路一般有起动机的主电路和控制起动机线路通断的控制电路。

有些车型已实现了对起动系统的电脑控制，由电脑对车辆状态进行监测，判断是否允许起动。监测状态一般如下：

1）起动开关是否闭合。
2）装有自动变速器的车辆，自动变速器的挡位开关是否处于 P 位或 N 位。
3）发动机是否在运转中。若发动机在运转中，不允许起动机工作，以保护起动机和发动机。
4）防盗系统监测是否可正常起动。

2. 起动系统电路识读示例

下面以大众桑塔纳、通用别克君威、丰田卡罗拉、本田雅阁起动控制电路为例进行讲解。

任务一 电源系统电路

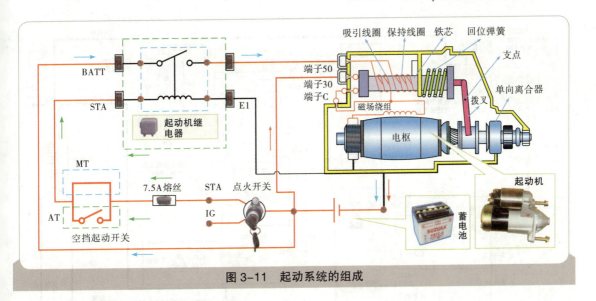

图 3-11 起动系统的组成

（1）大众桑塔纳起动控制电路

桑塔纳轿车起动系统电路如图 3-7 所示。图中电路编号为 5~8、23~28。起动发动机时，点火开关 D 拨到第二挡，其 30 端子与 50 端子接通。起动机控制电路及主电路如下：

① 起动机控制电路

起动机电磁开关吸引线圈线路：蓄电池 A 正极端子→中央线路板单端子插座 P 端子→中央线路板内部线路→中央线路板单端子插座 P 端子→点火开关 30 端子→点火开关 D→点火开关 50 端子→中央线路板 B8 端子→中央线路板内部线路→中央线路板 C18 端子→起动机 50 端子→吸引线圈→电动机磁场绕组 B→电动机电枢→搭铁→电路代号 7→蓄电池负极。

电磁开关保持线圈线路：蓄电池 A 正极端子→中央线路板单端子插座 P 端子→中央线路板内部线路→中央线路板单端子插座 P 端子→点火开关 30 端子→点火开关 D→点火开关 50 端子→中央线路板 B8 端子→中央线路板内部线路→中央线路板 C18 端子→起动机 50 端子→保持线圈→电路代号 8 搭铁→电路代号 7→蓄电池负极。

② 主电路

蓄电池 A 正极→起动机 30 端子→起动机内电磁开关→电动机磁场绕组 B→电动机电枢→搭铁→电路代号 7→蓄电池负极。

（2）通用别克君威的起动控制电路

图 3-12 所示为通用别克君威 2.5L（LB8）和 3.0L（LW9）起动电路。

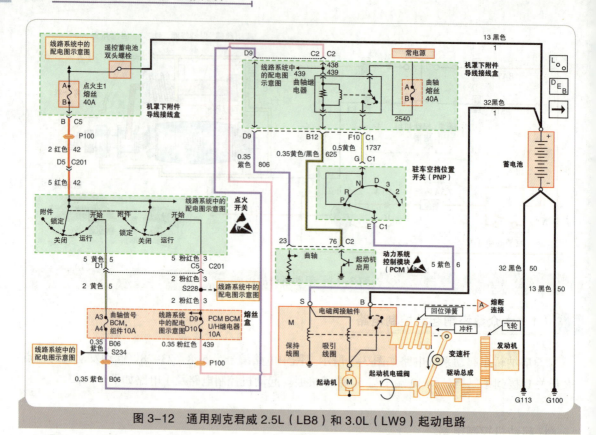

图 3-12 通用别克君威 2.5L（LB8）和 3.0L（LW9）起动电路

① 起动机第一控制电路

当点火开关转为 ON（接通）或者 ST（起动）位置时：蓄电池电压→40A 点火主 1 熔丝→点火开关→熔丝盒内的 10A PCM BCM U/H 继电器熔丝→机罩下附件导线接线盒 C2 端子→曲轴继电器的线圈→动力系统控制模块（PCM）76 端子。此时蓄电池正电压作用在曲轴继电器的线圈。

当点火开关转为 ST（起动）位置时：蓄电池电压→40A 点火主 1 熔丝→点火开关→熔丝盒内的 10A 曲轴信号熔丝→动力系统控制模块（PCM）23 端子。此时起动信号输入到动力系统控制模块 PCM。

当驻车/空挡位置（PNP）开关处于驻车 PARK 或者空挡位置并且防盗系统允许发动机起动时，动力系统控制模块使曲轴继电器电路接地，曲轴继电器线圈得电，其触点闭合。

② 起动机第二控制电路

常电源→40A 曲轴信号熔丝→曲轴继电器触点→驻车/空挡位置开关→起动机电磁线圈 S 端子后分两路：一路经保持线圈接地；另一路经吸引线圈→起动机→接地。当两个电磁线圈均接通时，两个绕组通过磁力一同工作以拉进和保持冲杆。冲杆移动变速杆，由于起动机驱动总成与发动机飞轮齿圈啮合，该运动导致起动机驱动总成转动。同时，冲杆移动，使起动机电磁线圈的电磁开关触点闭合。

③ 主电路

蓄电池电压→电磁线圈的电磁开关触点 B 端子→电磁开关→起动机→接地。此时，蓄电池的全部电压直接作用于起动机，起动机起动发动机。当电磁线圈开关触点闭合时，电压不再通过吸引线圈作用，保持线圈仍然保持啮合，其磁场足够大以保持住冲杆、变速杆、起动机总成，并且使电磁线圈开关触点处于继续闭合的位置。

当点火开关从 START 位置松开时，曲轴继电器线圈失电，蓄电池电压从电磁线圈 S 端子清除。在回位弹簧的协助下，起动机驱动总成断开并使电磁线圈开关触点打开，起动机停止运转。

（3）丰田卡罗拉起动控制电路

丰田卡罗拉起动电路如图 3-13 所示。

① 起动机第一控制电路

当点火开关置于 START 位置时，蓄电池正极→7.5A AM1 熔丝→点火开关 2 端子→点火开关 1 端子→驻车/空挡位置开关或离合器起动开关→起动继电器 1 端子→起动继电器线圈→起动继电器 2 端子→E1 接地点接地。此时，起动继电器线圈得电，其触点闭合，起动继电器 5 端子与 3 端子导通。

② 起动机第二控制电路

蓄电池正极→30A AM2 熔丝→点火开关 7 端子→点火开关 8 端子→起动继电器 5 端子→起动继电器 3 端子→起动机 B1 后分两路：一路经吸引线圈→接地；另一路经保持线圈→起动电机→接地。此时，线圈得电，电磁开关闭合。

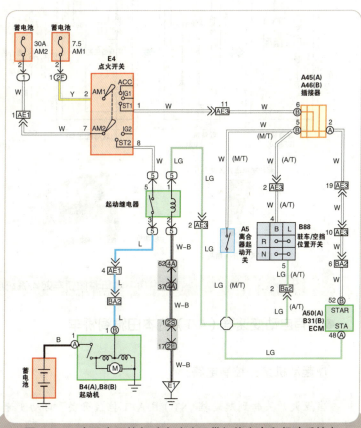

图 3-13 丰田卡罗拉起动电路（不带智能上车和起动系统）

③ 主电路

蓄电池正极→起动机 A1→电磁开关→起动机→起动机接地→蓄电池负极，此时起动机起动。

（4）本田雅阁起动控制电路

本田雅阁轿车起动系统电路如图3-14所示。

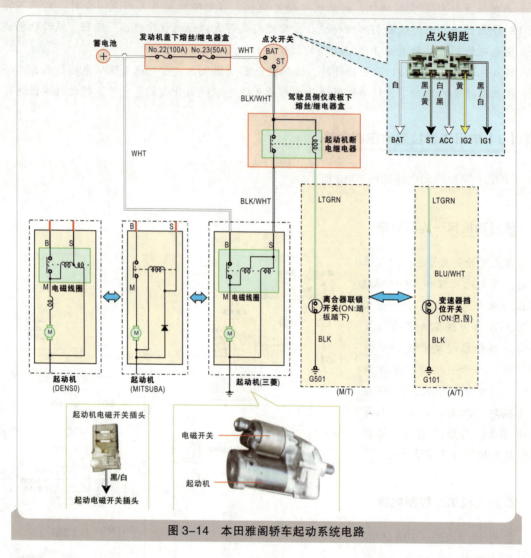

图3-14 本田雅阁轿车起动系统电路

● 装有自动变速器（A/T）的本田雅阁轿车

① 起动机第一控制电路

当点火开关转到起动挡（ST）且A/T挡位开关（自动变速器）置空挡位置时，电路电流流向：蓄电池正极→发动机盖下熔丝/继电器盒中的熔丝22（100A）→熔丝23（50A）→点火开关→起动机断电继电器线圈→自动变速器A/T挡位开关→G101搭铁→蓄电池负极。此时，起动机断电继电器磁场线圈得电。

② 起动机第二控制电路

起动机断电继电器磁场线圈得电而产生磁场，使其触点闭合，电路中的电流流向：蓄电池正极→发动机盖下熔丝/继电器盒中的熔丝22（100A）→熔丝23（50A）→点火开关→起动机断电继电器触点→起动机接线柱S后分两路：一路经吸引线圈→搭铁→蓄电池负极；另一路经保持线圈→起动机→搭铁→蓄电池负极。此时，起动机电磁阀触点得电而吸合。

③ 主电路

起动机电路中的电流流向：蓄电池正极→起动机电磁接线柱B→开关触点→电磁接线柱M→起动机→搭铁→蓄电池负极。起动机进入工作状态带动发动机飞轮转动。

● 装有手动变速器（MT）的本田雅阁轿车

◎ 电路分析

当点火开关转到起动挡（ST）且踏板踩下时，电路中的电流流向：蓄电池正极→发动机盖下熔丝/继电器盒中的熔丝 No.22（100A）→熔丝23（50A）→点火开关→起动机断电继电器线圈→离合器联锁开关（踏板踩下时接通）→ G101搭铁→蓄电池负极。

余下工作情况与装有自动变速器的轿车起动情况相同。

3. 起动系统电路检测

检测时使用万用表，采用逐点搭铁检测法可确认断路部位，采用依次拆断检测法可确诊短路搭铁部位。检测可从前向后，也可从后向前，或从中间向两边依次选择各个节点进行，主要对两个线路进行的检测：

1）起动控制线路，主要检测线路的通断情况。
2）起动机供电线路，重点检测线路各节点的电压差情况。各节点连接处的电压降不得大于0.2V。

三、电源分配系统电路

蓄电池和发电机通过电源分配系统向各用电设备供电。电源分配系统主要包括电路保护元件（熔丝、熔断器等）、电路控制元件（开关、继电器等）及电路插接器等。用电器的电源端有直接与电源连接和间接与电源连接两种形式。

直接与电源连接：用电器用导线或经过熔丝、导线与电源连接；
间接与电源连接：通过各种开关（点火开关、灯光开关等）、继电器与电源连接。

电源分配系统主要以开关（点火开关、灯光开关等）及继电器为主线，画出各条电源电路的分布关系，最后标注各熔丝所接的用电器，这样，在各系统电路中就不必画出电源部分，只注明接"配电系统"哪一条电路或哪根熔丝即可。

读图示例如图 3-15 和图 3-16 所示（丰田凯美瑞配电电路）。

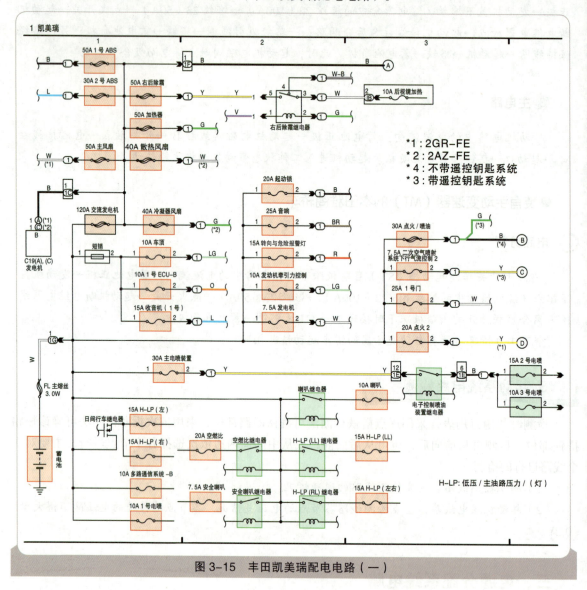

图 3-15　丰田凯美瑞配电电路（一）

◎ 电路分析

当发电机未起动时或发电机端电压低于蓄电池电压时，电路由蓄电池供电；当发电机端电压高于蓄电池电压时，电路由发电机供电。当蓄电池供电时，蓄电池电压经 3.0W Fl 主熔丝后分 20 路供电给各电路。

◆ 经 120A 交流发电机熔丝后，又分多条支路：
1）经 40A 冷凝器风扇熔丝后供电给冷凝器风扇电路；
2）供电给发电机励磁电路；
3）经 50A 主风扇熔丝后供电给主风扇电路；

4）经40A散热器风扇熔丝后供电给散热器风扇电路；

5）经50A加热器熔丝后供电给热器电路；

6）经30A ABS 2号熔丝后供电给ABS电路；

7）经50A右后除霜熔丝后供电给右后除霜电路；

8）经50A ABS 1号熔丝后供电给ABS电路；

9）经25A 2号门熔丝后供电给2号门电路；

10）经15A右前雾灯熔丝后供电给右前雾灯电路；

11）经7.5A OBD熔丝后供电给OBD诊断电路；

12）经30A座椅熔丝后供电给电动座椅电路；

13）经25A电源熔丝后供电给电动窗调节电机电路；

14）经30A天窗熔丝后供电给天窗电路；

15）经7.5A空调熔丝后供电给空调电路；

16）经10A制动熔丝后供电给制动灯电路；

17）当尾灯继电器得电时，其触点闭合，电源分两路：一路经15A尾灯熔丝后供电给尾灯电路；另一路经7.5A仪表板熔丝后供电给仪表板电路。

18）当电源继电器得电时，其触点闭合，电源分三路：第一路经30电源熔丝后供电给电动窗电路；第二路经25A右后门（左）熔丝后供电给右后门（左）电路；第三路经25A右后门（右）熔丝后供电给右后门（右）电路。

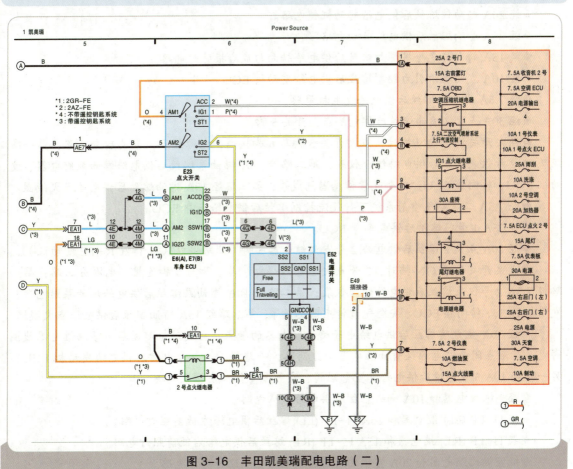

图3-16 丰田凯美瑞配电电路（二）

（19）经7.5A 二次空气喷射系统上行气流控制1号熔丝到点火开关后分两种情况。

a. 当点火开关位于 ACC 挡时，点火开关4脚与2脚接通，空调压缩机继电器线圈得电，空调压缩机继电器触点闭合。电源经空调压缩机继电器触点又分三路供电：第一路经7.5A 收音机2号熔丝供电给收音机电路；第二路经7.5A 空调 ECU 熔丝供电给空调 ECU 电路；第三路经20A 电源输出熔丝后供电给电源输出电路。

b. 当点火开关位于 ON 挡时，点火开关4脚与1脚连通，IG1 点火继电器线圈得电，其触点闭合，电源经 IG1 点火继电器触点又分七路供电：

第一路经10A 1号仪表熔丝供电给驻车／空挡位置开关等电路；

第二路经10A 1号点火 ECU 熔丝供电给风扇电路；

第三路经25A 雨刮熔丝供电给雨刮电路；

第四路经10A 洗涤熔丝供电给洗涤电路；

第五路经10A 2号空调熔丝供电给空调电路；

第六路经20A 加热器熔丝供电给座椅加热电路；

第七路经7.5A 2号点火 ECU 熔丝供电给座椅换挡锁止控制、变速器控制开关、ABS 等电路。

◆经短销熔丝后分为三路：

1）经10A 车顶熔丝后供电给组合仪表、时钟、室灯等电路；

2）经10A 1号 ECU-B 熔丝后供电给转向角传感器电路；

3）经15A 1号收音机熔丝后供电给收音机电路；

◆经20A 起动锁熔丝后供电给起动机锁电路。

◆经25A 音响熔丝后供电给音响电路。

◆经15A 转向与危险报警灯熔丝后供电给转向与危险报警灯电路。

◆经10A 发动机牵引力控制熔丝后供电给发动机 ECU。

◆经7.5A 发电机熔丝后供电给发电机电路。

◆经30A 点火／喷油熔丝后供电给点火开关5脚。

当点火开关位于 ON 挡时，点火开关5脚与6脚接通，电源经点火开关后分三路：第一路经7.5A 2号仪表熔丝后供电给组合仪表；第二路经10A 燃油泵熔丝后供电给燃油泵继电器、发动机 ECU、转向锁 ECU、安全气囊传感器总成等；第三路经15A 喷油熔丝后供电给点火线圈。

◆经7.5A 二次空气喷射系统下行气流控制熔丝后供电给车身 ECU。

◆经25A 1号门熔丝后供电车身 ECU。

◆经20A 点火2熔丝后供电给2号点火继电器5脚（此路供电只用于 2GR-FE 发动机）。

当点火开关位于 ON 挡时，2号点火继电器得电，其5脚与3脚连接，电源分三路：第一路经7.5A 2号仪表熔丝后供电给组合仪表；第二路经10A 燃油泵熔丝后供电给燃油泵继电器、发动机 ECU、转向锁 ECU、安全气囊传感器总成等；第三路经15A 喷油熔丝后供电给点火线圈。

◆经30A 主电喷熔丝后供电给电子喷油继电器的触点，当发动机起动后，喷油继电器线圈得电，其触点闭合，电源经喷油继电器后分两路：一路经15A 2号电喷后供电给发动机 ECU；另一路经10A 3号电喷后供电给真空电磁阀、空气流量计和炭罐泵模块。

◆经喇叭继电器和10A 喇叭熔丝后供电给喇叭电路。

◆经 H-LP (LL) 继电器和15A H-LP (LL) 熔丝后供电给左低前照灯电路。

◆经 H-LP (RL) 继电器和15A H-LP (RL) 熔丝后供电给右低前照灯电路。

◆经空燃比继电器和20A 空燃比熔丝后供电给空燃比传感器电路。

◆经安全喇叭继电器和7.5A安全喇叭熔丝后供电给安全（警示）喇叭。

◆经日间行车继电器后分两路：一路经15A H-LP（左）熔丝后供电给左高前照灯电路；另一路经15A H-LP（右）熔丝后供电给右高前照灯电路。

◆经10A 多路通信-B熔丝后供电给组合仪表电路。

◆经10A 1号电喷熔丝后供电给遥控钥匙系统的验证ECU和身份密码盒电路。

任务二 发动机控制系统电路

一、汽油发动机电控系统

1. 汽油发动机电控系统的组成

发动机电子控制系统(简称电控系统)电路主要包括燃油喷射控制、点火控制、怠速控制、爆燃控制、废气再循环、进气控制等电路,发动机控制关系如表 3-1 所示。每个子系统都是以电控单元为中心,与该项控制有关的信号输入电路及执行器工作电路都接到电控单元上。系统组成如图 3-17 所示。

表 3-1 发动机控制关系

序号	控制项目	相关信号	执行器
1	燃油喷射控制	进气量信号(空气流量、节气门位置、进气压力、进气温度) 发动机工况信号(曲轴位置、凸轮轴位置、发动机转速、发动机温度) 与其他系统匹配信号(空调压缩机、动力转向装置等是否投入工作、自动变速器挡位)	喷油器 燃油泵
2	点火控制	点火正时(发动机转速、温度、起动、空调、自动变速器) 通电时间(发动机转速、蓄电池电压) 爆燃控制(燃爆)	点火线圈 点火器 点火模块 火花塞
3	怠速控制	发电机工况(转速、节气门位置、冷却液温度、起动、负荷) 汽车工况(空调、挡位、动力转向)	怠速控制阀
4	废气排放控制	空燃比闭环(氧传感器信号) 废气再循环(机温、车速、EGR 阀位置) 二次空气喷射(排气温度、节气门位置、发动机转速) 活性炭罐(发动机转速、温度、空气温度)	喷油器 EGR 阀 二次气泵 二次空气阀 炭罐电磁阀
5	进气控制	进气惯性增压(发动机转速) 废气涡轮增压(进气压力) 可变气门相关开程	各类电磁阀

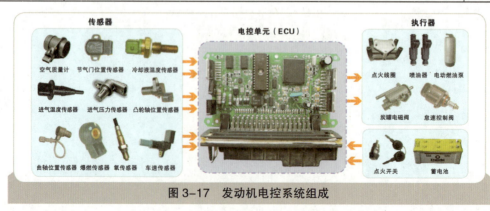

图 3-17 发动机电控系统组成

2. 汽油发动机电控系统电路识读

不论何种电控发动机,按电路的功能,发动机电控系统电路图主要由电源电路、传感器电路和执行器电路组成。下面以丰田卡罗拉轿车发动机电控系统电路为例进行讲解,电路如图3-18和图3-19所示。

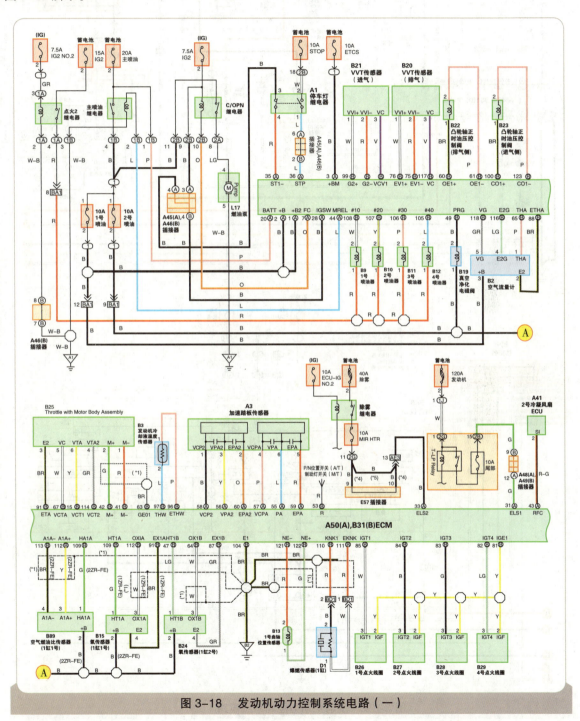

图3-18 发动机动力控制系统电路(一)

课题三 汽车主要电气系统电路识读

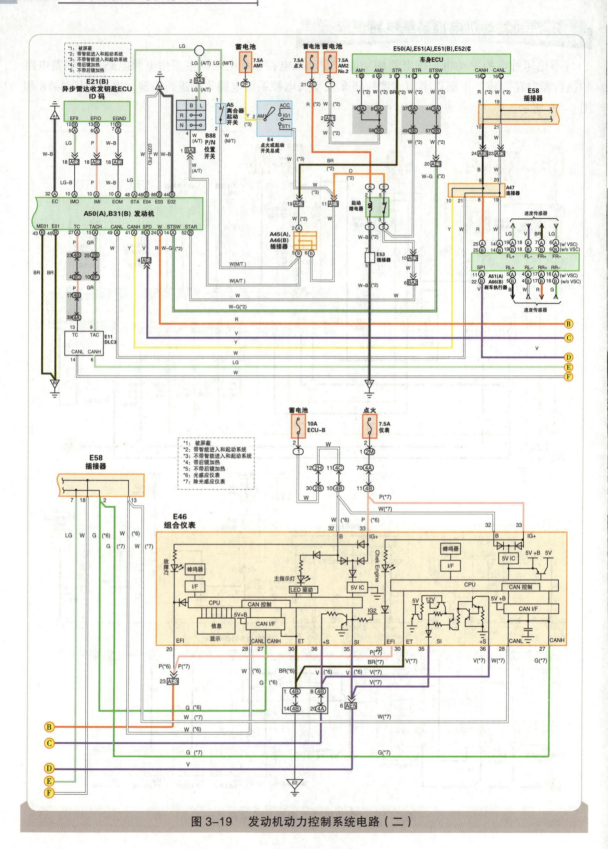

图 3-19 发动机动力控制系统电路（二）

（1）供电电路

① 发动机 ECU 供电电路

发动机 ECU 供电电路如图 3-20 所示。当点火开关转到 ON（IG）时，蓄电池电压→FL 主熔丝→AM2 熔丝→点火开关→2 号 IG2 点火熔丝→IG2 继电器线圈→接地。此时 IG2 继电器线圈得电，其触点闭合。

蓄电池电压→FL 主熔丝→P/I 熔丝→IG2 熔丝→IG2 继电器线圈触点→IGN 熔丝→A50-28（IGSW）端子。发动机控制模块的 A50-44（MREL）端子输出高电平信号使电流通向主电喷继电器线圈，主电喷继电器触点闭合。

蓄电池电压→FL 主熔丝→P/I 熔丝→主电喷熔丝→主电喷继电器触点→1 号电喷熔丝→A50-2（+B）和 A50-1（+B2）端子供电给发动机控制模块。

② VC 输出电路

VC 输出电路如图 3-21 所示。ECU 得到来自蓄电池的电压后持续生成 5 V 电源，提供给+B（BATT）端子以运行微处理器。ECU 也通过 VC 输出电路向传感器供电（如节气门位置传感器、加速踏板位置传感器等）。

由于 ECM 内的微处理器和传感器由 VC 电路供电，因此当 VC 电路短路时，微处理器和传感器被停用。此时，系统不能起动，即使系统出现故障。

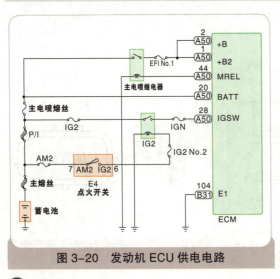

图 3-20 发动机 ECU 供电电路

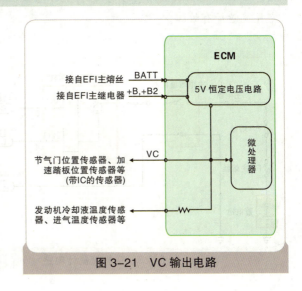

图 3-21 VC 输出电路

◎ 提示

正常状态下，点火开关首次置于 ON 位置时，MIL 亮起达几秒钟。当发动机起动时，MIL 熄灭。

（2）传感器电路

① 空气流量计

空气流量计（MAF）是测量通过节气门的空气流量的传感器。ECM 利用该信息来确定燃油喷射时间，并提供合适的空燃比。空气流量计安装位置如图 3-22 所示。

空气流量计电路如图 3-23 所示。当发动机控制模块的 A44（MREL）端子输出高电平信号时，主电喷继电器线圈得电，主电喷继电器触点闭合。

蓄电池电压供电给空气流量计 B2 的 3 脚，4 脚接地；5 脚为空气流量计输出信号脚。

图 3-22　空气流量计安装位置

◎ 空气流量计的检测

检测空气流量计（电源电压）：断开空气流量计插接器，将点火开关转到 ON 位置（IG），测量空气流量计线束侧插接器 3 脚与车身接地间的电压，正常应在 9~14V，如不正常，则检查空气流量计供电电路。

检测空气流量计（VG 电压）：断开 B2 空气流量计插接器，在端子 +B 和 E2G 之间施加蓄电池电压，将正极（+）测试仪探头和 VG 端子连接，将负极（-）测试仪探头与 E2G 端子连接。正常时测出的 5 脚 VG 与 4 脚 E2G 电压应为 0.2~4.9V，如图 3-24 所示，如不正常则说明空气流量计有故障。

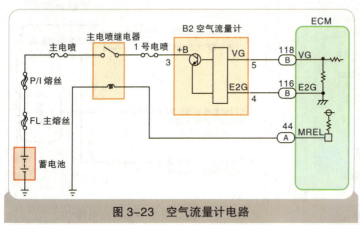

图 3-23　空气流量计电路

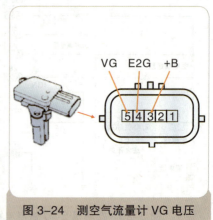

图 3-24　测空气流量计 VG 电压

② 进气温度传感器

安装在空气流量计（MAF）上的进气温度（IAT）传感器监控 IAT。IAT 传感器有一个内置热敏电阻，其电阻值可随进气温度而改变。图 3-25 所示为进气温度传感器电路，B2 的 1 脚输出进气温度信号，B2 的 2 脚接地。通过 ECM 的 THA 端子，由电阻 R 向 IAT 传感器提供 5 V

的电压。电阻R和IAT传感器串联。当IAT传感器的电阻值变化时，THA端子上的电压也随之变化。根据该信号，ECM增加喷油量以提高发动机在冷态工作时的运行性能。

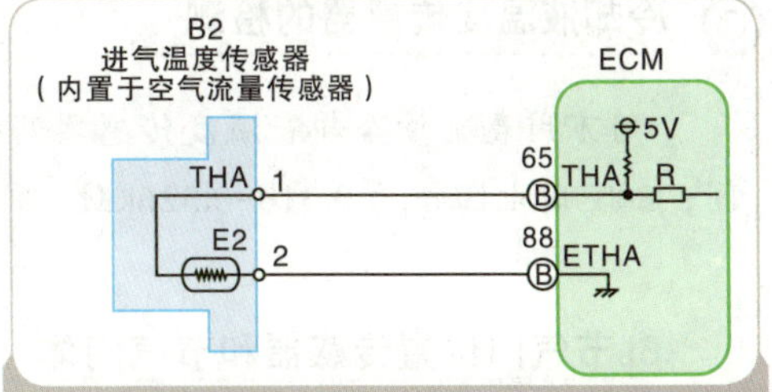

③ 曲轴位置传感器和凸轮轴位置传感器

曲轴和凸轮轴位置传感器电路如图3-26所示。曲轴位置传感1脚输出曲轴位置信号，接ECU的B122；曲轴位置传感2脚为接地脚，接ECU的B121。

曲轴位置传感出现故障会引起车辆不能起动等故障。

◎ 曲轴位置传感器的检测

断开B13曲轴位置（CKP）传感器插接器，测其1、2脚两端的电阻，在常温下（20℃时），其阻值应为1850~2450Ω。

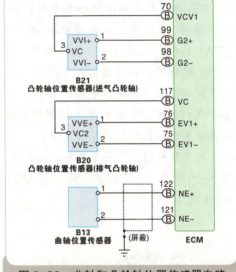

图3-25 进气温度传感器电路

图3-26 曲轴和凸轮轴位置传感器电路

④ 凸轮轴位置传感器

卡罗拉轿车有两个凸轮轴可变正时（VVT）位置传感器，即一个进气凸轮轴位置传感器和一个排气凸轮轴位置传感器。

凸轮轴位置传感器将齿轮旋转数据转换为脉冲信号，并将这些脉冲信号发送到ECM来确定凸轮轴角度，ECM利用此数据来控制燃油喷射时间和喷油正时。

如图3-26所示，凸轮轴位置传感器（进气凸轮轴）2脚为接地脚，接ECM的B98；1脚输出凸轮轴位置信号，接ECM的B99；3脚为供电脚，接ECM的B70。

凸轮轴位置传感器出现故障会引起车辆不能起动、排放超标、油耗增加等。

⑤ 冷却液温度传感器

冷却液温度传感器向ECU提供冷却液温度信号，用于起动、怠速、正常运行时的点火正时和喷油脉宽修正。其结构与进气温度（IAT）传感器相同。冷却液温度传感器电路如图3-27所示，该传感器有两个引脚，1脚为接地脚，接发动机ECM的B96；2脚输出冷却液温度信号，接发动机ECM的B97。

冷却液温度传感器出现故障会引起车辆起动困难等。

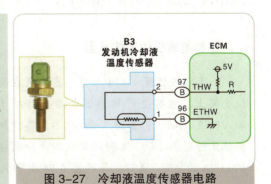

图3-27 冷却液温度传感器电路

课题三 汽车主要电气系统电路识读

◎ 冷却液温度传感器的检测

用万用表测量冷却液温度传感器两引脚之间的电阻值，在20℃时电阻值在 2.32~2.59kΩ 之间；80℃时电阻值为 0.310~0.326kΩ。

⑥ 节气门位置传感器和节气门体

节气门位置（TP）传感器安装在节气门体总成上，用来检测节气门开度。

TP 传感器有两个传感器电路，各自发送 VTA1 和 VTA2 信号，如图3-28所示，节气门体5脚为5V供电，接发动机ECM的B67；3脚为接地脚，接发动机ECM的B91；6脚输出VTA1 信号，用来检测节气门开度，接发动机ECM的B115；4脚输出 VTA2 信号，用来检测VTA1 的故障。传感器信号电压在 0~5 V 之间变化，其变化幅度与节气门的开度成比例。节气门关闭时，传感器输出电压降低。节气门打开时，传感器输出电压增加。ECM 根据这些信号计算节气门开度，并控制节气门执行器来适应驾驶情况。这些信号还会用在空燃比校正、供电增加校正和燃油切断控制等计算中。

电子节气门内有一个节气门执行器，它受 ECU 的控制，并且用齿轮开启或关闭节气门，如图 3-29 所示。节气门体 1 脚为节气门电机负极，接ECM的41脚；2脚为节气门电机正极，接ECM 的 42 脚。

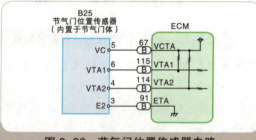

图 3-28 节气门位置传感器电路

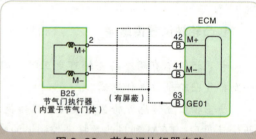

图 3-29 节气门执行器电路

◎ 节气门执行器的检查

a. 断开 B25 节气门体插接器。

b. 测量节气门体 1 脚与 2 脚间的电阻，在 20℃时，电阻值应为 0.3~100Ω。

⑦ 加速踏板位置传感器

加速踏板位置（APP）传感器安装在加速踏板支架上，它有 2 个传感器电路：VPA（主）和 VPA2（副），如图3-30所示，其中加速踏板位置传感器 1 脚、4 脚为供电脚，分别接发动机 ECM 的 A58、A57；传感器 6 脚为 VPA 信号输出脚，接发动机 ECM 的 A55；传感器 3 脚为

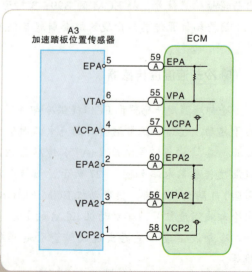

图 3-30 加速踏板位置传感器电路

VPA2 信号输出脚，接发动机 ECM 的 A56；施加到 ECM 的 VPA 端子和 VPA2 端子的电压根据加速踏板（节气门）开度的比例在 0~5V 之间变化。来自 VPA 的信号显示了实际加速踏板开度（节气门开度），用于发动机控制。来自 VPA2 的信号发送 VPA 电路的工作状态，并用来检查 APP 传感器自身的情况。

ECM 通过来自 VPA 和 VPA2 的信号监视实际加速踏板开度（节气门开度），根据这些信号控制节气门执行器。

◎ 加速踏板位置传感器的检查

断开 A3 APP 传感器插接器，测量加速踏板位置传感器 2 脚与 3 脚、5 脚与 6 脚的电阻值，正常时均为 36.60~41.61kΩ。如阻值不正常，则可能节气门踏板位置传感器有故障。

⑧ 爆燃传感器

爆燃传感器安装在发动机缸体上，用来检测发动机爆燃。当爆燃引起发动机缸体振动时，会产生电压。可通过点火正时延迟来抑制发动机爆燃。爆燃传感器电路如图 3-31 所示。爆燃传感器 2 脚输出爆燃信号，接发动机 ECM 的 B110；爆燃传感器 1 脚为接地脚，接发动机 ECM 的 B111。

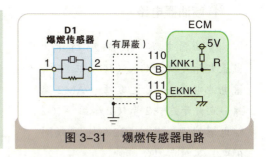

图 3-31 爆燃传感器电路

◎ 爆燃传感器的检查

断开 D1 爆燃传感器插接器；拆下爆燃传感器；测量传感器 1、2 脚两端的电阻值，20℃ 时正常为 120~280 kΩ。

⑨ 氧传感器

氧传感器用于检测排气的氧含量，并将信号传递给 ECM，ECM 根据此信息进行燃油闭环控制，使发动机在最佳的工况下工作，并使尾气中的废气能够在三元催化器中得到最大程度的转化和净化。卡罗拉轿车有两个氧传感器，S1 氧传感器安装在三元催化转化器（TWC）前部，并位于发动机总成附近；S2 传感器安装在三元催化转化器后面。氧传感器电路如图 3-32 所示。其中传感器 2 脚为供电脚；3 脚为

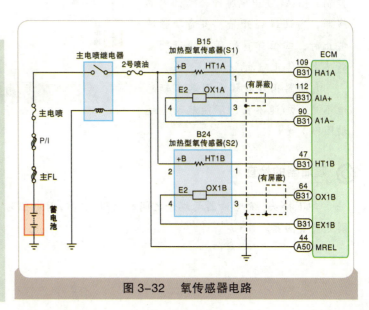

图 3-32 氧传感器电路

信号输出脚；1脚和4脚为接地脚。

氧传感器出现故障会引起怠速不良、加速不良、尾气超标、油耗过大等。

◎ 氧传感器的检查

S1氧传感器的检查：断开B15传感器插接器，测量电阻，正常时，1脚与2脚间的电阻应为1.8~3.4Ω（20℃时），1脚与4脚之间的阻值应大于10kΩ。

S2氧传感器的检查：断开B24加热型氧传感器插接器，测量电阻，正常时，1脚与2脚间的电阻应为11~16Ω（20℃时），1脚与4脚之间的阻值应大于10kΩ。

（3）执行器

① 喷油器电路

喷油器电路如图3-33所示。当点火开关位于ON（IG）位置时，蓄电池电压→FL主熔丝→AM2熔丝→点火开关→2号IG2熔丝→IG2继电器线圈。此时IG2继电器线圈得电，其触点闭合。

蓄电池电压→FL主熔丝→P/I熔丝→IG2熔丝→IG2继电器触点→1号、2号、3号、4号喷油器的1脚，喷油器的2脚受ECM的控制，ECM发出电脉冲给喷油器的线圈，喷油过程开始。当喷油脉冲截止时，回位弹簧的压力使针阀重新关上，停止喷油。

喷油器出现故障会引起车辆怠速不良、加速不良、不能起动（起动困难）等。

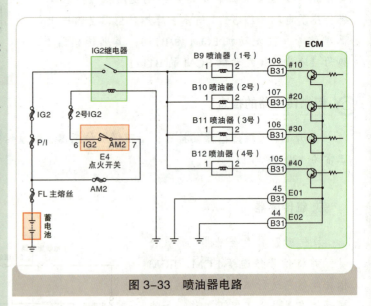

图3-33 喷油器电路

◎ 喷油器的检查

卸下接头，测喷油器两端子之间的电阻，20℃时电阻为11.6~12.4Ω。如果结果不符合规定，则更换喷油器。

② 点火电路

卡罗拉轿车采用了直接点火系统（DIS），点火电路如图 3-34 所示，当点火开关打开时，点火电压经 7.5A 2 号 IG2 点火熔丝供电给 2 号点火继电器，此时 2 号点火继电器线圈得电，其触点闭合。

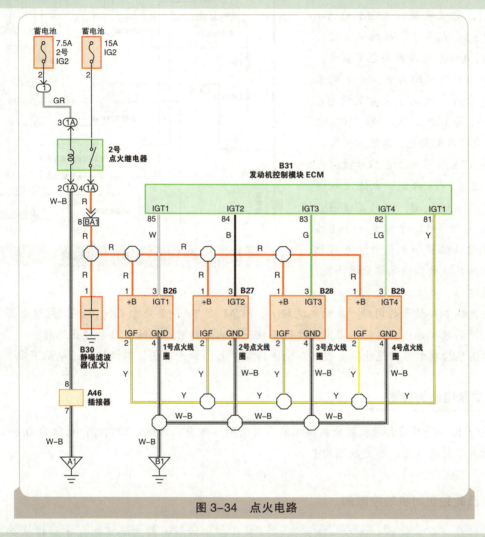

图 3-34　点火电路

蓄电池电压→15A IG2 点火熔丝→2 号点火继电器→分别供给 1 号点火线圈 1 脚、2 号点火线圈 1 脚、3 号点火线圈 1 脚、4 号点火线圈 1 脚。点火线圈 4 脚接地；点火线圈 2 脚输出 IGF 电压信号（点火反馈电压）；点火线圈 3 脚输出 IGT（点火正时信号电压）。

当点火开关置于 ON 位置时，ECM 根据凸轮轴位置信号（G2）和曲轴位置传感器等信号确定最佳的点火闭合角（通电时间），向点火线圈发送点火正时控制信号 IGT，ECM 根据 IGT 信号接通或关闭点火器内的功率晶体管的电源。功率晶体管进而接通或断开流向一次线圈的电流。当一次线圈中的电流被切断时，二次线圈中产生高压，此高压被施加到火花塞上并使其在气缸内部产生火花。一旦 ECM 切断一次线圈电流，点火器会将点火确认（IGF）信号发送回 ECM，ECM 根据此信号给出喷油脉冲控制信号。

课题三 汽车主要电气系统电路识读

③ 燃油泵控制电路

如图 3-35 所示，当发动机转动时，电流从点火开关（电源控制 ECM）的端子 ST1 流入起动机继电器线圈，电流也流入 ECM 的 A48 端子（STA 信号）。起动机起动，ECM 的 A44 端子输出高电平信号，主喷油继电器线圈得电，主继电器触点闭合；电流从点火开关的 IG2 端子经 2 号 IG2 熔丝后流入 IG2 继电器，IG2 线圈得电，其触点闭合。

当 STA 信号和 NE 信号被输入至 ECM 时，Tr 接通，电流流入燃油泵继电器的线圈，继电器接通，蓄电池电压→FL 主熔丝→P/I 熔丝→主喷油熔丝→主电喷继电器触点→燃油泵继电器触点供至燃油泵，燃油泵运行。

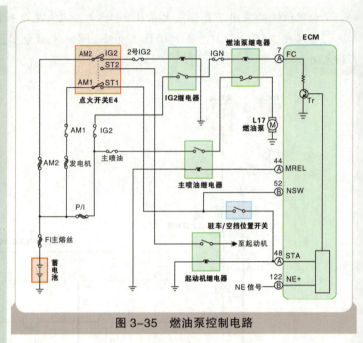

图 3-35 燃油泵控制电路

在生成 NE 信号的同时（发动机运转），ECM 使 Tr 一直处于 ON（燃油泵继电器 ON）状态，燃油泵也始终在运转。当发动机因事故而停止运转时，燃油泵自动停止运转。

燃油泵控制电路出现故障会引起车辆运转噪声大、加速不良、不能起动（起动困难）等。

◎ 燃油泵电路的检测

卸下接头，万用表两表笔分别接燃油泵两引脚，测量其内阻，20℃时，电阻为 0.2~3.0Ω，如果结果不符合规定，则更换燃油泵。

④ 凸轮轴正时机油控制阀

凸轮轴正时机油控制阀包括进气凸轮轴正时机油控制阀和排气凸轮轴正时机油控制阀。图 3-36 所示为凸轮轴正时机油控制阀电路。

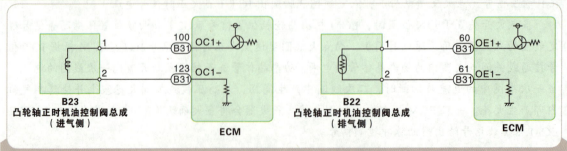

图 3-36 凸轮轴正时机油控制阀电路

ECM 的 B100 端子和 B123 端子外接进气侧凸轮轴正时机油控制阀总成 B23，其中 B100 端子为控制脚，接 B23 的 1 脚；ECM 的 B60 端子和 B61 端子外接排气侧凸轮轴正时机油控制阀总成 B22，其中 B60 端子为控制脚，接 B22 的 1 脚。

◎ 凸轮轴正时机油控制阀的检测

拆下凸轮轴正时机油控制阀总成，测量两端子间的电阻值，20℃时，电阻正常为 6.9~7.9Ω，如电阻值不正常，则需更换凸轮轴正时机油控制阀。

⑤ 燃油蒸发排放控制系统净化控制阀（VSV）

为减少 HC 排放，将来自燃油箱的蒸发燃油通过活性炭罐排入进气歧管中，使之在气缸中燃烧。

燃油蒸发排放控制系统净化控制阀电路如图 3-37 所示。当发动机运转时，发动机 ECM 的 A44 脚输出高电平信号，主电喷继电器得电，其触点闭合，蓄电池电压→FL 主熔丝→主电喷熔丝→主电喷继电器触点→2 号电喷熔丝→净化 VSV 阀 B19 的 1 脚。净化 VSV 阀 B19 的 2 脚接 ECM 的 B49 脚。ECM 改变传输到净化 VSV 的占空比信号，从而使 HC 排放的进气量在暖机后适于驾驶情况（发动机负荷、发动机转速、车速等）。

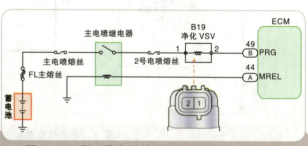

图 3-37　燃油蒸发排放控制系统净化控制阀电路

◎ 净化 VSV 的检测

断开 B19 净化 VSV 插接器。测量 VSV 端子间的电阻，20℃时，电阻正常为 23~26Ω，如电阻值不正常，则需更换净化 VSV。

二、冷却系统

下面以别克君威轿车为例讲解冷却系统电路的识读。别克君威冷却风扇电路如图 3-38 所示。君威轿车散热冷却风扇由两个电子扇组成，风扇的运转由动力系统控制模块（PCM）控制。

1. 风扇低速电路分析

动力系统控制模块（PCM）控制散热风扇低速运转时，其 C1-6 脚输出低电平，为继电器 12 线圈提供接地回路，控制电路如下：常电源→机罩下附件导线接线盒内 40A 熔丝 6→机罩下附件

课题三 汽车主要电气系统电路识读

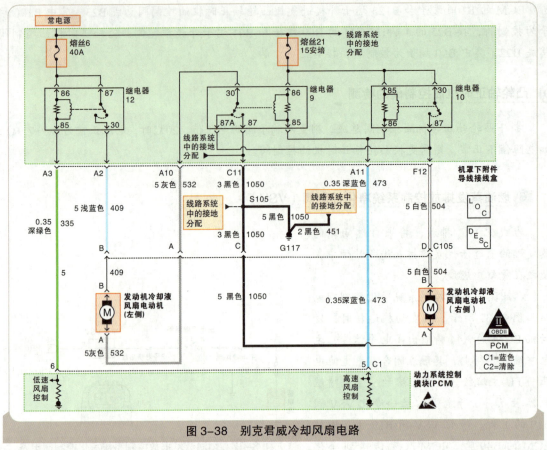

图 3-38 别克君威冷却风扇电路

导线接线盒内继电器 12 线圈→发动机控制模块的 C1-6 脚。当 C1-6 脚输出低电平信号时,继电器 12 线圈得电,其触点闭合。

主电路:常电源→机罩下附件导线接线盒内继电器 12 触点→发动机冷却液风扇电动机(左侧)→机罩下附件导线接线盒 A10 脚→继电器 9 常闭触点(30—87A)→机罩下附件导线接线盒 F12 脚→发动机冷却液风扇电动机(右侧)→结点 S105→G117 搭铁。此时,左、右两个风扇串联,每个风扇的工作电压为供电电压的 1/2,两个风扇同时低速运转。

2. 风扇高速电路分析

动力系统控制模块(PCM)控制散热风扇高速运转时,其 C1-6 脚、C1-5 脚均输出低电平,为继电器 9、10、12 线圈提供接地回路,电路如下。

(1) 左侧风扇电路

第一级控制电路:常电源→机罩下附件导线接线盒内 40A 熔丝 6→机罩下附件导线接线盒内继电器 12 线圈→发动机控制模块的 C1-6 脚。此时继电器 12 线圈得电,其触点闭合。

第二级控制电路:常电源→机罩下附件导线接线盒内 15A 熔丝 21→机罩下附件导线接线盒内继电器 9 线圈→发动机控制模块的 C1-5 脚。此时继电器 9 线圈得电,其常开触点闭合,常闭触点断开(即 30—87 接通,30—87A 断开)。

主电路：常电源→机罩下附件导线接线盒内继电器 12 触点→发动机冷却液风扇电动机（左侧）→机罩下附件导线接线盒 A10 脚→继电器 9 常开触点（30—87）→机罩下附件导线接线盒 C11 脚→结点 S105 → G117 搭铁。此时左侧风扇运转。

（2）右侧风扇电路

控制电路：常电源→机罩下附件导线接线盒内 15A 熔丝 21 →机罩下附件导线接线盒内继电器 10 线圈→发动机控制模块的 C1-5 脚。此时继电器 10 线圈得电，其触点闭合。

主电路：常电源→机罩下附件导线接线盒内继电器 10 触点→发动机冷却液风扇电动机（右侧）→结点 S105 → G117 搭铁。此时，右侧风扇运转。

因左、右风扇并联，每个风扇都有单独的接地通路，所以风扇高速运转。

三、巡航控制系统

1. 巡航控制系统的组成

汽车巡航控制系统（Cruise Control System，CCS）是一种利用电子控制技术保持汽车自动等速行驶的系统，有时也叫车速自动控制系统。

汽车巡航控制系统主要由巡航控制开关、传感器、巡航控制 ECU、执行器等组成，如图 3-39 所示。由巡航开关和传感器将信号送至 ECU，ECU 根据这些信号计算出节气门的合理开度，并给执行器发出信号，调节节气门的开度，保持汽车按设定的车速等速行驶。

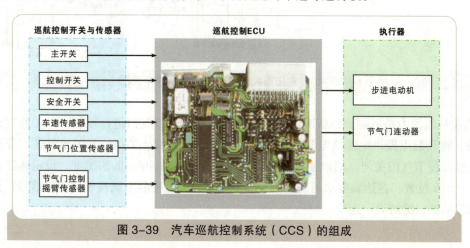

图 3-39　汽车巡航控制系统（CCS）的组成

2. 巡航控制系统电路分析

下面以本田雅阁轿车为例讲解巡航控制系统电路的识读。本田雅阁轿车巡航控制系统电路如图 3-40 所示。

本田雅阁巡航控制系统实际上是一个受 PCM（发动机电控制单元）控制的、具有速度自动调节功能的控制系统，其工作原理如下：当点火开关位于 IG1 挡时，控制主开关通电，当按下 ON 按钮时,电源即给控制电脑和制动开关供电。控制电脑接收来自制动开关、车速传感器(VSS)、离合器开关(手动变动器)或 A/T 挡位开关(自动变速器)的信号,控制电脑依次发送信号给巡航控制促动器来调节节气门位置以维持所设定的汽车速度。控制电脑把汽车的实际速度与所设定的速度进行比较,从而在必要时打开或关闭节气门,使得所提供的动力与所设定的速度相匹配。

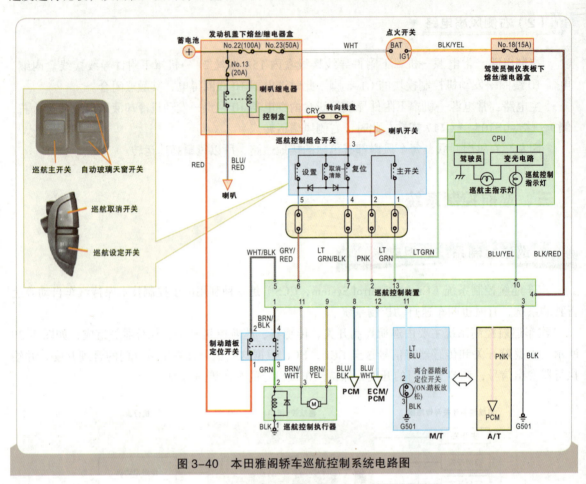

图 3-40 本田雅阁轿车巡航控制系统电路图

当驾驶员以恒力踏下制动踏板时,巡航控制系统不能对节气门进行控制。开关通过常闭触点断开电源,常开触点提供电源给电脑发送信号。离合器开关或 A/T 挡位开关也发送"分离信号"给控制电脑以使节气门关闭。巡航控制系统会设定且自动维持 40km/h 的速度。设定速度时,确信主开关处于 ON 位置,在达到要求的速度时,按下设定开关,控制电脑接收到设定信号,依次控制巡航控制促动器以维持设定速度。

(1) 供电电路

1) 蓄电池正极→发动机盖下熔丝/继电器盒熔丝 No.22→熔丝 No.23→点火开关→驾驶员侧仪表板下熔丝/继电器盒熔丝 No.18→巡航控制装置 4 脚。

2) 蓄电池正极→发动机盖下熔丝/继电器盒熔丝 No.22→制动踏板定位开关→巡航控制装置 5 脚。

（2）开关电路

1）离合器踏板定位开关。离合器踏板定位开关（手动变速器）或 A/T 挡位开关（自动变速器）接巡航控制装置的 11 脚，当踏板放松时，离合器踏板定位开关闭合，巡航控制装置的 11 脚接地。

2）巡航控制组合开关。巡航控制组合开关的 1、2 脚为主控按钮接线脚，分别接巡航控制装置的 13 脚和 2 脚；巡航控制组合开关的 5、4 脚为设置 / 取消 / 恢复按钮接线脚，分别接巡航控制装置的 6 脚和 7 脚。

（3）巡航控制执行器

巡航控制装置的 9 脚和 11 脚接巡航控制执行器的 3 脚和 4 脚，即巡航控制执行器的电动机；巡航控制装置的 1 脚经制动踏板定位开关后接巡航控制执行器的 2 脚，即离合器线圈。当制动踏板定位开关踏下时，其 4 脚与 3 脚断开，离合器线圈断电。巡航控制装置的 10 脚输出巡航控制指示灯驱动信号。

四、柴油发动机电控系统

柴油发动机电控系统的发展经历了 3 代，即位置控制式、时间控制式、时间 - 压力控制式（高压共轨式）。各代柴油发动机电控燃油喷射系统的特点如图 3-41 所示。

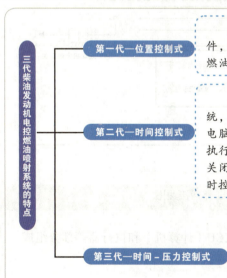

图 3-41 各代柴油发动机电控燃油喷射系统的特点

下面将主要以时间控制式（第二代）和时间 - 压力控制式（第三代）为例，讲解柴油发动机电控系统电路图的识读。

课题三 汽车主要电气系统电路识读

1. 时间控制式电控燃油喷射系统电路图的识读

第二代电控燃油喷射系统为时间控制式,根据产生高压的装置的不同,其又分为分配泵电控燃油喷射系统、直列泵电控燃油喷射系统、单体泵电控燃油喷射系统和泵喷嘴电控燃油喷射系统。

下面以采用德尔福电控单体泵系统的玉柴 YC6G240-30 发动机 ECU 电路(如图 3-42 所示)为例,讲解时间控制式电控燃油喷射系统电路图的识读。单体泵控制系统框图如图 3-43 所示。

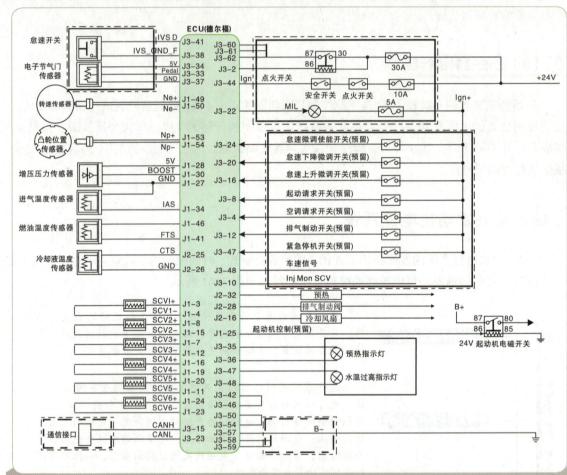

图 3-42 YC6G240-30 发动机 ECU 外围接线图

玉柴 YC6G240-30 电控燃油喷射系统主要由传感器、ECU(计算机)和执行器等部分组成。

(1) 传感器

① 转速传感器 / 曲轴位置传感器

发动机转速传感器用于检测发动机转速信号。曲轴位置传感器安装在飞轮壳上,用于检测活塞上止点及曲轴转角。发动机转速传感器 / 曲轴位置传感器用于喷油时刻和喷油量计算、转速计算,同时在凸轮轴传感器失效后可执行失效安全策略。在图 3-42 中,ECU 的 J1-49、

J1-50脚外接转速传感器。

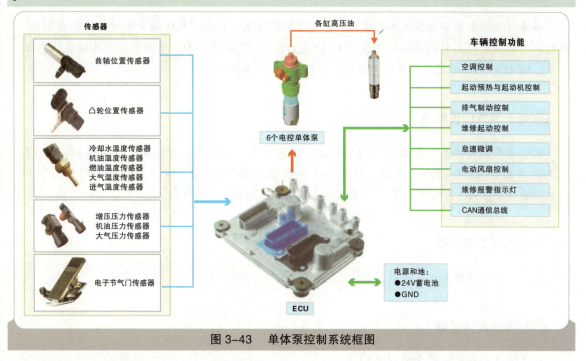

图3-43　单体泵控制系统框图

② 凸轮位置传感器

凸轮位置传感器安装在齿轮室上,其作用是判断柴油机运行的角度相位(也称判缸),同时在曲轴传感器失效后可执行失效安全策略。在图3-42中,ECU的J1-53、J1-54脚外接转速传感器。

③ 增压压力传感器(MAP)

增压压力传感器(MAP)安装在进气管上,其作用是测量增压压力,与进气温度传感器一起计算空气密度和喷油量,在瞬态工况时用于冒烟控制。在图3-42中,ECU的J1-28脚输出5V电压给增压压力传感器,J1-27是接地脚,J1-30是传感器信号输入脚。

④ 进气温度传感器

进气温度传感器安装在进气管上,其作用是测量进气温度,与增压压力传感器一起计算空气密度和喷油量,还用于修正喷油提前角,同时在进气温度过高时起保护。在图3-42中,ECU的J1-34、J1-27脚外接进气温度传感器,其中,ECU的J1-34是传感器信号输入脚,J1-27是接地脚。

⑤ 冷却液温度传感器

冷却液温度传感器安装在节气座上,其作用是测量冷却液温度,用于冷起动、目标怠速计算等,还可用于修正喷油提前角、最大功率保护等,同时在冷却液温度过高时起保护。在图3-42中,ECU的J2-25、J2-26脚外接冷却液温度传感器,其中,ECU的J2-25是传感器信号输入脚,J2-26是接地脚。

⑥ 燃油温度传感器

燃油温度传感器安装在单体泵室上，其作用是根据燃油密度计算喷油量和所需的喷油脉宽，同时在燃油温度过高时起动保护。在图3-42中，ECU的J1-46、J1-41脚外接燃油温度传感器。其中，ECU的J1-41是传感器信号输入脚，J1-46是接地脚。

⑦ 电子节气门传感器

电子节气门传感器安装在节气门踏板位置，其作用是采集驾驶员意图，通过模拟信号发给ECU。在图3-42中，ECU的J3-38、J3-41脚外接怠速开关；J3-34为电子节气门传感器5V供电输出脚，J3-33为电子节气门传感器信号输入脚，J3-37为接地脚。

⑧ 大气压力传感器

大气压力传感器内置在控制器ECU。

⑨ 环境温度传感器

环境温度传感器内置在控制器ECU。

（2）ECU

电子控制单元（ECU）的功能是接收各种传感器和开关等信号，进行运算、分析、比较、判断，根据ECU存储的发动机控制程序向执行器（单体泵电磁阀等）发出指令，实现喷油量和喷油正时的控制。ECU还具有故障诊断功能，当控制系统出现故障时，它会进行识别，当确认为故障时，以故障码的形式进行存储，并使指示灯点亮，提醒驾驶员进行检修。

德尔福单体泵控制系统ECU可用12V和24V供电。ECU采用Power PC微处理器、橡胶绝缘隔垫、可以驱动单阀的燃油喷射系统、国际先进的CAN现场总线通信技术、可选择的燃油冷却功能，内置大气压力传感器和ECU温度传感器。ECU实物如图3-44所示。

图3-44 ECU实物

（3）执行器

执行器有单体泵电磁阀（6个）、排气制动阀、冷却风扇、水温过高指示灯、故障指示灯、CAN通信总线等。

① 单体泵电磁阀

ECU 的 J1-3 脚、J1-4 脚外接单体泵电磁阀 1；ECU 的 J1-8 脚、J1-15 脚外接单体泵电磁阀 2；ECU 的 J1-7 脚、J1-12 脚外接单体泵电磁阀 3；ECU 的 J1-16 脚、J1-19 脚外接单体泵电磁阀 4；ECU 的 J1-20 脚、J1-11 脚外接单体泵电磁阀 5；ECU 的 J1-24 脚、J1-23 脚外接单体泵电磁阀 6。

② 排气制动阀

ECU 的 J2-28 脚外接排气制动阀。

③ 风扇控制

ECU 的 J2-16 脚外接冷却风扇，控制冷却风扇的运行。

④ 水温过高指示灯

ECU 的 J3-47、J3-48 脚外接水温过高指示灯，控制水温过高指示灯的亮灭。

⑤ 故障指示灯

ECU 的 J3-22 脚外接故障指示灯，电压路径：从点火开关来的蓄电池电压→5A 熔丝→故障指示灯→ECU 的 J3-22 脚。当发动机出现故障时，ECU 的 J3-22 脚输出低电压信号，故障指示灯亮起。

⑥ CAN 通信总线

ECU 的 J3-15、J3-23 脚外接 CAN 通信接口，其中 J3-15 接 CAN 高总线，J3-23 接 CAN 低总线。

2. 时间-压力控制式（高压共轨系统）电控燃油喷射系统电路图的识读

目前世界上主要有三大公司在研发和生产柴油机高压共轨系统，分别是德国的 Bosch 公司、日本 Denso 公司和美国的 Delphi 公司。德国 Bosch 公司从推出第一代、第二代柴油高压共轨系统后，现在已经发展到第三代压电控制式共轨喷射系统。下面以德国 Bosch 公司的高压共轨电控燃油喷射系统为例，讲解高压共轨电控燃油喷射系统电路图的识读。

（1）Bosch 高压共轨电控燃油喷射系统介绍

Bosch 高压共轨发动机的燃油系统分为低压供油部分和高压供油部分。低压供油部分为高压供油部分提供足够的燃油，主要部件有油箱、燃油滤清器（包括油水分离器、手动输油泵）、低压输油管、回油管、安装于高压油泵上的齿轮式吸油泵或叶片式吸油泵;高压供油部分除产生高压燃油外,还进行燃油分配和燃油压力测量,主要零部件有高压泵(包括流量计量阀)、高压蓄压器(轨道,包括轨压传感器)、喷油器、高压油管。

Bosch 共轨燃油系统简图如图 3-45 所示。

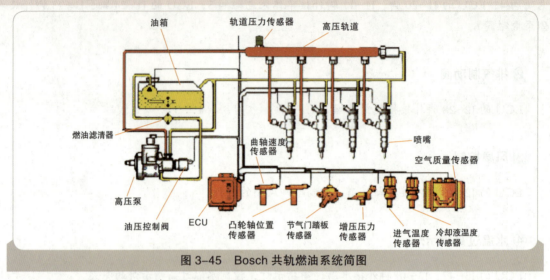

图 3-45　Bosch 共轨燃油系统简图

(2) 高压共轨系统电控燃油喷射系统电路图的识读

图 3-46 所示为南京依维柯 SOFIM8140.43S3 高压共轨柴油机 EDC16 系统电路图。该控制系统主要由传感器、开关、ECU 和执行器等组成。

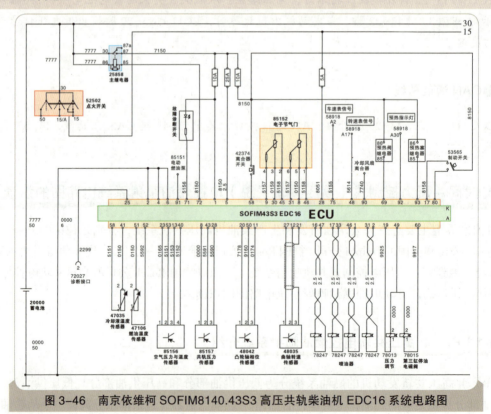

图 3-46　南京依维柯 SOFIM8140.43S3 高压共轨柴油机 EDC16 系统电路图

(1) 传感器及开关

① 曲轴转速传感器

ECU 的 A12、A21、A27 脚外接曲轴转速传感器,其中 A21 脚接曲轴位置传感器屏蔽线,曲轴位置传感器信号从 ECU 的 A12、A27 输入。曲轴转速传感器装在发动机缸体上,感应飞轮(注:飞轮上共有 58 个孔)的行程变化信号及飞轮上每两个孔之间的距离信号,这是电控中心识别活塞上止点位置的基本信号。该信号使电控中心了解发动机的转速,成功实现提前预喷射,计算预喷射的时间,进行主喷射和驱动发动机转速表。

② 凸轮轴位置传感器

ECU 的 A11、A50、A20 脚外接凸轮轴位置传感器,其中 A11 为凸轮轴位置传感器负极,A20 为凸轮轴位置传感器正极,凸轮轴位置传感器信号(相位)从 A50 输入 ECU。凸轮轴位置传感器安装在带轮盖罩上,传感器的安装间隙和飞轮转速传感器相同。传感器的信号使电控中心在起动的同时识别发动机的相位,清楚哪一缸喷射。

③ 冷却液温度传感器

ECU 的 A41、A58 脚外接冷却液温度传感器,其中 A41 接冷却液温度传感器负极,冷却液温度传感器信号从 ECU 的 A58 输入。冷却液温度传感器装在节温器座上,用于测量发动机冷却液的温度,给电控中心提供发动机冷却液温度信号。

冷却液温度传感器的检测:可用万用表电阻挡测量冷却液温度传感器的电阻值,如测得结果不符合表 3-2 所示的结果,则说明冷却液温度传感器有故障。

表 3-2 冷却液温度传感器的温度—电阻特性表

温度/℃	-40	-20	0	20	40	60	80	100	120
电阻/kΩ	48.30	15.46	5.89	2.50	1.17	0.59	0.32	0.19	0.11

④ 燃油温度传感器

ECU 的 A51、A52 脚外接燃油温度传感器,其中 A51 接燃油温度传感器负极,燃油温度传感器信号从 ECU 的 A52 输入。燃油温度传感器与发动机冷却液温度传感器是同一类零件。装在燃油滤清器上,用于测量燃油的温度,给电控中心提供燃油热态信号。

⑤ 空气压力与温度传感器

空气压力与温度传感器安装在电控中心的内部。根据海拔测量大气压力,提供正确的大气压力。其中,传感器的 1 脚为接地脚,接 ECU 的 A23 脚;传感器的 2 脚输出温度信号,接 ECU 的 A53 脚;传感器的 3 脚是 5V 电源输入脚,接 ECU 的 A13 脚;传感器的 4 脚输出增压空气压力信号(输出 0~5V 的信号),接 ECU 的 A40 脚。

⑥ 共轨压力传感器

共轨压力传感器装在"共轨"的中部，用来测量"共轨"中的燃油压力。传感器的3脚为供电脚，接ECU的A28脚，ECU为传感器提供5V电压；传感器的1脚为接地脚，接ECU的A8脚；传感器的2脚为共轨传感器信号输出脚，接ECU的A43脚；电控中心对该传感器提供的信号进行信息反馈，控制喷油压力。

⑦ 电子节气门

电子节气门为一体式结构，电子节气门具有两个功能：节气门位置信号和最小节气门开关，使电控中心获得节气门控制信号。其中，电子节气门的1脚为供电脚，由ECU的K46脚提供5V电压；电子节气门的2脚也为供电脚，由ECU的K45脚提供5V电压；电子节气门的3脚为接地脚，接ECU的K30脚；电子油门的4脚为信号输出脚，接ECU的K9脚；电子油门的5脚为接地脚，接ECU的K8脚；电子节气门的6脚为信号输出脚，接ECU的K31脚。

电子节气门的检测：节气门电阻约为1kΩ。

⑧ 离合器开关

ECU的K58脚外接离合器开关，该开关是带一个常闭触点的开关，安装在离合器踏板上，使电控中心获得离合器控制信号。

⑨ 制动开关

制动开关内部有常开和常闭两对触点，安装在制动踏板上，共两个，一个用于控制制动灯，另一个用于EDC（柴油发动机控制）。两者的接线不同，其中与ECU的K17脚相连的是常开触点，控制制动灯的亮与灭，当踩下制动踏板时给电；与ECU的K80脚相连的是常闭触点，用于检测制动踏板的位置，不踩制动踏板时也有电。这是一种"双保险"的连接方式，可使电控中心获得可靠的制动控制信号。

（2）ECU

它是Bosch公司为SOFIM共轨发动机燃油喷射系统设计的是一种被称为"EDC16"的电控系统，电控中心EDC16具有控制和诊断功能，能对系统中其他零部件实行闭环控制，并对系统执行许多精密的诊断。ECU引脚定义如表3-3所示。

表3-3 SOFIM 共轨柴油机 EDC16 系统 ECU 引脚定义

ECU与柴油机线束连接插头（A座）

ECU与整车线束连接插头（K座）

引脚	功能
1	3缸喷油器
2	2缸喷油器
8	共轨压力传感器负极
11	凸轮轴（相位）传感器负极
12	曲轴位置传感器
13	增压温度和压力传感器电源
16	1缸喷油器
17	4缸喷油器
19	燃油压力调节器正极
20	凸轮轴（相位）传感器正极
21	曲轴位置传感器屏蔽线
23	增压温度和压力传感器负极
27	曲轴位置传感器
28	共轨压力传感器电源
29	电源（带EGR时备用）
31	2缸喷油器
33	4缸喷油器
37	空气温度传感器（带EGR时备用）
40	增压空气压力传感器
41	水温传感器负极
42	信号（带EGR时备用）
43	共轨压力传感器信号
44	负极（带EGR时备用）
46	3缸喷油器
47	1缸喷油器
49	燃油压力调节器负极
50	凸轮轴传感器信号（相位）
51	燃油温度传感器负极
52	燃油温度传感器信号
53	增压空气温度传感器信号
58	水温传感器信号
60	第三缸停油电磁阀（EGR电磁阀）

● 功率脚
○ 信号脚
未标明的孔未使用

引脚	功能
1	+30（主继电器）
2	地线
4	地线
5	+30（主继电器）
6	地线
8	加速踏板传感器负极（孔5）
9	加速踏板传感器（孔4）
17	制动踏板踩下时制动灯亮灯信号（制动常开，踩下时给电）
25	K线路
28	+15
30	加速踏板传感器负极（孔3）
31	加速踏板传感器（孔6）
38	巡航控制装置
42	限速器按钮
45	加速踏板传感器电源（孔2）
46	加速踏板传感器电源（孔1）
48	发动机转速信号（行驶记录仪）
51	至预热火花塞接通继电器信号
54	A/C+（空调输入信号，正有效）
56	巡航控制（设置+）
57	第二个限速器（选装）
58	离合器开关信号
61	CAN L 线路
62	CAN H 线路
68	燃油滤清器加热继电器负极
69	冷起动预热电磁阀负极
70	A/C控制继电器（EDC输出以控制空调，负有效）
71	EDC指示灯负极
72	主继电器（负级）
75	车速信号（车速表）
77	巡航控制（关）
78	巡航控制（设置）
80	制动踏板信号（制动常闭，不踩时也有电）
90	风扇电磁离合器控制正极
91	电子燃油泵继电器负极
92	预热指示灯负极
93	至预热塞继电器负极
未标明的孔未使用	

3）执行器

① 电磁喷油器

ECU 的 A16、A47 脚外接 1 缸电磁喷油器；ECU 的 A2、A31 脚外接 2 缸电磁喷油器；ECU 的 A1、A46 脚外接 3 缸电磁喷油器；ECU 的 A33、A17 脚外接 4 缸电磁喷油器。电磁喷油器是电控系统中最关键的执行元件，其构造类似于传统喷油器，只有柱塞弹簧不同，并多一个电磁阀，电磁阀控制喷射器柱塞的行程。

② 燃油压力调节电磁阀

ECU 的 A19、A49 脚外接燃油压力调节电磁阀，其中 A19 接燃油压力调节电磁阀正极，A49 脚外接燃油压力调节电磁阀负极。当 A19 输出控制信号时，燃油压力调节电磁阀闭合。燃油压力调节电磁阀装在高压油泵上，用来增加或减少燃油朝排气方向的渗漏量，以控制燃油喷射压力。在没有控制信号时，电磁阀为开启状态。其控制信号来源于电控中心对燃油压力传感器输入信号的反馈。

③ 电动燃油泵

ECU 的 K91 脚外接电动燃油泵，电动燃油泵装在车架上。电动燃油泵的一侧通过一个粗滤器连通燃油箱，另一侧连通柴油滤清器。它是一种带旁通管路的、旋转式的、容积可测量的电动泵（如图 3-47 所示），其技术参数如表 3-4 所示。

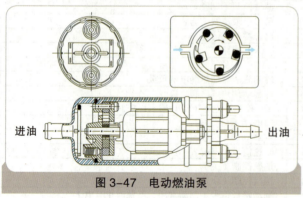

图 3-47 电动燃油泵

表 3-4 电动燃油泵技术参数

输入压力	流量	电源	20℃时线圈电阻
2.5bar	>155 L/h	13.5V--<5A	28.5Ω

注：$1bar=10^5Pa$。

任务三　自动变速器控制电路

一、自动变速器控制电路的组成

自动变速器控制系统（ECAT）由信号输入装置（各种传感器及开关信号）、变速器控制单元和执行器 3 部分组成，如图 3-48 所示。电控单元采集各种传感器的信号，如各种转速、负荷、变速杆的位置、油温、油压、制动等信号，经过运算后输出信号控制压力调节、流量调节、变矩锁止、换挡规律的选择和自动升降挡等。

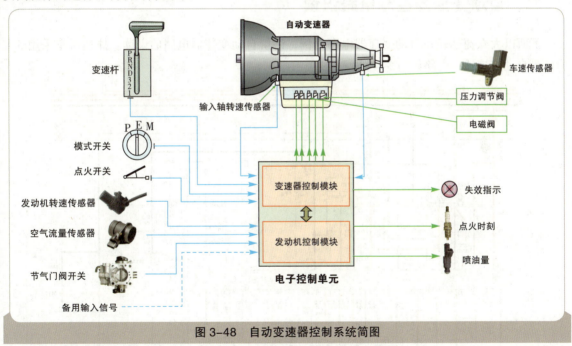

图 3-48　自动变速器控制系统简图

自动变速器控制电路各部分主要元器件及功能如表 3-5 所示。

表 3-5　自动变速器控制电路各部分主要元器件及功能

组成	主要元器件	功能
信号输入装置	节气门位置传感器	向电控单元输入节气门开度的信号，电控单元再根据车速传感器的车速信号确定换挡时机
	车速传感器	电控单元根据此信号和节气门位置传感器信号共同决定换挡时机
	转速传感器	向电控单元输入行星齿轮变速器输入轴的转速信号，更精确地控制换挡过程
	变速器油温传感器	用于检测变速器机油温度

课题三 汽车主要电气系统电路识读

续表

组成	主要元器件	功能
信号输入装置	挡位开关	用于监测选挡手柄的位置
	超速挡开关（OD 开关）	用于控制自动变速器的超速挡
	换挡模式开关	用于控制 ECAT 换挡规律的控制程序。电控单元内存储有几种不同的换挡控制程序，驾驶员通过换挡模式开关将所选择的换挡模式信号输入电控单元，电控单元根据此信号选择相应的换挡控制程序。常见的换挡模式开关提供经济模式、动力模式、标准模式及雪地行驶模式等
	保持开关	按下此开关后，ECAT 不能自动换挡，挡位完全取决于变速杆的位置。当变速杆位于"D""S""L"位时，变速器分别保持 3 挡、2 挡、1 挡的转速比
	制动开关	驾驶员踩下制动踏板时，制动开关将制动信号输入 ECAT 的电控单元，电控单元将控制液力变矩器锁止离合器处于分离状态，以避免出现发动机失速现象
	发动机冷却液温度传感器	发动机冷却液温度信号输入电控单元，当冷却液温度低时，电控单元会阻止液力变矩器进入锁止状态，另外，低温信号还会延迟升挡时间，帮助发动机在冷车时加快升温。若冷却液温度过高，电控单元将提前锁止液力变矩器
控制装置	电控单元	换挡时刻控制。借助换挡电磁阀来完成
		油路压力控制。借助油压调节电磁阀来完成
		换挡模式控制。由电控单元内进行程序选择，并借助换挡、油压调节电磁阀来完成
		液力变矩器的锁止离合器控制。借助锁止离合器电磁阀来完成
		故障自诊断功能
执行器	电磁阀和故障指示灯	电磁阀按其功能可分为换挡电磁阀、锁止离合器电磁阀和油压调节电磁阀 3 种

二、自动变速器控制电路识读

下面以大众捷达轿车自动变速器电路为例，讲解自动变速器电路的识读。捷达轿车采用的是 01M 型自动变速器，电路如图 3-49 所示。

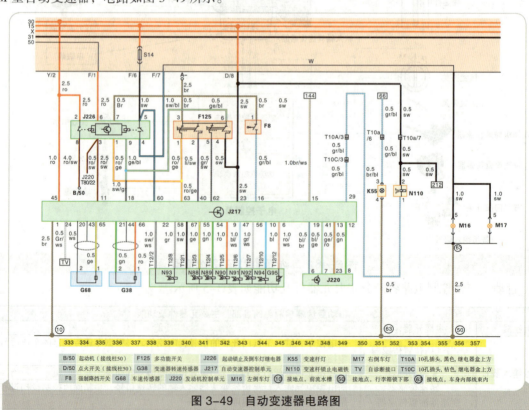

图 3-49　自动变速器电路图

1. 输入信号装置

01M 型自动变速器电子控制系统所用的传感器包括节气门电位计 G69、车速传感器 G68、发动机转速传感器 G28、变速器转速传感器 G38、变速器机油温度传感器 G93。节气门电位计、发动机转速传感器属于发动机控制系统传感器。发动机控制单元 J220 与自动变速器控制单元 J217 通过数据总线相连，这样节气门电位计、发动机转速传感器信号通过发动机控制单元和数据总线输入自动变速器控制单元。

（1）车速传感器 G68

车速传感器信号是自动变速器的主控制信号。车速传感器 G68 一般装于变速器输出轴及其壳体上。常见的车速传感器有两种形式，一类是电磁感应式，另一类是舌簧开关式。01M 型自动变速器的车速传感器属于电磁感应式传感器。车速传感器 G68 在自动变速器输出轴转动时，其内部线圈产生交变电压，回路如下：线圈一端→车速传感器 2 端子→导线→J217 的 20 端子；线圈另一端→车速传感器 1 端子→导线→J217 的 65 端子。通过上述电路，车速传感器的电压信号输入 J217，作为换挡和锁止离合器锁止控制的依据。电路中车速传感器的屏蔽线接 J217 的 43 端子。

（2）变速器转速传感器 G38

变速器转速传感器 G38 属于磁感应式传感器，安装在行星齿轮变速器的输入轴或与输入轴连接的离合器鼓附近的壳体上。其工作原理与车速传感器 G68 相同。在行星齿轮机构中，G38 线圈产生电信号，线圈通过传感器插接器、导线与 J217 的 66、21 端子相连，电压信号通过上述电路输入 J217。此外，J217 还将此信号与发动机转速信号进行比较，计算出变矩器的传动比，优化油路压力控制和锁止离合器控制。

（3）变速器机油温度传感器 G95

变速器机油温度传感器 G95 位于浸在自动变速器油内的滑阀箱上的传输线上，与发动机冷却液温度传感器一样，属于热敏电阻（负温度系数）式传感器，用于检测自动变速器机油（ATF）的温度。变速器机油温度传感器 G95 通过 12 引脚插头 1 端子和 12 端子、导线与 J217 的 67 端子和 6 端子相连。

（4）多功能开关 F125

多功能开关 F125 的主要作用是向 J217 提供变速杆（自动变速器操纵手柄）位置信号。

多功能开关的 1、2、4、5 分别与 J217 的 63、40、23、62 端子相连，向 J217 发送变速杆位置信号。

（5）强制降挡开关 F8

强制降挡开关 F8 接通时，J217 的 16 端子→导线→强制降挡开关 F8→导线→起动锁止及倒车灯继电器的7脚，J217收到强制降挡信号。当开关闭合后，仪表板上的OD OFF指示灯点亮，表示限制超速挡的使用，此时自动变速器不能升入超速挡。

2. 控制单元J217

J217的供电电路：电源正极→点火开关30接线柱→导线→J217的45端子；电源正极→点火开关15接线柱→导线→熔丝S14→导线→J217的60端子；电源正极→点火开关15接线柱→导线→J217的23端子。

J217的搭铁电路：J217的1端子→导线→前流水槽⑩搭铁点。

3. 执行器（电磁阀）

（1）电磁阀电路

① 电磁阀N88、N89、N90、N91、N92、N94电路

> 电磁阀N88、N89、N90、N91、N92、N94通过J217的67端子→导线→12引脚插接器T12/1提供电压。J217分别对电磁阀的搭铁回路进行控制，相应的控制端子分别是电磁阀N88→J217的55端子、电磁阀N89→J217的54端子、电磁阀N90→J217的9端子、电磁阀N91→J217的47端子、电磁阀N92→J217的56端子、电磁阀N94→J217的10端子。

② 电磁阀N93电路

> 电磁阀N93是压力调节阀，电路如下：J217的58端子→导线→12引脚插接器T12/8→N93→12引脚插接器T12/2→导线→J217的22端子。

（2）变速杆锁止电磁阀N110

> 变速杆锁止电磁阀N110位于变速杆上，起挡位锁止作用。N110的电路如下：点火开关15接线柱→导线→电磁阀N110→导线→J217的29端子。踏下制动踏板时，自动变速器控制单元使电磁阀N110搭铁，自动变速器变速杆锁止解除。

任务四 ABS、ASR 和 ESP 车辆制动控制电路

一、车辆制动控制系统简介

汽车制动控制系统主要包括 ABS、ASR、ESP 等，目的是使汽车在各种操控及路面条件下都能得到最佳的控制和行驶稳定性。

1. ABS

ABS（Antilock Brake System）的全称是电子控制汽车防抱死制动装置，也称防抱制动系统。其作用是在汽车制动时，防止车轮抱死在路面上滑拖（车轮与路面间产生滑移），以提高汽车制动过程中的方向稳定性、转向控制能力，缩短制动距离，使汽车制动更为安全有效。

2. ASR

ASR（Anti-Slip Regulation）的全称是驱动轮防滑转调节系统，又称牵引力控制系统或循迹控制系统（Traction Control System，TCS 或 TRAC）。它是继防抱死制动系统（ABS）之后，设置在汽车上专门用来在驱动轮起步、加速和在湿滑路面行驶时防止驱动轮滑转的电子驱动力调节系统。ASR 通过 ABS 的 4 个转速传感器信号来判断驱动轮是否打滑，当驱动轮打滑时，ASR 控制 ABS 电机产生制动油压，通过 ABS 电磁阀调节驱动轮的制动压力，使其停止打滑。

3. EPS

ESP（Electronic Stability Program）是电子稳定程序。它综合了 ABS 和 ASR 系统的功能，目前主要应用在高端车型上，如奥迪、奔驰等。在其他车型上，相同或相近功能的系统采用了不同的名字，如在宝马车上称之为 DSC，在丰田车上称之为 VSC，在本田车上称之为 VSA 等。ESP 系统能避免车辆转弯过程中发生转向过度或转向不足的现象，使车型能尽快修正到原有正常路径。

4.ABS 与 ASR 的比较

（1）共同点

ABS 系统和 ASR 系统的共同点是它们都是利用转速传感器的控制方式，取其低速抱死信号或高速滑转信号，控制车轮的制动力矩，使其在最佳的滑移区工作，提高附着力的利用率，从而缩短制动距离，提高高速性能，改善汽车的行驶稳定性和转向操纵能力。两个系统工作互不影响，都有自检、报警、自诊断功能。

（2）不同点

1）ABS 系统对驱动轮和非驱动轮都进行控制；ASR 系统只对驱动轮进行控制，并由选择开关（ASR-SW）控制其使用时机。

2）ASR 系统只在一定的车速范围内进行防滑转调节，当车速在 80km/h 以上时，不起调节作用（没有必要调节）。

3）ASR 系统的调节功能在低速时，以提高驱动力为主，对两驱动轮能分别调节制动压力；在高速时，以高行驶的稳定性为主，对两驱动轮统一调节驱动力或制动力。

5.ESP 与 ABS 及 ASR 的比较

装备 ESP 的汽车与只装备 ABS 及 ASR 的汽车之间的差别在于，ABS 及 ASR 只能被动地作出反应，而 ESP 则能够探测和分析车况并纠正驾驶的错误，防患于未然。ESP 对过度转向或不足转向特别敏感，例如汽车在路滑时左拐过度转向（转弯太急）时会产生向右侧甩尾，传感器感觉到滑动就会迅速制动右前轮使其恢复附着力，产生一种相反的转矩而使汽车保持在原来的车道上。

二、ABS 的组成

ABS 通常由输入信号元件、电控单元（ECU）和输出执行元件等组成，如图 3-50 所示。各组成部分主要元器件及功能如表 3-6 所示。

表 3-6　各组成部分主要元器件及功能

组成	主要元器件		组成、功能
信号输入装置	转速传感器	霍尔式	由传感头和齿圈组成，传感头由永磁体、极轴、感应线圈组成
		电磁式	由传感头和齿圈组成，传感头由永磁体、霍尔元件和电子电路等组成
	压力开关		压力开关装在储能器上，作用是监测储能器中的压力，向电控单元输入压力信号，从而控制液压泵电动机
	汽车制动开关信号		用于给电控单元提供制动信号，提示电控单元准备工作
	横向加速度开关信号		部分车型有此装置，用于检测汽车横向运动情况，如跑偏、侧滑等
	减速度传感器		用于向电控单元提供制动强度信号，以调节制动力
控制系统	控制单元		接收传感器信号，计算、输出指令给执行器

续表

组成	主要元器件	组成、功能
执行器	制动压力调节器	在接收电控单元的信号后,通过操纵液压系统中的电磁阀式电动机来调节制动轮缸的液压
	继电器	电控单元向继电器发出信号,而继电器则接通电源与ABS电磁阀及电动机的电源电路
执行器	ABS警告灯	显示系统工作情况,提醒驾驶员系统可能出现的故障

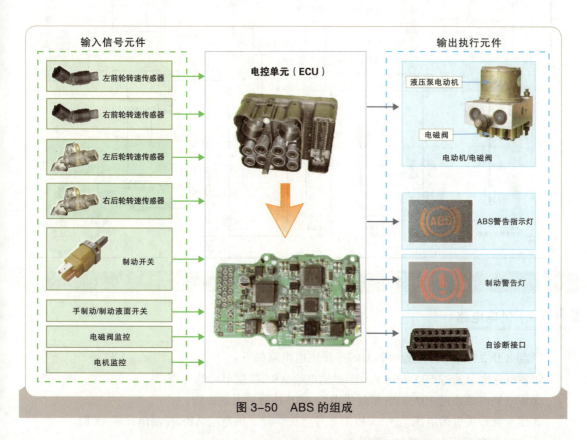

图 3-50　ABS 的组成

三、ABS、ASR 和 ESP 车辆制动控制电路识读示例

下面以丰田凯美瑞轿车为例,讲解车辆制动控制电路图的识读。

◎ 注意

在丰田车上把 ASR 称为 TRAC,把 ESP 称为 VSC。

1. 不带 VSC 的 ABS 系统电路分析

不带 VSC 的 ABS 系统电路主要由电源电路、车轮转速传感器电路、带执行器的 ABS ECU 及 ABS 告警灯电路组成,当 ABS ECU 接收到车轮抱死信号时,接通电磁阀控制电路,控制制动轮缸的压力,电路如图 3-51 所示。

课题三 汽车主要电气系统电路识读

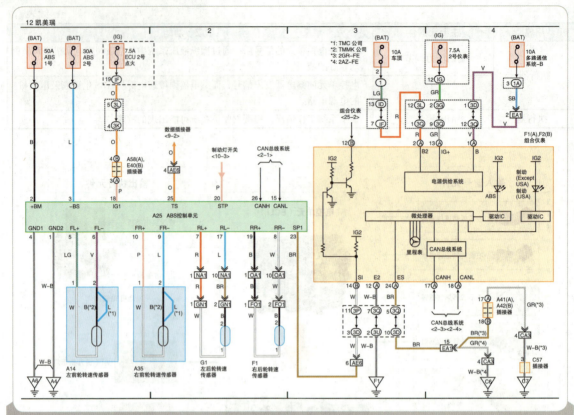

图 3-51 ABS（不带 VSC）系统电路图

（1）供电电路

当点火开关位于 ON 位置时，ABS 系统供电电路如下：

① 蓄电池电源通过 50A ABS 1 号熔丝供电给 ABS 控制单元的 2 脚；

② 蓄电池电源通过 30A ABS 熔丝供电给 ABS 控制单元的 3 脚；

③ 经点火开关后的电压经 7.5A ECU 2 号点火熔丝，供电给 ABS 控制单元的 18 脚。

④ ABS 控制单元的 1 脚和 4 脚为接地脚。

（2）信号输入电路

1）ABS 控制单元的 5 脚、6 脚接左前轮转速传感器；10 脚、9 脚接右前轮转速传感器；7 脚、17 脚接左后轮转速传感器；19 脚、8 脚右后轮转速传感器。车轮转动时，转速传感器产生随着车轮转速提高的电压信号。当转速信号不正常时，可检查转速传感器。检测传感器插接器端子1—2 间电阻，其值在 20℃ 时前轮转速传感器应为 1.4~1.8 kΩ，后轮转速传感器应低于 2.2 kΩ。检测插接器 1 端子与搭铁、2 端子与搭铁间的电阻，其值应不小于 10kΩ，否则应更换转速传感器。同时，在检测时，应注意传感器周围零件的安装情况，并仔细观察传感器头部及传感器转子等。传感器头部应无刮痕或异物，转子齿面应无刮痕、缺齿或异物，否则应清洁或修理。

2）ABS 20 脚为制动灯开关信号输入端。

（3）信号输出电路

ABS 控制单元 23 脚输出 ABS 制动灯信号到组合仪表的 B14 脚。ABS 电控单元发出命令，通过操纵液压泵电动机和电磁阀来调节制动轮缸的液压（注：图中未画出液压泵电动机和电磁阀的符号）。

2. 带 TRAC 和 VSC 的 ABS 系统电路分析

图 3-52 所示是凯美瑞轿车带 TRAC 和 VSC 的 ABS 系统电路图。该电路与不带 VSC 的 ABS 电路相比，主要区别在于多了一个转向角传感器、一个横摆速率传感器。电路分析如下。

（1）供电电路

当点火开关位于 ON 位置时，系统供电电路如下：

1）蓄电池电源通过 50A ABS 1 号熔丝供电给 ABS 控制单元的 2 脚；
2）蓄电池电源通过 30A ABS 2 号熔丝供电给 ABS 控制单元的 3 脚；
3）经点火开关后的电压经 7.5A ECU 2 号点火熔丝，分两路：一路供电给 ABS 控制单元的 28 脚，另一路供电给 VSC 蜂鸣器 E13 的 2 脚。
4）ABS 控制单元的 1 脚和 4 脚为接地脚。

（2）信号输入电路

1）ABS 控制单元的 5 脚、6 脚接左前轮转速传感器；3 脚、17 脚接右前轮转速传感器；7 脚、27 脚接左后轮转速传感器；5 脚、19 脚右后车轮速传感器。车轮转动时，速度传感器产生随着车轮转速提高的电压信号。当转速信号不正常时，可检查转速传感器。检测传感器插接器端子 1-2 间电阻，其值在 20℃时前轮转速传感器应为 1.4~1.8 kΩ，后轮转速传感器应为 0.9~2.1 kΩ；检测插接器 1 端子与搭铁、2 端子与搭铁间电阻，其值应不小于 10kΩ，否则应更换转速传感器。同时，在检测时，应注意传感器周围零件的安装情况，并仔细观察传感器头部及传感器转子等。传感器头部应无刮痕或异物，转子齿面应无刮痕、缺齿或异物，否则应清洁或修理。

2）ABS 30 脚是制动灯开关信号输入端。
3）转向角传感器 E17。蓄电池电压经 10A ECU-B1 号熔丝供电给转向角传感器的 3 脚；当点火开关处于 ON 位置时，经点火开关后的电压经 7.5A ECU 2 号点火熔丝供电给转向角传感器的 1 脚；转向角传感器的 2 脚接地；传感器信号通过 9 脚、10 脚 CAN 总线输出。
4）横摆速率传感器 E65。当点火开关处于 ON 位置时，经点火开关后的电压经 7.5A ECU 2 号点火熔丝供电给横摆速率传感器的 1 脚；横摆速率传感器的 4 脚接地；传感器信号通过 2 脚、3 脚 CAN 总线输出。

（3）信号输出电路

ABS 控制单元 33 脚输出 ABS 制动灯信号到组合仪表的 B14 脚。

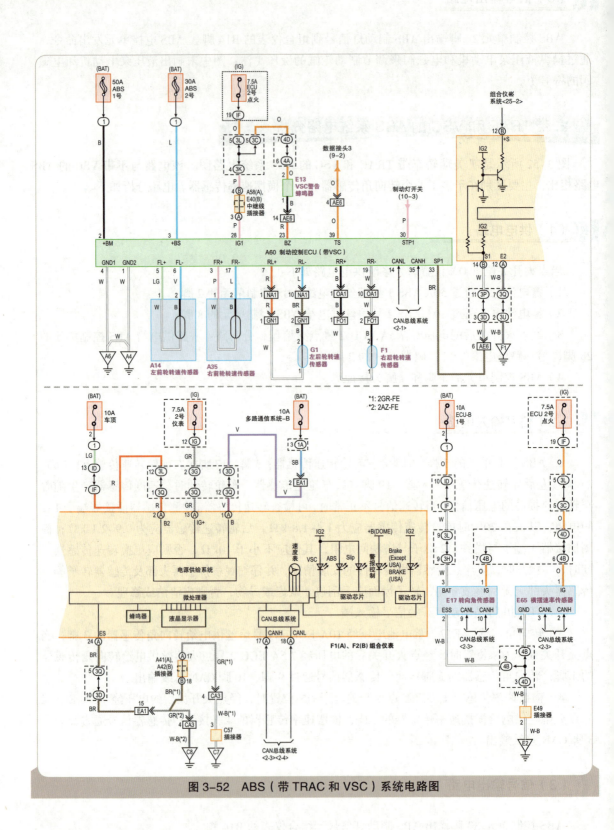

图 3-52 ABS（带 TRAC 和 VSC）系统电路图

任务五　悬架系统电子控制电路

一、电子控制悬架系统的组成及功能

电子控制悬架系统主要由模式选择开关、传感器、悬架ECU、可调阻尼减振器、空气压缩机总成、高度控制阀和空气弹簧（或液压泵和油气弹簧）等部件组成。

电子控制悬架系统具有3点基本功能。

（1）车身高度控制

该功能可以使汽车根据车内乘员或车辆载重情况，调整汽车车身高度，使其保持某一恒定的高度值。当汽车在路状不良的道路上行驶时，可以使车身高度增加，提高汽车的通过性；当汽车高速行驶时，又可以使车身高度降低，以减少空气阻力，提高操纵稳定性；当点火开关断开，汽车处于驻车状态，因乘客和行李减少使车身高度发生变化时，可以使车身高度降低，保持良好的驻车姿势。

（2）减振器阻尼力控制

该功能通过控制减振器阻尼力（减振力），使汽车在急转弯、急加速和紧急制动时防止侧倾、"后坐"和"点头"等，抑制汽车姿势的变化，提高汽车的操纵稳定性。

（3）弹簧弹性系数控制

该功能通过改变弹簧弹性系数的办法来改变悬架的刚度。

电子控制悬架系统分为电子控制空气悬架系统和电子控制油气弹簧系统。空气悬架以高压气体作为能量，油气悬架以高压液体作为能量。

空气悬架需要空气压缩机等为系统提供动力，而油气悬架由液压缸等提供动力。对于主动空气悬架系统，车速、转向、制动和车身高度等传感器信号经ECU处理后，其通过控制电磁式或步进电动机式执行器动作来调节弹簧刚度和减振器阻尼力；控制空气压缩机或高度控制阀和排气阀动作来调节车身高度。

二、电子控制悬架系统电路图识读

下面以奥迪 A6 轿车电子控制悬架系统为例对其电路图进行讲解。

1. 悬架气动工作过程

奥迪 A6 轿车采用主动式空气悬架，工作过程如图 3-53 所示。

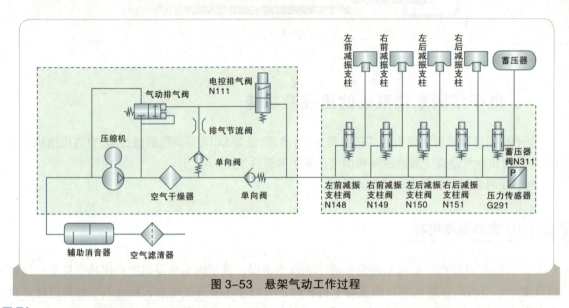

图 3-53　悬架气动工作过程

（1）建立压力

左前减振支柱阀、右前减振支柱阀和左后减振支柱阀、右后减振支柱阀是成对控制的（前桥和后桥）。空气由压缩机经空气滤清器和辅助消音器吸入。压缩空气经空气干燥器、单向阀和减振支柱阀进入空气弹簧。如果空气弹簧由蓄压器充气，那么蓄压器阀和相应车桥上的减振支柱阀就会打开。蓄压器由压缩机经打开的蓄压器阀来充气。在车辆发生侧滑时，左前减振支柱阀、右前减振支柱阀、左后减振支柱阀、右后减振支柱阀也可单独来调节。

（2）卸压

相应的左前减振支柱阀、右前减振支柱阀和左后减振支柱阀、右后减振支柱阀及电控排气阀打开，气流流经排气阀并打开气动排气阀。气流经排气、辅助消音器和空气滤清器离开系统。当气流流经空气干燥器时，干燥剂被还原。

蓄压器的作用是用尽可能小的能量消耗来保证功能要求（有了这个装置后，压缩机就可以尽可能少地接通工作）。为了能使调节过程只由蓄压器来进行，蓄压器与空气弹簧之间必须存在至少 3bar 的压力差。

2.电路分析

空气悬架系统电路如图 3-54 和图 3-55 所示,主要包括传感器、水平高度调节系统控制单元、执行器等。

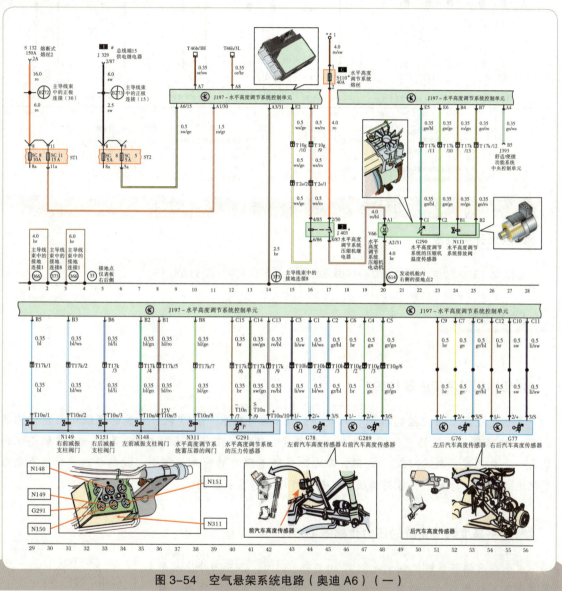

图 3-54 空气悬架系统电路(奥迪 A6)(一)

(1)供电电路

① 常火电压

蓄电池电压→S132(150A)→SC11(15A)→J197 端子 A1/30。

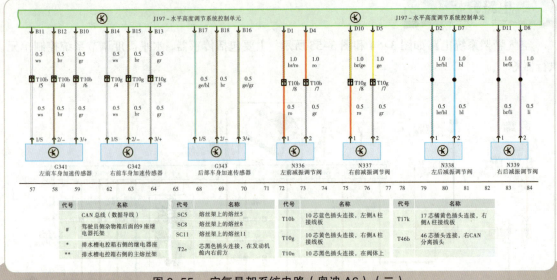

图 3-55　空气悬架系统电路（奥迪 A6）（二）

② 点火开关电源

总线端 15 供电继电器 2/87 → 熔丝 SC5（5A）→ J197 端子 A6/15。

（2）传感器

① 压缩机温度传感器 G290

水平高度调节系统控制单元 J197 的 E5、E6 脚外接水平高度调节系统的压缩机温度传感器 G290，该传感器接收的是压缩机气缸盖的温度。压缩机温度传感器 G290 是在一个玻璃壳体内装有一个负温度系数（NTC）电阻，即电阻值随着温度的升高而减小。控制单元会对这个电阻变化进行分析、计算，然后判断压缩机最长可以工作多长时间。

② 水平高度调节系统的压力传感器 G291

水平高度调节系统控制单元 J197 的 C13、C14、C15 脚外接水平高度调节系统的压力传感器 G291。该传感器浇铸在电磁阀体内，用于测量前、后桥减振支柱的压力或蓄压器内的压力（取决于电磁阀的控制状态）。压力传感器 G291 采用的是电容测量原理，如图 3-56 所示，将要测量的压力 P 会使得陶瓷膜片发生偏移，于是安装在这个膜片上的电极 1 和固定在传感器壳体上的对应电极 2 之间的距离就发生了变化。这两个电极构成了一个电容器，两电极之间的距离越小，这个电容器的电容就越大。传感器内部集成的电子装置会测量出这个电容值并将它转换成一个线性输出信号。T10n/10 为传感器电源输入端，T10n/9 为信号输出端，T10n/7 为接地端。

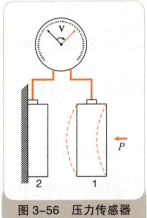

图 3-56　压力传感器 G291 的工作原理

③ 汽车高度传感器 G76、G77、G78、G289

　　控制单元 J197 的 C1～C12 脚外接汽车高度传感器 G76、G77、G78、G289。这 4 个传感器是相似的，只是支架和连接杆是不同的（与在车的哪面和哪个轴上有关），这些传感器将接收叉形臂和车身之间的距离。传感器是以 800 Hz（四轮驱动车以 200 Hz）的频率来工作的。传感器 2 端子为供电端，3 端子为信号输出端，1 端子为接地端。

④ 车身加速度传感器 G341、G342、G343

　　控制单元 J197 的 B10～B18 脚外接车身加速度传感器 G341、G342、G343，传感器通过支架用螺栓固定在车身上。传感器元件是由数层硅和玻璃组成的。中间的硅层是弹性舌片（振动块）。传感器的灵敏度主要取决于弹簧刚度和舌片的质量。带有金属涂层的振动块作为可动电极来工作，它与上、下对应电极构成电容器，电容值的大小取决于电极面积和电极间距离。在静止状态时，振动块处于电极的正中间，分成的两个电容器 C_1 和 C_2 的电容值大小是相等的，如图 3-57（a）所示。在加速状态时，振动块由于惯性会偏离中央位置，因而电极间的距离就会发生变化，这个距离减小，电容值就会变大，如图 3-58（b）所示。供电电压由空气悬架控制单元来提供，车身加速度当前的电压值可通过测量数据块读出。

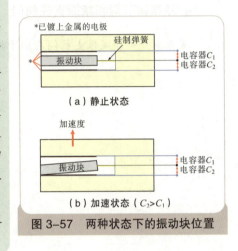

图 3-57　两种状态下的振动块位置

（3）水平高度调节系统控制单元 J197

　　J197 控制单元接收传感器信号，用于控制压缩机的工作或蓄压器打开阀门，并通过控制减振支柱阀和减振调节阀的开启或关闭，调节进入空气弹簧的压缩空气，达到调节汽车悬架刚度和高度的目的。

（4）执行器

① 压缩机的控制

　　压缩机由压缩机继电器控制，而压缩机继电器线圈由控制单元 J197 控制。
　　控制电路：控制单元 J197 的 E2 脚→水平高度调节系统压缩机继电器线圈→控制单元 J197 的 E1 脚。此时继电器线圈得电。
　　主电路：蓄电池电源通过主熔丝架→继电器座上 S110 熔丝→压缩机继电器 2/30→压缩机继电器 8/87→压缩机电动机 A1→压缩机电动机 A2/31→搭铁 614。

② 水平高度调节系统排放阀 N111

J197 控制单元的 B4 脚、B7 脚外接水平高度调节系统排放阀 N111，N111 控制空气弹簧的排气。

③ 水平高度调节系统蓄压器的阀门 N311

控制单元 J197 的 B1 脚→水平高度调节系统蓄压器的阀门 N311→控制单元 J197 的 B8 脚，N311 控制空气弹簧的充气。

④ 减振调节阀和减振支柱阀门

减振调节阀和减振支柱阀门用于控制减振器的阻尼系数和弹簧的刚度。

任务六 车身安全舒适系统控制电路

车身安全舒适系统控制电路主要包括仪表与报警系统电路、安全气囊系统电路、中控门锁与防盗系统电路、空调系统电路,下面分别予以讲解。

一、仪表与报警系统电路

仪表与报警系统的作用是显示车辆运行的参数及交通信号,并及时报告故障,以确保行驶和停车的安全性和可靠性。仪表与报警系统主要由仪表、传感器、各种报警指示灯及控制器组成。奥迪 A4 轿车组合仪表板如图 3-58 所示。

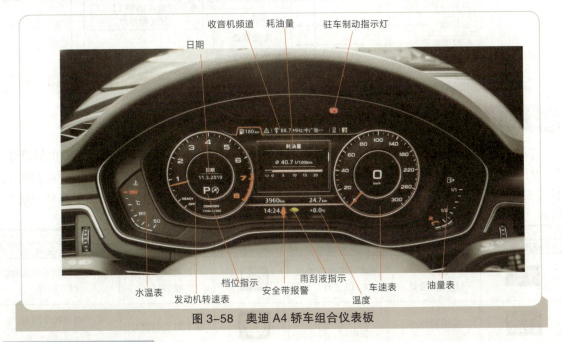

图 3-58 奥迪 A4 轿车组合仪表板

1. 仪表系统

仪表电路由发动机冷却液温度表、燃油表、机油压力表、车速里程表、发动机转速表、电流表及相应的传感器组成。现代汽车广泛采用组合仪表。目前电子化仪表已经发展到由电控单元进行控制的程度,有些车型的仪表板电控单元甚至作为整车的控制中心使用。此外,仪表显示的信息越来越多,显示方式出现了用显示屏直接显示文字、图像,甚至发展到电子地图而成为导航系统。电子组合仪表的组成如图 3-59 所示。

课题三 汽车主要电气系统电路识读

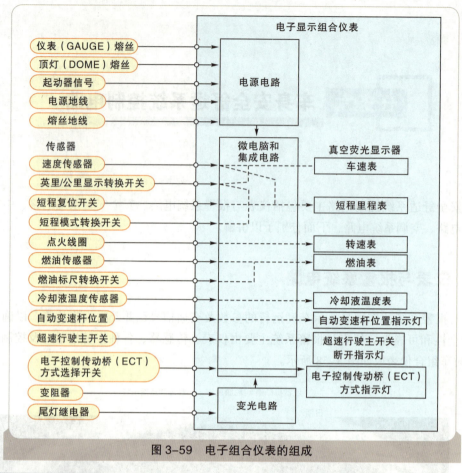

图3-59 电子组合仪表的组成

2. 报警装置

为了保证行驶安全和提高车辆的可靠性，现代汽车安装了许多报警装置。报警装置由报警灯、指示灯和传感器（或控制开关）组成。报警灯与指示灯通常安装在仪表上，当汽车发生故障时，报警装置将及时点亮相应的指示灯，以提醒驾驶员注意或停车检修。常见报警灯图形符号如表3-7所示。

表3-7 常见报警灯图形符号

图形符号	名称	符号说明	图形符号	名称	符号说明
	机油压力过低报警灯	发动机机油压力在30kPa以下时，灯亮		防抱死制动失效报警灯	ABS电子控制系统有故障时，灯亮
	充电报警灯	硅整流发电机不发电时，灯亮		驻车制动报警灯	驻车制动起作用时，灯亮
	冷却液温度报警灯	发动机过热时，灯亮		制动系统报警灯	制动器失效时，灯亮
	燃油滤清器积水报警灯	燃油滤清器内积水时，灯亮		燃油量过少报警灯	燃油余量不足时，灯亮
	远光指示灯	使用前照灯远光时，灯亮		安全带报警灯	安全带未系时，灯亮

任务六 车身安全舒适系统控制电路

续表

图形符号	名称	符号说明	图形符号	名称	符号说明
← →	转向指示灯	开转向灯时，灯亮		安全气囊报警灯	安全气囊系统有故障时，灯亮
	车门未关报警灯	车门打开或半开时，灯亮		发动机故障报警灯	发动机电控系统有故障时，灯亮
	风挡清洗液指示灯	清洗液即将耗尽时，灯亮		前后雾灯指示灯	前后雾灯接通时，两灯点亮，图中左侧的是前雾灯指示灯，右侧的是后雾灯指示灯

3. 仪表与报警系统电路识读

下面以上海帕萨特轿车为例，讲解仪表与报警系统电路图的识读。其仪表板电路如图3-60所示。

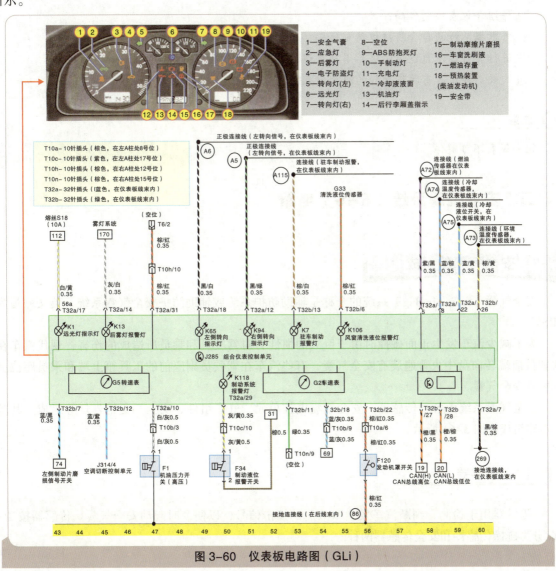

图3-60 仪表板电路图（GLi）

🔵 电路分析

各仪表信号通过各自传感器传入，最后由仪表显示各种状态信息。燃油油面传感器（燃油箱内）通过 A72 连接线由 T32a/5 将燃油的消耗量传入仪表单元；冷却液温度传感器（冷却液法兰内）通过 A74 连接线由 T32a/8 将冷却液温度传入仪表；还有转向信号、制动报警开关信号、机油压力开关信号等，有关这些信号的传感器电路请读者自行分析。

应该注意的是，各仪表传感器采用的是集中接地的方式，因此，传感器的搭铁不良可能会导致数个仪表同时出现工作不良的情况。

电控单元随时监控汽车各系统的工作情况，包括机油温度、安全气囊、行驶挡位、行驶方向、充电指示、油压报警、ABS 等，并以各仪表显示，报警指示灯提醒车主注意。

帕萨特轿车组合仪表与防盗控制单元集为一体，例如，F120 发动机罩开关一端接地，另一端直接接入仪表防盗控制单元。如 F120 未闭合，则防盗系统将无法起动。

安装组合仪表后，应检查组合仪表的功能。如果因故障原因而更换了组合仪表，且在功能检查中也未发现故障，应进行以下工作：

① 给组合仪表编制代码；
② 给数据总线的自诊断接口编制代码；
③ 进行里程显示自适应、保养周期自适应、防盗器自适应；
④ 如果更换了具有防盗功能的组合仪表，则应重新起动电子防盗器。

🔵 注意

组合仪表不可解体。

二、安全气囊系统（SRS）电路

1. 安全气囊的组成

安全气囊（Safe Air Bag）系统的全称是辅助防护系统或辅助防护安全气囊系统，英文缩写为 SRS。

为了减少汽车发生正面碰撞时由于巨大的惯性力对驾驶员和乘员所造成的伤害，现代汽车在驾驶员前端转向盘中央普遍装有安全气囊，有些汽车在驾驶员副座前的工具箱上端和乘员座位上也装有安全气囊。

安全气囊系统由各种传感器、安全气囊电控单元、气囊组件、安全气囊警告灯等组成。其基本电路组成如图 3-61 所示。

（1）传感器

传感器用于检测、判断汽车发生事故后的撞击信号，以便及时起动安全气囊。传感器按功能分为碰撞传感器和安全传感器两种。

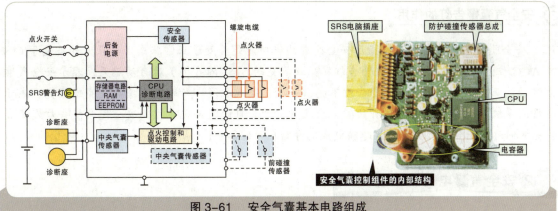

图 3-61　安全气囊基本电路组成

① 碰撞传感器

碰撞传感器负责检测碰撞的强度，看气囊是否需要打开。如果汽车以 40km/h 的车速撞到一辆正在停放的同样大小的汽车上，或者以不低于 22km/h 的车速迎面撞到一个不可变形的固定障碍物上，碰撞传感器便会动作，接通接地回路。

② 安全传感器

安全传感器也称为触发传感器，其闭合的减速度要稍小一些，起保险作用，防止因碰撞传感器短路而造成误打开。

（2）安全气囊电控单元

安全气囊电控单元是安全气囊系统的控制中心，其功能是接收传感器输入信号，判断是否点火引爆气囊组件而使气囊充气，并对系统故障进行自诊断。

安全气囊电控单元由内部碰撞传感器（包括中央气囊传感器和安全传感器）、CPU 诊断电路、点火控制和驱动电路、后备电源、记忆电路和安全电路等组成。

（3）气囊组件

气囊组件由 SRS 气囊、点火器和气体发生器等组成，驾驶席与乘员席的气囊组件一般由同一个 SRS ECU 控制。驾驶席气囊组件安装在转向盘的中央，前排乘员席气囊组件安装在副驾驶员座椅下前方的仪表台下。

（4）安全气囊警告灯

安全气囊警告灯装在仪表板上，用图形或 SRS、AIR BAG 等字样表示。

课题三 汽车主要电气系统电路识读

◎ 安全气囊警告灯的作用

安全气囊警告灯的作用：指示安全气囊系统功能是否处于正常状态。当点火开关置于ON或ACC位置后，如果安全气囊警告灯发亮或闪亮约6s（闪6下）后自动熄灭，表示安全气囊系统功能正常。如果安全气囊警告灯不亮、一直发亮或在汽车行驶途中突然发亮或闪亮，表示自诊断系统发现安全气囊系统有故障，应及时排除。自诊断系统在控制安全气囊警告灯发亮或闪亮的同时，还会将所发现的故障编成代码存储在存储器中。

2. 安全气囊电路图识读

下面以奇瑞东方之子轿车安全气囊电路为例进行讲解。其安全气囊电路如图3-62所示。SRS（安全气囊系统）包含驾驶员转向盘气囊组件、安全气囊控制模块、转向柱游丝、线束、SRS故障警告灯。

当点火开关位于ON或ST位置时，蓄电池电压经过49号熔丝供电给SRS控制模块的5脚。

SDM安全气囊模块的10、11脚经螺旋电缆后再与驾驶侧安全气囊相接；而乘客侧安全气囊直接接SDM安全气囊模块的10、11脚；SDM安全气囊模块的7脚外接仪表盘内的安全气囊警告灯。当点火开关置于ON位置时，仪表盘内的安全气囊警告灯以1Hz的频率闪烁6s后熄灭。如果安全气囊警告灯不闪烁6s，或一直亮，说明安全气囊系统工作不良。

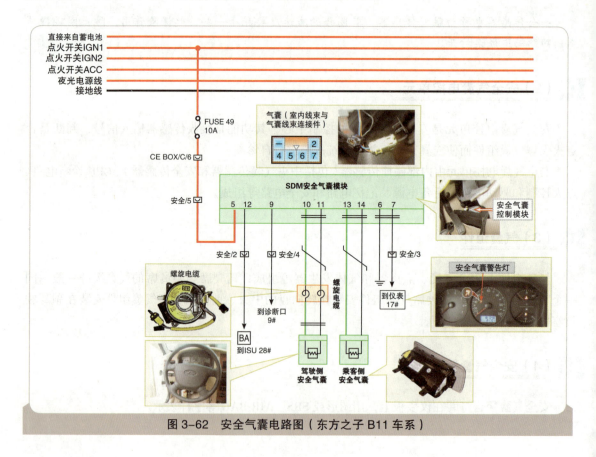

图3-62 安全气囊电路图（东方之子B11车系）

三、中控门锁与防盗系统电路

1. 中控门锁与汽车防盗系统简介

（1）中控门锁

中控门锁可以实现所有车门锁的集中控制，防止驾驶员侧车门误锁，确保后排车门行驶中不被误开，同时具有防盗功能。

中控门锁一般分为普通中央控制门锁、电子式中央控制门锁、车速感应式中央控制电动门锁、汽车遥控中央控制门锁。

（2）汽车防盗系统

汽车防盗系统是一种安装在车上，用来增加盗车难度、延长盗车时间的装置。它通过将防盗器与汽车电路配接在一起，可以达声光报警、阻止汽车起动、防止车辆被盗的目的。

防盗器按其结构可分四大类：机械式、机电式、电子式和网络式。

2. 中控门锁与防盗电路识读

下面以日产天籁轿车为例讲解中控门锁与防盗电路图的识读。

（1）电动门锁系统电路分析

图3-63所示为日产天籁轿车电动门锁系统电路。

① 供电电路

蓄电池电压→50A M号熔线→BCM端口55。
蓄电池电压→15A 17号熔丝→BCM端口42。
蓄电池电压→15A 18号熔丝→钥匙开关端口3→当钥匙插入点火开关芯中时钥匙开关端口8→BCM端口37。

② 闭锁操作

当用电动车窗主开关（车门闭锁和开锁开关）锁住车门时；车身BCM端口60→电动车窗主开关（车门闭锁和开锁开关）端口18→电动车窗主开关（车门闭锁和开锁开关）端口17→车身接地点M71和M72。

当用手柄或钥匙孔锁住驾驶员侧车门时，车身BCM端口7脚外接的驾驶员侧前门锁总成4

脚与5脚断开。

遇到上面提到的任一种情况时，BCM端口50输出电压→每个车门锁执行器端口3→每个车门锁执行器→每个车门锁执行器端口2→BCM端口51。此时，每个车门锁执行器锁住车门锁。

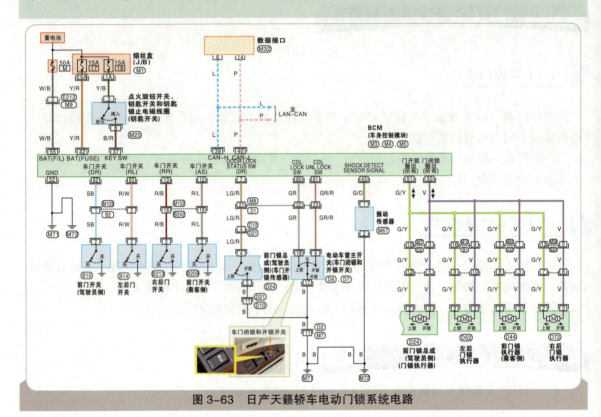

图3-63 日产天籁轿车电动门锁系统电路

③ 开锁操作

当用电动车窗主开关（车门闭锁和开锁开关）开启车门时，BCM端口61→电动车窗主开关（车门闭锁和开锁开关）端口6→电动车窗主开关（车门闭锁和开锁开关）端口17→车身接地点M71和M72。

当用手柄或钥匙孔开启驾驶员侧车门时，车身BCM的7脚外接驾驶员侧前门锁总成4脚与5脚导通，BCM端口7→前门锁总成（驾驶员侧）（车门开锁传感器）端口4→前门锁总成（驾驶员侧）（车门开锁传感器）端口5→车身接地点M71和M72。

遇到上面提到的任一种情况时，BCM端口51输出电压→每个车门锁执行器端口2→每个车门锁执行器→每个车门锁执行器端口3→BCM端口50。此时，每个车门锁执行器打开车门锁。

④ 车门开关

当前门开关（驾驶员侧）B10打开时（门打开），BCM端口62→前门开关（驾驶员侧）端口2→前门开关（驾驶员侧）盒接地。

当前门开关（乘客侧）打开时（门打开），BCM端口12→前门开关（乘客侧）端口2→前门开关（乘客侧）盒接地。

当左后门开关（左侧）打开时（门打开），BCM 端口 63→左后门开关（左侧）端口 2→左后门开关（左侧）盒接地。

当右后门开关（右侧）打开时（门打开），BCM 端口 13→通过右后门开关（右侧）端口 2→右门开关（右侧）盒接地。

⑤ 电动门锁电路维修

电动门锁电路故障维修表如表 3-8 所示。

表 3-8 电动门锁电路故障维修表

故障表现	维修步骤	故障表现	维修步骤
所有门锁执行器不能工作	1. 检查 BCM 电源和接地电路； 2. 检查车门闭锁和开锁开关； 3. 检查车门开锁传感器； 4. 检查门锁执行器输出信号； 5. 更换 BCM	用驾驶员侧车门锁钮或车门钥匙孔操作时电动门锁不起作用（用车门锁开关正确操作电动门锁）	1. 检查车门开锁传感器； 2. 更换 BCM
车门系统不能正常工作	1. 检查钥匙开关； 2. 检查车门开关； 3. 更换 BCM	个别门锁执行器不能工作	检查门锁执行器电路
使用车门闭锁和开锁开关不能操作电动门锁	1. 检查车门闭锁和开锁开关； 2. 更换 BCM		

（2）智能钥匙系统电路分析

图 3-64 和图 3-65 所示为日产天籁轿车智能钥匙系统电路。

此系统通过使用随身携带的智能钥匙可以开关车门门锁（门锁功能）及起动发动机（发动机起动功能），智能钥匙和车辆之间使用双向通信，根据电子钥匙 ID 的校验结果来操作。

① 供电电路

蓄电池电压→15A 18 号熔丝→智能钥匙单元的 11 脚和转向锁单元的 1 脚。

蓄电池电压→10A 19 号熔丝→一体化仪表和 A/C 放大器的 21 脚和智能钥匙警告蜂鸣器（驾驶员侧及行李厢）的 1 脚。

蓄电池电压→50A M 号熔丝→车身 BCM 的 55 脚。

蓄电池电压→15A 17 号熔丝→BCM 的 42 脚及组合仪表的 7 脚。

当钥匙开关插入钥匙孔时，蓄电池电压→15A 18 号熔丝→点火旋钮开关、钥匙开关和钥匙锁止电磁线圈 M20 的 3 脚→钥匙开关→经 M20 的 8 脚后分两路：一路到智能钥匙单元的 7 脚；另一路到 BCM 的 37 脚，BCM 通过此电压的输入从而检测到钥匙开关的插入。

当按下点火旋钮开关时，蓄电池电压→M20 的 7 脚→点火旋钮开关→M20 的 2 脚→智能钥匙单元的 27 脚。

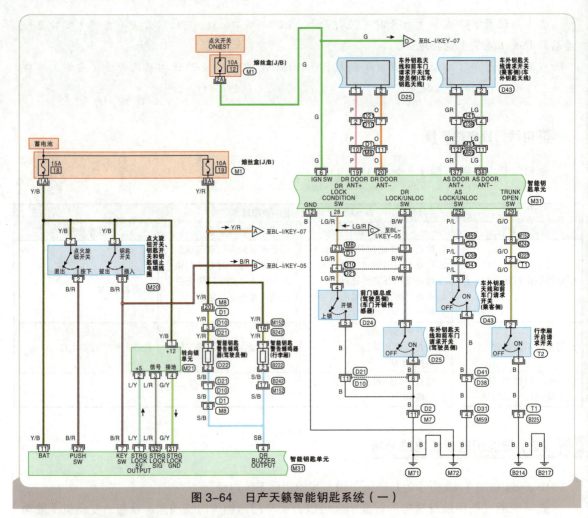

图 3-64 日产天籁智能钥匙系统（一）

② 车门闭锁/开锁、行李厢开启操作

智能钥匙单元 M31 的 28 脚接有两条线路：一路经前门锁总成（驾驶员侧）（车门开锁传感器）D24→M71 或 M72 搭铁；另一路接 BCM 的 7 脚。当按下 D24 开关按钮时，搭铁信号一路输入智能钥匙单元的 28 脚；另一路输入 BCM 的 7 脚，BCM 检测到前门锁（驾驶员侧）为开锁状态。

M31 的 5 脚外接车外钥匙天线和前车门请求开关（驾驶员侧）D25，当按下 D25 开关按钮时，搭铁信号输入到 M31 的 5 脚。

M31 的 25 脚外接车外钥匙天线和前车门请求开关（乘客侧）D43，当按下 D43 开关按钮时，搭铁信号输入到 M31 的 25 脚。

M31 的 29 脚外接行李厢开启请求开关 T2，当按下 T2 开关按钮时，搭铁信号输入到 M31 的 29 脚。

智能钥匙单元的 2 脚、3 脚为 CAN-H、CAN-L 通信脚，智能钥匙单元通过 CAN 总线分别与 BCM、一体化仪表、IPDM E/R（发动机室智能电源分配模块）进行通信。

当按下控制驾驶员侧车门、乘客侧车门或者行李厢开启的请求开关按钮时，智能钥匙单元将根据所按下的请求按钮通过车外部钥匙天线发出请求信号，车辆通过与智能钥匙之间的双向通信进行 ID 校验。如果 ID 校验成功，通过 CAN 通信向 BCM 发送一个车门开/闭锁请求信号来开闭车门锁。

智能钥匙单元的4脚外接智能钥匙警告蜂鸣器（驾驶员侧）D22和智能钥匙警告蜂鸣器（行李厢）B222的2脚，通过车门请求开关操作开/关车门锁时，危险警告灯闪烁，同时智能钥匙的警告蜂鸣器鸣响。

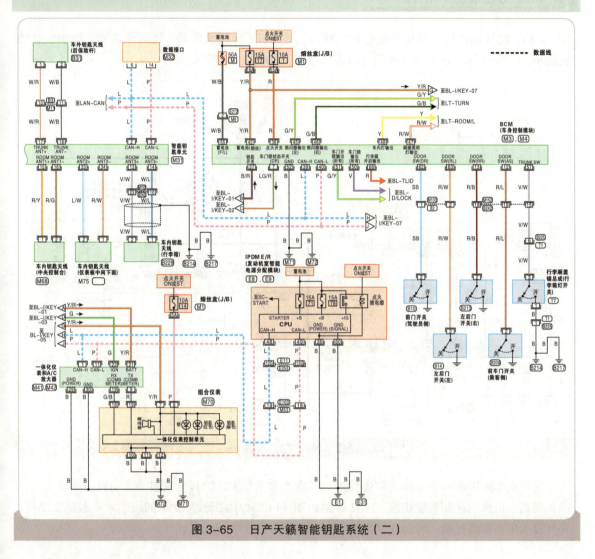

图3-65　日产天籁智能钥匙系统（二）

③ 发动机起动功能

智能钥匙单元M31的1脚向转向锁单元M21提供转向锁装置电源，闭锁时M31的1脚输出5V的电压；M31的32脚为转向锁单元通信信号脚，接M21的3脚；M31的31脚为转向锁单元接地，接M21的4脚。

当按下点火旋钮时，智能钥匙单元通过内部钥匙天线发送请求信号，智能钥匙将使用双向通信执行钥匙ID校验，如果校验通过，向转向锁装置发送解除点火旋钮禁止旋转锁定的信号。转向锁装置解除点火旋钮禁止旋转的锁定（现在可以转动点火旋钮了）。点火旋钮可以转动时，组合仪表上的KEY指示灯将变成绿色，以此提醒驾驶员可以转动点火旋钮了。

当钥匙ID校验成功，智能钥匙单元将利用CAN通信向BCM发出允许发动机起动的信号。

接收到允许发动机起动的信号时，BCM通过CAN通信向IPDM E/R发出起动请求信号。这样，当点火旋钮被旋转到ST位置时发动机将起动。

（3）防盗系统（NATS）

NATS的发动机防盗锁止功能包括机械钥匙、NATS天线放大器、转向锁装置、BCM、智能钥匙单元、安全指示灯（嵌入式组合仪表）电路，如图3-66所示。

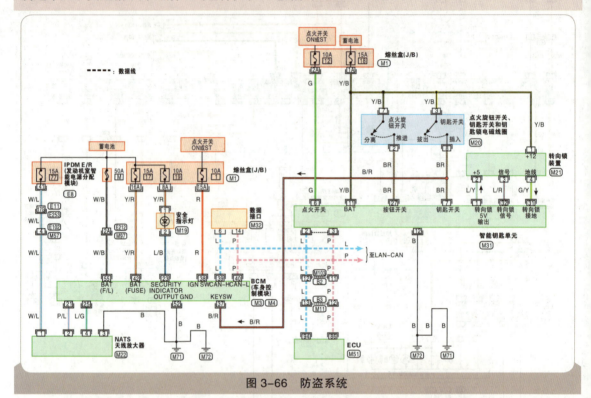

图3-66　防盗系统

发动机电路阻断器表现出高防盗性能，可防止除了车主外的其他人起动发动机（注册钥匙：点火钥匙、机械钥匙和智能钥匙）。只有在BCM和ECM中注册过ID码的钥匙才能起动发动机，并且显示出高防盗性能，可防止钥匙被复制或偷走。

◎ 电路原理

蓄电池电压→15A 77号熔丝→NATS天线放大器的1脚。

蓄电池电压→50A M号熔丝→BCM的55脚。

蓄电池电压→15A 17号熔丝→BCM的42脚。

蓄电池电压→10A 19号熔丝→安全指示灯的1脚。

蓄电池电压→15A 18号熔丝→智能钥匙单元的11脚、转向锁装置的1脚、点火旋钮开关钥匙开关和钥匙锁螺线管的7脚和3脚。

当点火开关位于ON或ST位置时：经点火开关后的蓄电池电压供电给智能钥匙单元的6脚；经点火开关后的蓄电池电压→10A 1号熔丝→BCM的38脚。

智能钥匙单元 M31 的 27 脚外接点火旋钮开关、钥匙开关和钥匙锁螺线管 M20 的 2 脚，当按下点火旋钮时，蓄电池电压供电给 M31 的 27 脚；当点火旋钮回复到 LOCK 位置，M31 的 27 脚接收到 0V 的电压。

M31 的 7 脚外接 M20 的 8 脚，将机械钥匙插入点火钥匙孔中时，M31 的 7 脚接收到蓄电池电压；将机械钥匙点火钥匙孔中拔出 M31 的 7 脚接收到 0V 的电压。

BCM（车身控制模块）的 23 脚外接安全指示灯的 2 脚。当机械锁拔出（钥匙开关打开）和点火旋钮在 LOCK 位置时（点火旋钮开关打开），安全指示灯闪烁。这样，防盗系统可以警告车外人员车辆装备了防盗系统。

四、空调系统电路

汽车空调的作用是对车内空气的温度、湿度等进行调节。汽车空调系统按操纵和控制方式可划分为手动空调系统和自动空调系统。手动空调系统的温度调节、鼓风机挡位选择、配风方式由驾驶员操作空调控制面板上的开关或推杆实现。自动空调系统由电控单元根据传感器监测到的信号或驾驶员设定信号，通过对执行元件的控制，对车内温度、鼓风机转速、配风方式等进行调节。

1. 手动空调电路的识读

下面以丰田威驰轿车空调系统为例进行讲解。丰田威驰轿车空调控制面板如图 3-67 所示，电路如图 3-68 所示。

控制电流经蓄电池电源→100A ALT 熔丝→50A AM1 熔丝→点火开关 IG1 闭合→10A 仪表熔丝→暖风继电器线圈→LO 挡→搭铁（右侧减振块）。此时，暖风继电器开关接通。

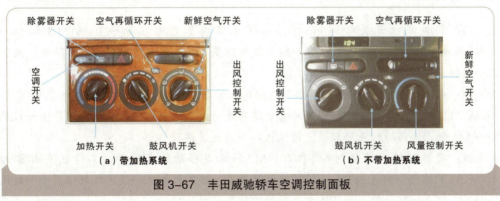

图 3-67　丰田威驰轿车空调控制面板

◎ **工作控制**

压缩机工作控制：闭合 A/C 开关，A/C 放大器接收到 A/C 开关信号，A10 的 8 脚为信号输入端。控制 A/C 电磁离合器继电器线圈接地，接通 A/C 电磁离合器电路，促使压缩机投入制冷工作。制冷系统工作时，空调放大器通过管路压力开关信号控制压缩机的正常工作。当管路压力过高或过低时，A/C 放大器通过高/低压力开关的开关信号切断电磁继电器线圈的连接，停止电磁离合器的工作以保护压缩机不被损坏。A10 的 2 脚为压力信号控制端。

鼓风机工作控制：鼓风机有 4 个风速挡，分别为 LO 挡、H1 挡、M1 挡、M2 挡，各挡不同风速控制通过鼓风机电阻器实现。

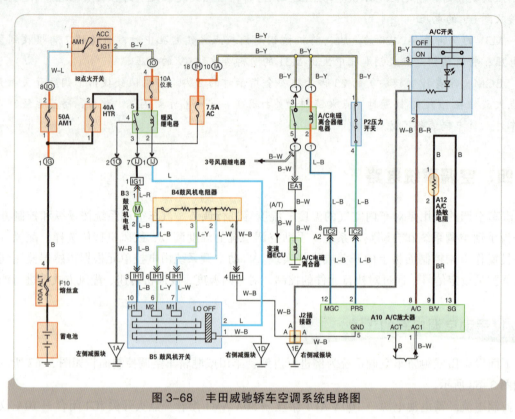

图 3-68　丰田威驰轿车空调系统电路图

◎ 鼓风机各挡工作

LO 挡：将鼓风机开关转到 LO 挡，工作电流由蓄电池电源→100A ALT 熔丝→40A HTR →暖风继电器开关→鼓风机电机→鼓风机电阻器 1→鼓风机电阻器 4（电阻值最大）→J2 插接器→搭铁。鼓风机低速运转。

M1 挡：将鼓风机开关转到 M1 挡时，M1 触点与移动触点接合，工作电流由蓄电池电源→100A ALT 熔丝→40A HTR →暖风继电器开关→鼓风机电机→鼓风机电阻器 1→鼓风机电阻器 2→M1 触点→移动触点→搭铁。鼓风机以一般速度运转。

M2 挡：将鼓风机开关转到 M2 挡时，M2 触点与移动触点接合，工作电流由蓄电池电源→100A ALT 熔丝→40A HTR →暖风继电器开关→鼓风机电机→鼓风机电阻器 1→鼓风机电阻器 3→M2 触点→移动触点→搭铁。鼓风机以较高速度运转。

H1 挡：将鼓风机开关转到 H1 挡时，H1 触点与移动触点接合，此时，电机不通过鼓风机电阻器接地。工作电流由蓄电池电源→100A ALT 熔丝→40A HTR →暖风继电器开关→鼓风机电机→H1 触点→移动触点→搭铁。鼓风机以高速度运转。

2. 自动空调电路的识读

下在以福特蒙迪欧轿车空调电路为例讲解自动空调电路的识读。

在配备有自动温控功能的车辆上，太阳负荷传感器对照射到车辆上的太阳光强度进行测量并把该值传送到 A/C 模块中，然后根据自动模式的需要对鼓风机的速度和风门位置进行修正。整体式车内温度传感器可测量出乘客厢中的温度，并有助于控制预设定的车内温度。

在配备有自动温控功能的系统中，传感器信号首先会传输至空调模块，再通过 CAN 总线传输至 PCM，然后对压缩机离合器的开、关进行控制。

A/C 压力转换传感器将模拟信号传送给 PCM。对不同的输入信号进行测算之后，PCM 向 A/C 离合器继电器发出一个控制信号，从而使压缩机离合器接合或分离。来自鼓风机电动机开关的 PCM 输入信号通过蒸发温度传感器（车辆配备手动温控功能）、A/C 模块（车辆配备自动温控功能）、A/C 压力转换传感器及 PCM。

（1）空调系统总线电路分析

在配备 EATC（电子自动温控模块）的车辆上，EATC 模块、组合仪表、GEM 模块和 PCM 之间是通过架设总线来实现信息交换的，从而够实现对空调系统进行控制的目的，如图 3-69~图 3-72 所示。

在图 3-69 中，蓄电池经熔丝 F2.27 向 EATC 模块供电。电子自动温控模块的 19 脚通过 MS-低总线与组合仪表的 22 脚和 P91 中央连接盒（CJB12）GEM 模块的 50 脚相连；电子自动温控模块的 18 脚通过 MS-高总线与组合仪表的 23 脚和 P91 中央连接盒（CJB12）GEM 模块的 49 脚相连。

（2）空调系统传感器电路分析

配置有 EATC 的空调系统的主要传感器有以下几种。

① 阳光强度传感器（B72）

阳光强度传感器的 4 脚为供电脚，接 EATC 的 C2H101-B 21 脚；1 脚为左阳光强度传感器信号输出，接 EATC 的 C2H101-B 22 脚；2 脚为右阳光强度传感器信号输出，接 EATC 的 C2H101-B 23 脚；阳光强度传感器的 3 脚为接地脚，接 EATC 的 C3H101-B 20 脚。

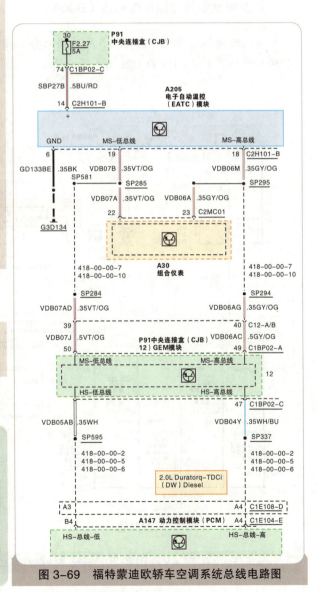

图 3-69 福特蒙迪欧轿车空调系统总线电路图

② 空气质量传感器（B316）

从点火开关来的15号线电压经熔丝（F2.4）后供电给空气质量传感器的1脚；空气质量传感器的2脚为接地脚，通过G3D134搭铁；空气质量传感器的3脚为信号输出脚，接EATC的C3H101-B的3脚。

③ 蒸发器尾气温度传感器（B217）

蒸发器尾气温度传感器的3脚为供电脚，接EATC的C2H101-B 17脚；传感器的1脚为信号输出脚，接EATC的C2H101-B 4脚。

④ 左侧地面排放温度传感器（B304）

左侧地面排放温度传感器的3脚为供电脚，接EATC的C2H101-B 17脚；传感器的1脚为信号输出脚，接EATC的C2H101-B 9脚。

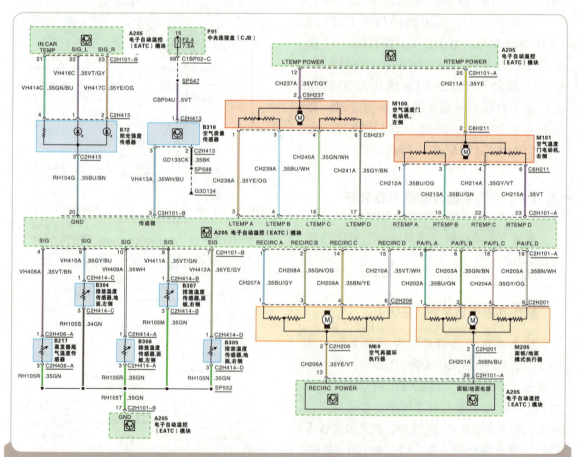

图3-70 福特蒙迪欧轿车空调系统传感器电路图

⑤ 右侧地面排放温度传感器（B305）

右侧地面排放温度传感器的 3 脚为供电脚，接 EATC 的 C2H101-B 17 脚；传感器的 1 脚为信号输出脚，接 EATC 的 C2H101-B 7 脚。

⑥ 左侧面板排放温度传感器（B306）

左侧面板排放温度传感器的 3 脚为供电脚，接 EATC 的 C2H101-B 17 脚；传感器的 1 脚为信号输出脚，接 EATC 的 C2H101-B 10 脚。

⑦ 右侧面板排放温度传感器（B307）

右侧面板排放温度传感器的 3 脚为供电脚，接 EATC 的 C2H101-B 17 脚；传感器的 1 脚为信号输出脚，接 EATC 的 C2H101-B 8 脚。

（3）空调执行器电路分析

① 左侧空气温度门电动机

左侧空气温度门电动机的 2 脚为供电脚，接 EATC 的 C2H101-A 12 脚；左侧空气温度门电动机的 1、3、4、6 脚都为控制脚，分别接 EATC C2H101-A 的 3、4、16、17 脚。

② 右侧空气温度门电动机

右侧空气温度门电动机的 2 脚为供电脚，接 EATC 的 C2H101-A 的 25 脚；右侧空气温度门电动机的 1、3、4、6 脚都为控制脚，分别接 EATC 的 C2H101-A 的 9、10、22、23 脚。

③ 空气再循环执行器

空气再循环执行器的 2 脚为供电脚，接 EATC 的 C2H101-A 的 13 脚；空气再循环执行器的 1、3、4、6 脚都为控制脚，分别接 EATC 的 C2H101-A 的 1、2、14、15 脚。

④ 面板/地面模式执行器

面板/地面模式执行器的 2 脚为供电脚，接 EATC 的 C2H101-A 26 脚；面板/地面模式执行器的 1、3、4、6 脚都为控制脚，分别接电子自动温控模块 C2H101-A 5、6、18、19 脚。

课题三 汽车主要电气系统电路识读

⑤ 风扇电动机电路

风扇电动机控制电路如图3-71所示，GEM模块通过蓄电池节省继电器来控制风扇电动机控制模块的供电。GEM模块在控制风扇电动机模块的同时也对风扇电动机继电器进行控制，从而达到对风扇电动机实施控制的目的。

综上，配备EATC同时受到两路控制，即只有两条回路都处于导通状态时风扇电动机才工作。

风扇电动机继电器（K14）控制电路：蓄电池电压经熔丝（F1.33）→风扇电动机继电器（K14）线圈→蓄电池节省继电器GEM模块的28脚，当蓄电池节省继电器GEM模块的28脚输出低电平时，风扇电动机继电器线圈得电。

风扇电动机供电电路：当风扇电动机继电器线圈得电时，继电器开关闭合，蓄电池电压经熔丝（F1.28）→风扇电动机继电器开关→风扇电动机1脚。

风扇电动机控制：风扇电动机的2脚接风扇电动机控制模块的C2H123-A 1脚，该脚为信号控制脚。

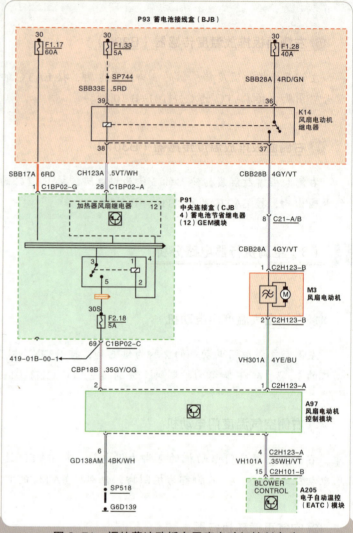

图3-71 福特蒙迪欧轿车风扇电动机控制电路

⑥ 空调压缩机离合器电路

由图3-72所示可知，空调压缩机离合器主要受动力控制模块的控制。

空调压缩机离合器控制电路：蓄电池电路经熔丝（F1.7）→离合器继电器线圈→动力控制模块的B2脚。

空调压力传感器的2脚是供电脚，接动力控制模块的C2脚；空调压力传感器的3脚是信号输出脚，空调压力传感器的信号输入到动力控制模块，由动力控制模块的B2脚输出控制信号，控制空调压缩机离合器是否动作。当动力控制模块的B2输出低电平时，离合器继电器线圈得电。

空调压缩机离合器主电路：蓄电池电路经熔丝（F1.13）→离合器继电器开关→空调压缩机离合器→G1D129搭铁。当离合器继电器线圈得电时，其开关闭合，空调压缩机离合器得电工作。

（4）空调系统电路故障的检查与确认

1）确认用户问题。

2）目视检查是否有明显的机械或电气损坏的痕迹。目视检查部分：

a. 机械部分：制冷剂管路、冷凝器、冷却液位、驱动带、A/C压缩机。

b. 电气部分：熔丝、线束、接头。

3）如果在目视检查时问题的明显原因已经发现，则在进行下一个测试之前，必须先将该原因修正。检查系统是否操作正常。

4）目测后，如果问题继续存在，则使用IDS根据显示的故障说明对电子发动机管理系统、充电系统、通用电子模块（GEM）、燃油加热或可编程燃油加热辅助加热器与组合仪表（配备EATC的车辆：读取EATC故障记忆）执行故障诊断操作，并对显示的故障进行修正。检查系统是否操作正常。

5）在车辆无存储故障后，根据故障现象表与相应的症状继续进行操作。

6）完成检查或清除故障信息及所有操作之后，应读取所有车辆模块的故障存储信息，同时必须删除所有存储的故障信息。进行下一次路试后再次读取故障存储信息。

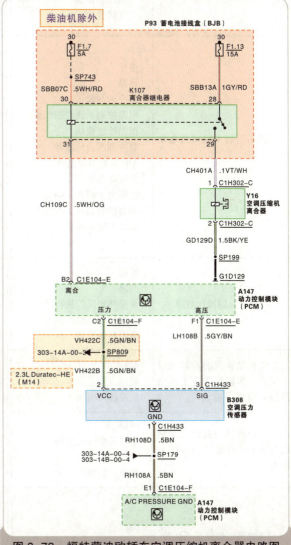

图3-72 福特蒙迪欧轿车空调压缩机离合器电路图

（5）空调系统故障现象表

故障现象表如表3-9所示。

表3-9 故障现象表

故障现象	可能原因	故障现象	可能原因
鼓风机电动机故障/不运转	熔丝 回路 鼓风机继电器 鼓风机电动机 鼓风机电阻器总成 鼓风机开关	右侧中央出风口出风温度传感器回路故障—车辆配备电子自动温控（EATC）模块	回路 右侧中央出风口出风温度传感器 恒温控制模块

续表

故障现象	可能原因	故障现象	可能原因
鼓风机电动机故障/不运转	鼓风机控制模块 恒温控制模块 中央接线盒	右侧足部区域出风温度传感器回路故障—车辆配备电子自动温控（EATC）模块	回路 右侧足部区域出风温度传感器 恒温控制模块
空调不运转（鼓风机电动机正常）	熔丝 回路 制冷剂剂量 恒温控制系统控制面板 恒温控制模块 制冷剂压力传感器 A/C离合器继电器 空调离合器 通用电子模块（GEM） 动力控制模块（PCM） 车外温度传感器	左侧中央出风口出风温度传感器回路故障—车辆配备电子自动温控（EATC）模块	回路 左侧中央出风口出风温度传感器 恒温控制模块
		左侧足部区域出风温度传感器回路故障—车辆配备电子自动温控（EATC）模块	回路 左侧足部区域出风温度传感器 恒温控制模块
再循环通风门操作故障	熔丝 回路 再循环通风门执行器 恒温控制系统控制面板 恒温控制模块	阳光强度传感器回路故障—车辆配备电子自动温控（EATC）模块	回路 阳光强度传感器 恒温控制模块
恒温控制系统的控制面板不工作—车辆配备电子自动温控（EATC）模块	熔丝 回路 恒温控制模块	车内温度传感器回路故障—车辆配备电子自动温控（EATC）模块	回路 乘客厢温度传感器 恒温控制模块
空气分配风门故障—车辆配备电子自动温控（EATC）模块	回路 空气分配风门执行器 空气分配风门 恒温控制模块	车外空气质量传感器回路故障—车辆配备电子自动温控（EATC）模块	回路 车外空气质量传感器 恒温控制模块
辅助加热器燃油泵不运转	回路 辅助加热器燃油泵	电子辅助加热器不运转	熔丝 回路 电子辅助加热器 通用电子模块（GEM） 恒温控制系统控制面板 恒温控制模块
右侧温度控制风门故障—车辆配备电子自动温控（EATC）模块	回路 右侧温度控制风门执行器 右侧温度控制风门 恒温控制模块	燃油加热或可编程燃油加热辅助加热器不运转	熔丝 回路 燃油加热或可编程燃油加热辅助加热器
左侧温度控制风门故障—车辆配备电子自动温控（EATC）模块	回路 左侧温度控制风门执行器 左侧温度控制风门 恒温控制模块	冷却液泵（燃油加热辅助加热器）不运转—车辆配备可编程燃油加热辅助加热器	回路 冷却液泵（燃油加热辅助加热器）

任务七　基本电气电路

汽车上的基本电气装置主要有照明装置、喇叭、电动装置、电热装置等。

一、照明装置

照明电路分为车外照明电路与车内照明电路，下面以富康轿车为例讲解照明电路图的识读。

1. 车外照明电路

图 3-73 所示为车外照明及信号电路图。

照明系统为汽车夜间行驶提供照明，车外照明灯具主要有前照灯、倒车灯、牌照灯、雾灯等。由电路图可知，该车型采用双灯丝前照灯，一个灯内既有远光灯丝又有近光灯丝。将左开关 211 上的灯光开关置于最左位置（3挡）时，接通前照灯的近光灯丝供电电路，左近光灯和右近光灯点亮，近光灯的灯光比较柔和，不会对前方驾驶员造成炫目，适合会车。当汽车上路行驶需要远光灯照明时，打开变光开关，211 处的变光开关的 A1、B3 端子闭合，接通远光灯灯丝供电电路。远光灯的光束照射较远，但光线会直射迎面来车驾驶员的眼睛，造成眩目。当驾驶员需要超车时，快速操纵变光开关，可实现远近光快速交替闪烁，向其他驾驶员发出超车信号。当灯光开关处于 2 或 3 挡时，后雾灯开关 588 有电，按下雾灯开关，蓄电池正极电源由雾灯开关的 3 脚通过雾灯熔丝 F11 通往左后雾灯 484 和右后雾灯 485，雾灯被点亮。

汽车信号装置的作用是通过声、光向其他车辆的驾驶员和行人发出警告，以引起注意，确保车辆行驶的安全。声响信号装置有电喇叭。灯光信号包括转向信号、制动信号、危险警告信号及示廓信号等。该车的喇叭控制电路比较单一，只需按下喇叭开关，蓄电池便经熔丝 F10 及喇叭开关向喇叭供电，喇叭发出鸣叫声。转向闪光器 170 由蓄电池正极经点火开关、熔丝 F9、危险信号灯开关 589 到达其 2 脚供电，打开转向灯开关，闪光器检测到这一信号，闪光器工作，向一边的转向灯输出转向信号。当按下危险信号灯开关 589（图示开关位置，即开关置于左边），闪光器直接由蓄电池正极经熔丝 F6 供电，开关 589 接通所有的转向灯及转向指示灯，前、后、侧面共 6 个转向灯及转向指示灯同时闪烁示警。左前门槽灯开关 310 和右前门槽灯开关 311 在车灯开关未关闭时触发灯未关警告器 130，提醒驾驶员车灯未关。

课题三 汽车主要电气系统电路识读

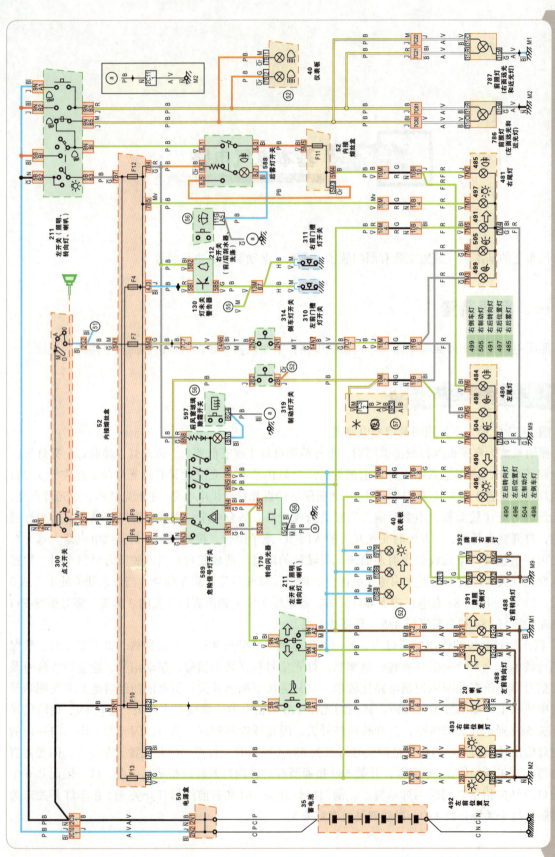

图 3-73 车外照明及信号电路图

2. 车内照明电路

车内照明灯具主要有仪表灯、顶灯、行李厢灯、阅读灯、各开关灯等。图3-74所示为车内照明电路，该车型只装备了前顶灯742、左前门槽灯开关310、右前门槽灯开关311、点烟器及前烟灰缸照明灯、行李厢照明灯389、石英钟及照明685等。将灯光开关置于2或3挡时，前烟灰缸照明灯385及前点烟器照明灯电路接通，照明灯亮。蓄电池向前点烟器、石英钟及前顶灯742供电，当按下各自的开关时，各电器工作。

需要注意的是，前顶灯742有两种控制方式：一是前顶灯开关置于图3-74所示的中间位置时，前顶灯由前门槽灯开关控制搭铁构成回路；当开关打到图示右侧位置时，前顶灯直接搭铁，灯可长时间点亮。打开点火开关，蓄电池正极通过熔丝F7向仪表照明电路通电。一变阻器串联在仪表供电电路中，用于调节仪表照明灯的亮度。

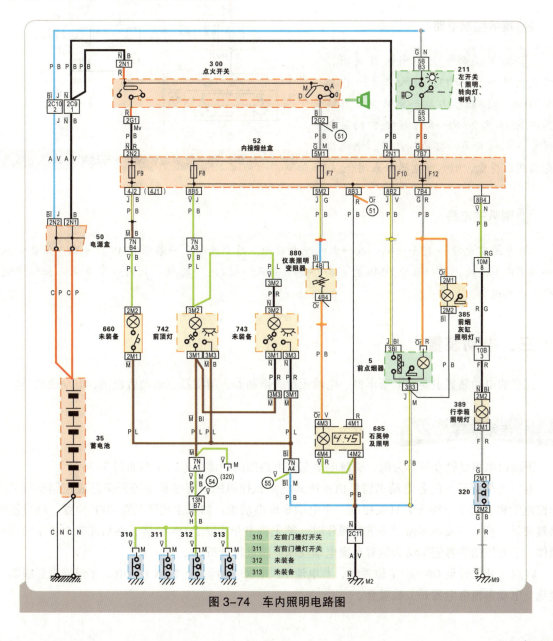

图3-74 车内照明电路图

二、喇叭

喇叭的作用是通过声音向其他车辆的驾驶员和行人发出警告,以引起注意,确保车辆行驶的安全。

由于喇叭电路的电流较大,目前越来越多的轿车采用喇叭继电器,通过喇叭继电器来控制喇叭的发声。下面以北京现代悦动轿车为例讲解喇叭电路图的识读。

北京现代悦动轿车喇叭电路如图3-75所示。

① 喇叭控制电路

当按下转向盘上的喇叭开关时,蓄电池常电源→15A喇叭熔丝→EMS盒10脚→EMS盒9脚→喇叭继电器线圈→EMS盒20脚→组合开关中的时钟弹簧→喇叭开关→接地。此时,喇叭继电器线圈得电,喇叭继电器触点闭合。

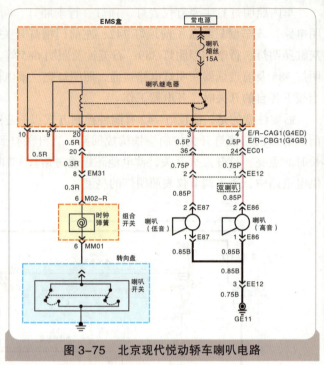

图 3-75 北京现代悦动轿车喇叭电路

② 喇叭主电路

蓄电池常电源→15A喇叭熔丝→喇叭继电器触点后分两路:一路经EMS盒3脚→低音喇叭→经GE11搭铁;另一路经EMS盒4脚→高音喇叭→经GE11搭铁。此时,高音喇叭和低音喇叭同时响起。

三、电动装置

汽车的电动装置主要指电动车窗、电动天窗、雨刮器、清洗器、电动后视镜、电动座椅等。

1. 电动车窗

下面以本田奥德赛轿车为例,讲解电动车窗电路图的识读,电路示例如图3-76所示。

本田奥德赛轿车的各电动车窗是由永磁式电动机操纵的。驾驶员主控开关总成控制所有电动车窗电动机。每个车窗开关只能控制一个电动车窗电动机。如果主控开关在OFF位置,则只能操纵驾驶员车窗。当要各车窗开关进行操作时,须先将主开关置于ON位置,然后才能对各车窗进行操作。下面以前乘客侧车窗为例对车窗电动控制电路进行分析。

将点火开关转至ON或ST位置时,蓄电池ON电源→熔丝7(7.5A)→电动车窗继电器线圈→接地。电动车窗继电器开关被吸合。

任务七 基本电气电路

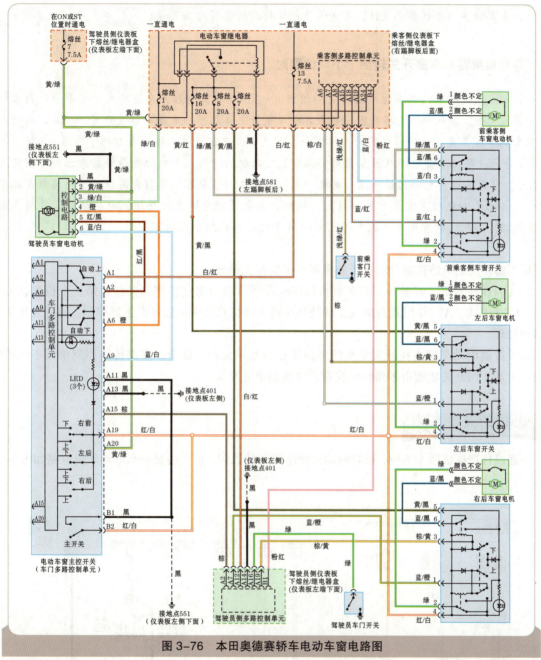

图3-76 本田奥德赛轿车电动车窗电路图

① 当前乘客侧车窗开关转至"上"位置时

蓄电池电源→电动车窗继电器开关→熔丝8（20A）→前乘客侧车窗开关5端子→前乘客侧车窗开关"上"触点→继电器线圈（前乘客侧车窗开关下方）→前乘客侧车窗开关4端子→电动车窗主控开关B2脚→电动车窗主开关→电动车窗主控开关B1脚→接地。此时，前乘客侧车窗开关内部的继电器开关被吸合。前乘客侧车窗开关5端子与2端子导通，6端子与4端子导通，即接通蓄电池电源至前乘客侧车窗电动机的回路。蓄电池电源经前乘客侧车窗开关2端子→前乘客车窗电动机接头1→电机→电机接头2→前乘客侧车窗开关6端子→前乘客侧车窗开关4端子→电动车窗主开关→接地。此时，电机控制电路完全接通，电机运转，带动车窗向上运动。

课题三 汽车主要电气系统电路识读

同时，乘客侧多路控制单元A18、A19端子也将接收到车窗向上信号。

② 当前乘客侧车窗开关转至"下"位置时

蓄电池电源→电动车窗继电器开关→熔丝8（20A）→前乘客侧车窗开关5端子→前乘客侧车窗开关"下"触点→继电器线圈→前乘客侧车窗开关4端子→电动车窗主开关→接地。此时，前乘客侧车窗开关内部的继电器开关被吸合。前乘客侧车窗开关5端子与6端子导通，2端子与4端子导通，即接通蓄电池电源至前乘客侧车窗电动机的回路。蓄电池电源经前乘客侧车窗开关6端子→前乘客侧车窗电动机接头2→电机→电机接头1→前乘客侧车窗开关2端子→前乘客侧车窗开关4端子→电动车窗主开关→接地。此时，电机控制电路完全接通，电机运转，带动车窗向下运动。同时，乘客侧多路控制单元A19端子也将接收到车窗向下信号。

后车窗开关的电路控制分析参考前乘客侧车窗开关部分。

在AUTO模式下，轻触一下开关就可以完全降下驾驶员车窗。将开关移过第一个位置就可以激活AUTO模式。AUTO模式由集成在驾驶员车窗电动机总成中的脉冲发生器控制。脉冲发生器不能单独修理。

驾驶员侧电动车窗主控开关是车门多路传输控制单元的一部分。多路传输控制单元不能单独修理。电动车窗开关功能由多路传输控制系统控制单元控制。

2. 电动天窗

下面以日产骊威轿车为例，讲解电动天窗电路图的识读。日产骊威轿车电动天窗电路如图3-77所示。

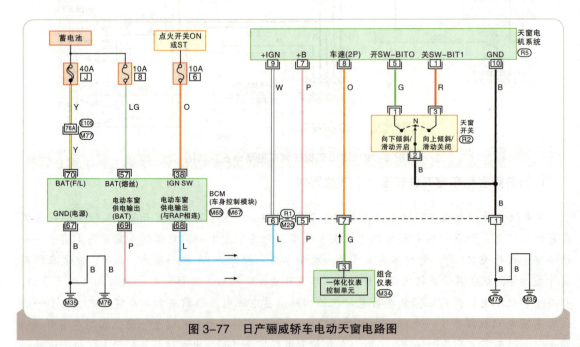

图3-77 日产骊威轿车电动天窗电路图

（1）供电与接地

① 一直供电

◇ 通过 40A 熔断线（标有字母 J，位于熔丝和熔断线盒）至 BCM 端口 70。
◇ 通过 10A 熔丝 [8 号，位于熔丝盒（J/B）] 至 BCM 端口 57。
◇ 通过 BCM 端口 69 至天窗电机总成端口 7。

② 点火开关处于 ON 或 ST 位置时，供电

◇ 通过 10A 熔丝 [6 号，位于熔丝装置（J/B）] 至 BCM 端口 38。
◇ 通过 BCM 端口 68 至天窗电机总成端口 9。

③ 接地

◇ BCM 端口 67 通过 M35 和 M76 接地。
◇ 天窗电机系统端口 10 通过 M35 和 M76 接地。

（2）向上倾斜 / 滑动关闭操作

◎ 当向上倾斜 / 滑动关闭开关被按下时，接地

◇ 至天窗电机总成端口 1。
◇ 通过天窗开关端口 3。
◇ 通过天窗开关端口 2。
◇ 通过车身接地 M35 和 M76。
天窗向上倾斜 / 滑动关闭。

（3）向下倾斜 / 滑动开启操作

◎ 当向下倾斜 / 滑动开启开关被按下时，接地

◇ 至天窗电机总成端口 5。
◇ 通过天窗开关端口 1。
◇ 通过天窗开关端口 2。
◇ 通过车身接地 M35 和 M76。
天窗向下倾斜 / 滑动开启。

3. 雨刮器和清洗器

下面以别克凯越轿车为例，讲解风窗雨刮器和清洗器电路图的识读。图 3-78 所示为别克凯越雨刮器和清洗器电路图。

别克凯越轿车的风窗刮水系统及清洗系统主要由雨刮器电动机、雨刮器臂、雨刮器刮片、雨刮器/清洗器开关、清洗液泵、清洗液箱、喷水嘴、水管等组成。该系统具有高速、低速、间歇、关闭、复位、清洗风窗和自动空调控制功能。

系统的操作：通过雨刮器/清洗器开关可以实现雨刮器的高速、低速、间歇、关闭、清洗功能，当雨刮器/清洗器开关关闭时，雨刮器刮片还可以实现自动复位功能。通过间歇开关还可以实现雨刮器动作时间间隔的调节。当风窗刮水系统处于工作状态，且自动空调系统处于自动控制时，空调系统能够自动切换至除雾模式。

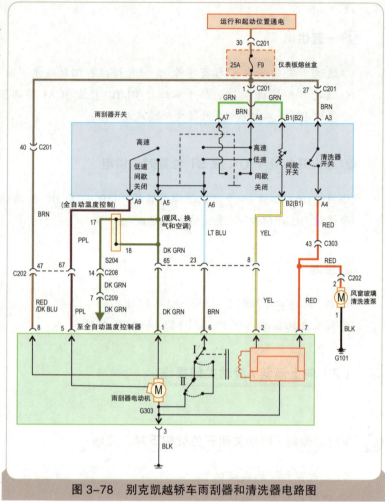

图 3-78　别克凯越轿车雨刮器和清洗器电路图

① 雨刮器的高速控制电路

当雨刮器/清洗器开关切换至高速位置时，即可实现雨刮器的高速动作。

雨刮器的高速控制电路：运行和起动位置通电→插接器 C201 的 30 端子→熔丝 F9→插接器 C201 的 1 端子→雨刮器/清洗器开关 A8 端子→雨刮器/清洗器开关 A9 端子→插接器 C202 的 67 端子→雨刮器电动机 5 端子→雨刮器电动机→雨刮器电动机 3 端子→搭铁点 G303。

② 雨刮器的低速控制电路

当雨刮器/清洗器开关切换至低速位置时，即可实现雨刮器的低速动作。

雨刮器的低速控制电路：15 号线→插接器 C201 的 30 端子→熔丝 F9→插接器 C201 的 1 端子→雨刮器/清洗器开关 A8 端子→雨刮器/清洗器开关 A5 端子→插接器 C202 的 65 端子→雨刮器电动机 1 端子→雨刮器电动机→雨刮电动机 3 端子→搭铁点 G303。

③ 雨刮器的间歇控制电路

当雨刮器/清洗器开关切换至间歇位置时，即可实现雨刮器的间歇动作。

雨刮器的间歇控制电路：15号线→插接器C201的30端子→熔丝F9→插接器C201的1端子→雨刮器/清洗器开关A8端子→雨刮器/清洗器开关A7端子→雨刮器/清洗器开关B1（B2）端子→间歇开关→雨刮器/清洗器开关B2（B1）端子→插接器C202的8端子→雨刮器电动机2端子→间歇控制器→雨刮器电动机3端子→搭铁点G303。间歇控制器通电动作，使雨刮器电动机内的开关Ⅰ进行切换，雨刮器电动机开始间歇动作。

控制电路：15号线→插接器C201的30端子→熔丝F9→插接器C201的40端子→插接器C202的47端子→雨刮器电动机8端子→开关Ⅰ→雨刮器电动机6端子→插接器C202的23端子→雨刮器/清洗器开关A6端子→雨刮器/清洗器开关A5端子→插接器C202的65端子→雨刮器电动机1端子→雨刮器电动机→雨刮器电动机3端子→搭铁点G303。

当改变间歇开关的电阻时，间歇控制器可以改变雨刮器动作时间间隔。

④ 雨刮器刮片自动复位功能的控制电路

当雨刮器/清洗器开关切换至关闭位置时，若雨刮器刮片没有复位，则雨刮器电动机内的开关Ⅱ进行切换。雨刮器电动机将继续动作，直至雨刮器刮片复位。此时雨刮器电动机控制电路如下：15号线→插接器C201的30端子→熔丝F9→插接器C201的40端子→插接器C202的47端子→雨刮器电动机8端子→开关Ⅱ→开关Ⅰ→雨刮器电动机6端子→插接器C202的23端子→雨刮器/清洗器开关A6端子→雨刮器/清洗器开关A5端子→插接器C202的65端子→雨刮器电动机1端子→雨刮器电动机→雨刮器电动机3端子→搭铁点G303。

⑤ 清洗液泵控制电路

当雨刮器/清洗器开关切换至清洗位置时，清洗液泵动作，同时雨刮器动作。

清洗液泵控制电路：15号线→插接器C201的30端子→熔丝F9→插接器C201的27端子→雨刮器/清洗器开关A3端子→雨刮器/清洗器开关A4端子→插接器C303 43端子→插接器C202的2端子→清洗液泵→搭铁点G101。

清洗液泵动作的同时，雨刮器电动机内的间歇控制器通电动作，使开关Ⅰ切换，雨刮器电动机开始动作。此时雨刮器电动机的控制电路如下：15号线→插接器C201的30端子→熔丝F9→插接器C201的40端子→插接器C202的47端子→雨刮器电动机8端子→开关Ⅰ→雨刮器电动机6端子→插接器C202的23端子→雨刮器/清洗器开关A6端子→雨刮器/清洗器开关A5端子→插接器C202的65端子→雨刮器电动机1端子→雨刮器电动机→雨刮器电动机3端子→搭铁点G303。

⑥ 自动空调控制刮水信号电路

自动空调系统处于AUTO模式，且当自动空调系统控制器接收到刮水信号1min后，自动空调系统控制器即自动切换至除雾模式（空调压缩机工作，空气循环处于外循环状态）。此时

课题三 汽车主要电气系统电路识读

刮水信号电路如下：15号线→插接器C201的30端子→熔丝F9→插接器C201的40端子→插接器C202的47端子→雨刮器电动机8端子→开关Ⅱ→开关Ⅰ→雨刮器电动机6端子→插接器C202的23端子→雨刮器/清洗器开关A6端子→雨刮器/清洗器开关A5端子后分两路：一路经插接器C208的14端子→插接器C209的7端子→自动空调系统控制器B7端子；另一路经插接器C202的65端子→雨刮器电动机1端子→雨刮器电动机→雨刮器电动机3端子→搭铁点G303。

由于雨刮器的动作，开关Ⅱ有规律地进行切换。刮水信号也在0V与12V之间有规律地变化。在雨刮器停止动作20s后，自动空调系统回复至原来状态。

4. 电动后视镜

下面以北京现代伊兰特轿车为例讲解电动后视镜电路图的识读，北京现代伊兰特轿车室外电动后视镜电路如图3-79所示，两个室外后视镜由电动后视镜操纵开关控制。每个后视镜上安装有两个驱动电动机。一个电动机控制后视镜上/下偏转，另一个电动机控制后视镜左/右偏转。当点火开关位于ACC或ON位置时，蓄电池电压→9号熔丝→MM02的4脚→MD02的6脚→室外电动后视镜&后视镜折叠开关插接器D04的3脚，向电动后视镜提供电源。

（1）左室外电动后视镜的调整

按下室外电动后视镜&后视镜折叠开关的选择开关左开关按钮：

① 左室外电动后视镜向上

当按下左室外电动后视镜"向上"按钮时，室外电动后视镜&后视镜折叠开关插接器D04的3脚与7脚导通，5脚与6脚导通。到达室外电动后视镜&后视镜折叠开关插接器D04的3脚的电压→室外电动后视镜&后视镜折叠开关→室外电动后视镜&后视镜折叠开关插接器D04的7脚→左室外后视镜电机&折叠电机插接器D06的8脚→左室外后视镜电机&折叠电机插接器D06的6脚→室外电动后视镜&后视镜折叠开关插接器D04的5脚→室外电动后视镜&后视镜折叠开关插接器D04的6脚→插接器MD01的9脚→G01搭铁。此时左室外电动后视镜向上运动。

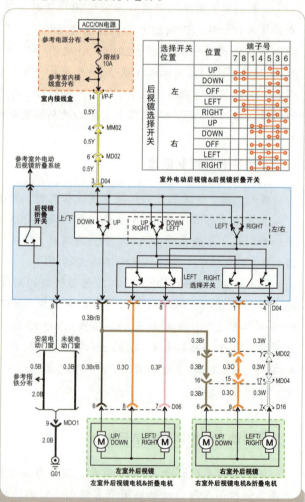

图3-79 北京现代伊兰特轿车室外电动后视镜电路图

② 左室外电动后视镜向下

当按下左室外电动后视镜"向下"按钮时，室外电动后视镜&后视镜折叠开关插接器D04的3脚与5脚导通，7脚与6脚导通。到达室外电动后视镜&后视镜折叠开关插接器D04的3脚的电压→室外电动后视镜&后视镜折叠开关→室外电动后视镜&后视镜折叠开关插接器D04的5脚→左室外后视镜电机&折叠电机插接器D06的6脚→左室外后视镜电机&折叠电机插接器D06的8脚→室外电动后视镜&后视镜折叠开关插接器D04的7脚→室外电动后视镜&后视镜折叠开关插接器D04的6脚→插接器MD01的9脚→G01搭铁。此时，左室外电动后视镜向下运动。

③ 左室外电动后视镜向左

按下左室外电动后视镜"向左"按钮时，室外电动后视镜&后视镜折叠开关插接器D04的3脚与8脚导通，6脚与7脚导通。到达室外电动后视镜&后视镜折叠开关插接器D04的3脚的电压→室外电动后视镜&后视镜折叠开关→室外电动后视镜&后视镜折叠开关插接器D04的8脚→左室外后视镜电机&折叠电机插接器D06的7脚→左室外后视镜电机&折叠电机插接器D06的8脚→室外电动后视镜&后视镜折叠开关插接器D04的7脚→室外电动后视镜&后视镜折叠开关插接器D04的6脚→插接器MD01的9脚→G01搭铁。此时，左室外电动后视镜向左运动。

④ 左室外电动后视镜向右

按下左室外电动后视镜"向右"按钮时，室外电动后视镜&后视镜折叠开关插接器D04的3脚与7脚导通，6脚与8脚导通。到达室外电动后视镜&后视镜折叠开关插接器D04的3脚的电压→室外电动后视镜&后视镜折叠开关→室外电动后视镜&后视镜折叠开关插接器D04的7脚→左室外后视镜电机&折叠电机插接器D06的8脚→左室外后视镜电机&折叠电机插接器D06的7脚→室外电动后视镜&后视镜折叠开关插接器D04的8脚→室外电动后视镜&后视镜折叠开关插接器D04的6脚→插接器MD01的9脚→G01搭铁。此时，左室外电动后视镜向右运动。

（2）右室外电动后视镜的调整

按下室外电动后视镜&后视镜折叠开关的选择开关右开关按钮，即选择了右电动后视镜电路。电路识读请参阅"左室外电动后视镜的调整"，在此不再赘述。

5. 电动座椅

下面以丰田卡罗拉轿车为例，讲解电动座椅电路图的识读。丰田卡罗拉轿车电动座椅电路如图3-80所示，蓄电池电压分别供电给驾驶员座椅调节电路和电动座椅背部支撑调节电路，以满足驾驶员的要求。驾驶员座椅具有六向电动调节功能和两向电动调节的腰部支撑功能，可以很好地满足不同驾驶员的需要。

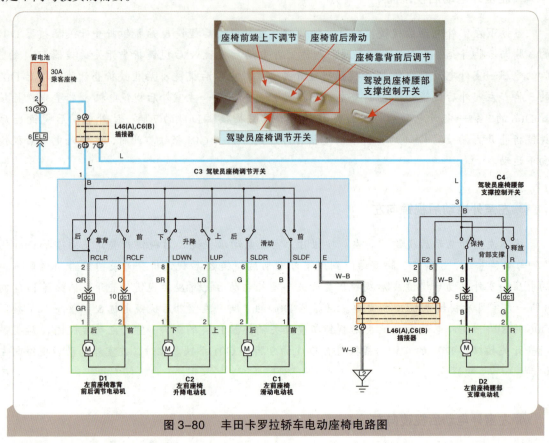

图 3-80　丰田卡罗拉轿车电动座椅电路图

（1）驾驶员座椅的调节

① 驾驶员座椅前后滑动

　　按下座椅向前滑动键时，驾驶员座椅调节开关 C3 的 1 脚与 9 脚接通、6 脚与 4 脚接通，蓄电池电压→30A 乘客座椅熔丝→驾驶员座椅调节开关 1 脚→驾驶员座椅调节开关 9 脚→左前座椅滑动电动机→驾驶员座椅调节开关 6 脚→驾驶员座椅调节开关 4 脚→连接头 L46（A）[C6（B）]的 B4 端子→L2 搭铁→蓄电池负极。此时，驾驶员座椅向前滑动。

　　按下座椅向后滑动键时，驾驶员座椅调节开关 C3 的 1 脚与 6 脚接通、9 脚与 4 脚接通，蓄电池电压→30A 乘客座椅熔丝→驾驶员座椅调节开关 1 脚→驾驶员座椅调节开关 6 脚→左前座椅前后滑动电动机→驾驶员座椅调节开关 9 脚→驾驶员座椅调节开关 4 脚→连接头 L46（A）[C6（B）]的 B4 号端子→L2 搭铁→蓄电池负极。此时驾驶员座椅向后滑动。

② 驾驶员座椅前端上下调节

　　按下座椅前端向上调节键时，驾驶员座椅调节开关 C3 的 1 脚与 7 脚接通、8 脚与 4 脚接通，到达驾驶员座椅调节开关 1 脚的蓄电池电压→驾驶员座椅调节开关 7 脚→左前座椅升降电动机→驾驶员座椅调节开关8脚→驾驶员座椅调节开关4脚→连接头L46（A）[C6（B）]的B4端子→L2搭铁→蓄电池负极。此时，驾驶员座椅前端向上移动。

按下座椅前端向下调节键时，驾座椅调节开关C3的1脚与8脚接通、7脚与4脚接通，到达驾驶员座椅调节开关1脚的蓄电池电压→驾驶员座椅调节开关8脚→左前座椅升降电动机→驾驶员座椅调节开关7脚→驾驶员座椅调节开关4脚→连接头L46（A）[C6（B）]的B4端子→L2搭铁→蓄电池负极。此时，驾驶员座椅前端向下移动。

③ 驾驶员座椅靠背前后调节

按下座椅靠背向前调节键时，驾驶员座椅调节开关C3的1脚与3脚接通、2脚与4脚接通，到达驾驶员座椅调节开关1脚的蓄电池电压→驾驶员座椅调节开关3脚→左前座椅靠背前后调节电动机→驾驶员座椅调节开关2脚→驾驶员座椅调节开关4脚→连接头L46（A）[C6（B）]的B4号端子→L2搭铁→蓄电池负极。此时驾驶员座椅靠背向前移动。

按下座椅靠背向后调键时，驾驶员座椅调节开关C3的1脚与2脚接通、3脚与4脚接通，到达驾驶员座椅调节开关1脚的蓄电池电压→驾驶员座椅调节开关2脚→左前座椅靠背前后调节电动机→驾驶员座椅调节开关3脚→驾驶员座椅调节开关4脚→连接头L46（A）[C6（B）]的B4端子→L2搭铁→蓄电池负极。此时，驾驶员座椅靠背向后移动。

（2）驾驶员座椅腰部支撑控制电路

按下驾驶员座椅腰部支撑控制保持调节键时，驾驶员座椅腰部支撑控制开关的3脚与4脚、1脚与2脚接通。蓄电池电压→30A乘客座椅熔丝→驾驶员座椅腰部支撑控制开关3脚→驾驶员座椅腰部支撑控制开关4脚→左前座椅腰部支撑电动机→驾驶员座椅腰部支撑控制开关1脚→驾驶员座椅腰部支撑控制开关2脚→连接头L46（A）[C6（B）]的B3端子→L2搭铁→蓄电池负极。此时，驾驶员座椅腰部支撑向前移动。

当按下驾驶员座椅腰部支撑控制释放调节键时，驾驶员座椅腰部支撑控制开关的3脚与1脚、4脚与5脚接通。蓄电池电压→30A乘客座椅熔丝→驾驶员座椅腰部支撑控制开关3脚→驾驶员座椅腰部支撑控制开关1脚→左前座椅腰部支撑电动机→驾驶员座椅腰部支撑控制开关4脚→驾驶员座椅腰部支撑控制开关5脚→连接头L46（A）[C6（B）]的B5端子→L2搭铁→蓄电池负极。此时，驾驶员座椅腰部支撑向后移动。

6. 电动座椅电路的检测

下面以丰田卡罗拉轿车电动座椅电路为例，讲解电动座椅电路的检测。

（1）驾驶员座椅不动作

① 检查控制电路的供电

用万用表测量插接器 L46 A9 端子（正极）与车身接地点（负极）的电压，正常值应为 12V（蓄电池电压），否则应检查蓄电池电压、30A 乘客座椅熔丝及蓄电池至插接器 L46 A9 端子间线束是否断路。

② 检查控制电路的搭铁

用万用表电阻挡检查 L46 A2 端子与搭铁点"L2"间是否导通，正常情况下应导通，否则检查 L46 插接器及搭铁点"L2"的连接是否牢固。

③ 检查插接器

用万用表电阻挡检查插接器 L46 A9 端子与 B6、B7 之间是否导通，正常情况下应导通，否则应更换插接器 L46。

（2）电动座椅不能向前或向后移动

① 检查驾驶员座椅开关及接连线束

用试灯或发光二极管测试滑动电动机调节开关 9 端子至车身的接地情况，且按住驾驶员座椅向前开关，试灯应点亮，否则表明驾驶员座椅向前开关损坏，应更换；然后，用试灯检查滑动电动机调节开关 6 端子至车身的接地情况，且按住驾驶员座椅向后开关，试灯应点亮，否则表明驾驶员座椅向后开关损坏，应更换；最后，用万用表检查驾驶员座椅调节开关 9 端子至座椅滑动电动机 1 端子、驾驶员座椅调节开关 6 端子至座椅滑动电动机 2 端子间的线束导通情况，如不导通，则说明线束断路或与端子连接不良，应更换或检修。

② 检查滑动电机

用试灯检查滑动电机插件 1 端子至 2 端子，且分别按下座椅调节向前、向后开关，试灯应分别点亮，否则说明接插件接触不良或滑动电机损坏，应检修或更换。

电动座椅电路中还有电动座椅不能升降、电动座椅靠背不能前后调节、电动座椅腰部支撑不能调节等故障，对于这些故障，读者可参考上面的方法自行检测。

四、电热装置

汽车的电热装置主要有除霜器、座椅加热器、点烟器等。

1. 除霜器

桑塔纳轿车后风窗玻璃内夹有电热丝加热装置，其通电加热后，可使后风窗玻璃迅速升温，从而达到除霜、除雾、除冰，不影响驾驶员视线的目的。点火开关打开时，大容量供电接线 X 通电，按下后风窗除霜器开关 E15 时，电流流经 20A 熔丝 S15 → 风窗除霜器开关 E15 → 后风窗玻璃内的电热丝 Z1 → 经 Q16 线束后搭铁（如图 3-81 所示），电热丝给风窗玻璃加热。由于该用电器功率较大，故点火开关处于起动挡时被卸荷继电器断开。当加热装置接通时，开关上的指示灯亮起，接通后约 20min 加热装置会自动关闭。通过再次轻击开关也可将加热装置提早关闭。

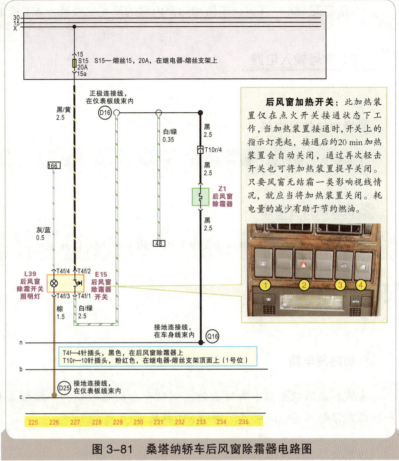

图 3-81 桑塔纳轿车后风窗除霜器电路图

2. 座椅加热器

奔驰轿车座椅加热装置（带自动切断功能）如图 3-82 所示。

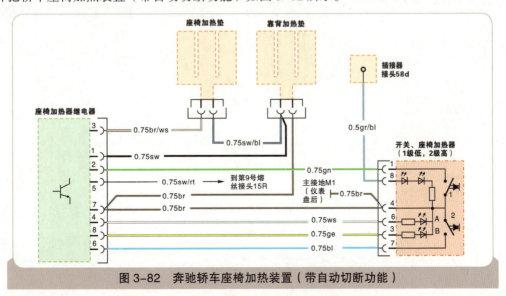

图 3-82 奔驰轿车座椅加热装置（带自动切断功能）

课题三 汽车主要电气系统电路识读

（1）座椅加热开关照明指示灯电路

电路接头 58d →开关、座椅加热器内部的发光二极管→ M1 接地点。

（2）信号输入电路

① 慢加热信号电路

座椅加热器继电器 2 脚→开关 1（慢加热）→ M1 接地点。

② 快加热信号电路

座椅加热器继电器 6 脚→开关 2（快加热）→ M1 接地点。

（3）执行器电路

① 加热器电路

座椅加热器继电器 1 脚输出的控制信号分两路控制：一路经座椅加热垫→继电器 3 脚；另一路经靠背加热垫→继电器 7 脚→ M1 接地点。

② 指示电路

座椅加热器继电器 8 脚→电阻→发光二极管→ M1 接地点。
座椅加热器继电器 6 脚→电阻→发光二极管→ M1 接地点。

一、填空题

1. _____ 与 _____ 是汽车上的两大电源,它们并联向用电设备供电。
2. 发电机主要由 _____、_____、_____ 及 _____ 等组成。
3. 发动机电控系统电路主要由 _____、_____ 和 _____ 组成。
4. 自动变速器控制系统由 _____、_____ 和 _____ 组成。
5. _____ 的全称是电子控制汽车防抱死制动装置,也称 _____。
6. 仪表电路由发动机冷却液温度表、_____、_____、_____、_____、_____ 及相应的传感器组成。
7. 中控门锁一般分为 _____、_____、_____、_____。
8. 汽车的电动装置主要指 _____、_____、_____、_____、_____ 等。

二、选择题

1. 下列不属于电热装置的是(   )。
   A. 除霜器   B. 点烟器
   C. 座椅加热器   D. 电动天窗
2. 爆燃传感器安装在(   ),用来检测发动机爆燃。
   A. 进气管上   B. 发动机缸体上
   C. 发动机油底壳上   D. 排气管上
3. 下列不属于报警装置组成的是(   )。
   A. 报警灯   B. 指示灯
   C. 传感器   D. 执行器

三、问答题

1. 简述丰田卡罗拉轿车驾驶员电动座椅不能动作的检测步骤。

2. 简述大众桑塔纳轿车发电机工作电路的电流走向。

3. 简述电控悬架系统的基本功能。

课题四 典型汽车电路图识读

学习目标

通过本课题的学习，你应能：
1. 掌握丰田汽车电路图的特点及识读方法。
2. 掌握现代汽车电路图的特点及识读方法。
3. 掌握大众汽车电路图的特点及识读方法。

任务一 丰田汽车电路图识读

一、丰田汽车电路图的特点

特点一

电路图中的电气元件通常用文字直接标注。

特点二

把整个电路图作为一个总图，各系统电路按横轴方向逐个布置，并在电路图上方标出各系统电路的区域和代表该电路系统的符号及文字说明。

特点三

电路图绘出了搭铁点,并标注代号与文字说明。从电路图可以了解电路搭铁点,直观明了。

特点四

在电路图中,有的还直接标出电路插接器的端子排列情况和各端子的使用情况,给识图和电路故障查寻提供了方便。

二、丰田汽车电路图符号

丰田汽车电路图符号说明表如表 4-1 所示。

表 4-1 丰田汽车电路图符号说明表

符号与实物	释义	符号与实物	释义
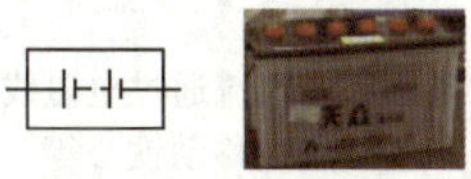	蓄电池:储存化学能且能把化学能转变为电能,给汽车的不同电路提供直流电	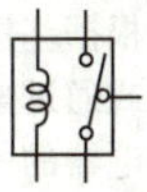	继电器,双掷式:从一个接触位置或另一位置使电流通过的继电器
	电容器:一个临时储存电压的小存储单元	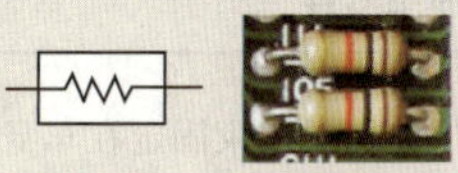	电阻:带有固定阻值的电气元件,在线路中降低电压得到一个规定值
	二极管:一个允许电流向一个方向流动的半导体	 单灯丝 双灯丝	前照灯:电流通过引起前照灯变热且发光,前照灯有单灯丝式或者双灯丝式
	稳压二极管:一个允许电流向一个方向流动且反向阻滞电压有一个规定值,超过这个电压将使超过的电压通过,可以看作一个简单的电压调节器	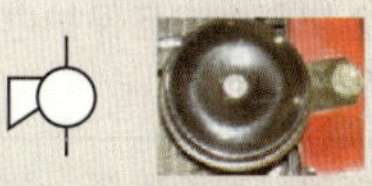	喇叭:发出高的声音信号的电气装置
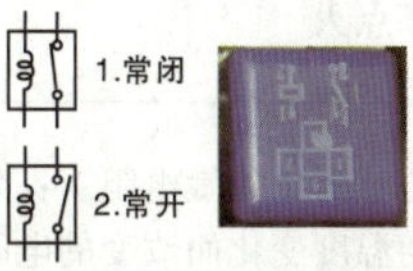 1.常闭 2.常开	继电器:一个可常闭(如1所示)或常开(如2所示)的电控操纵开关电流通过一个小线圈产生磁场以打开或关闭继电器开关	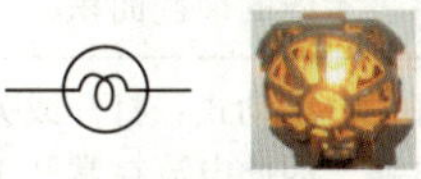	开关,雨刮器凸轮:当雨刮器开关关闭时,自动运转雨刮器到停止位置
	发光二极管:通过电流此种二极管发光且相对于灯泡不产生热量	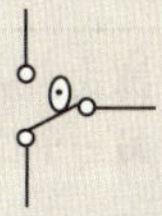	点烟器:一个电阻加热元件
	模拟表:电流激活磁性线圈引起指针移动,提供一个相应的指示信息	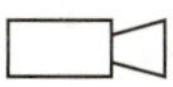	电线:电线在电路图中总是画成直线交叉线。 1. 在连接位置没有黑点标记; 2. 在交叉点有一个黑点或八角形(○)的交叉线表示连接

课题四 典型汽车电路图识读

续表

符号与实物	释义	符号与实物	释义
FUEL	数字表：电流激活一个或多个 LED、LCD 或者荧光显示器提供一个相对的或数字的显示	1.未连接　2.铰接	断路器：可重复使用的熔丝，通过大电流时，断路器变热并断开；当变冷时，有些会自动恢复，有些需要手动恢复
电机(M)	电机：把电能转换成机械能，特别是旋转运动的动力单元		光敏二极管：根据光照强度控制电流通过的半导体
扬声器	扬声器：电流通过产生声波的电气装置		分电器，集成点火总成：将高压电从点火线圈分配到每个火花塞
开关，点火	开关，点火：有几个位置的钥匙控制开关，控制不同的线路，特别是点火初级线路		短插脚：通常在接线盒内提供一个较好的连接
晶体管	晶体管：根据基极提供的电压来断开或通过电流，被当作电子继电器的一种典型的固态器件		电磁阀：电流通过电磁线圈产生磁场去移动铁心等
接地点	接地点：线束固定在车身上的点，使电路形成一个回路。没有接地点，电流不能流过		电阻，分接式：提供两个或更多不同的固定阻值的电阻
适用中等电流的熔丝	熔丝：当较高的电流通过会烧掉一个细金属丝，因此会切断电流且保护电路避免危险		电阻，可变式：阻值可变的可控电阻，也称作电位计或变阻器
适用于大电流熔丝或易熔线	易熔丝：一种粗线，放置在高压电流通过的电路中，当过载时烧毁以保护线路，数字表示线的横截面积		点火线圈：把低压直流电转变成高压脉冲电流使火花塞点火
1.常开　2.常闭	开关，手动式：打开或关闭电路，因此电流在常开1时断开，在常闭2时通过		传感器（热敏电阻）：阻值随温度变化而改变的电阻
	开关，双掷式：从一个接触位置或者另一个位置连续流过电流		传感器，车速：通过磁场脉冲打开或关闭开关，产生一个信号去激活其他部件

三、丰田车系电路图接线代码及颜色说明

丰田汽车电路图识读示例如图 4-1~ 图 4-13 所示。电路图中的数字是注释符号，其各部分的含义如下。

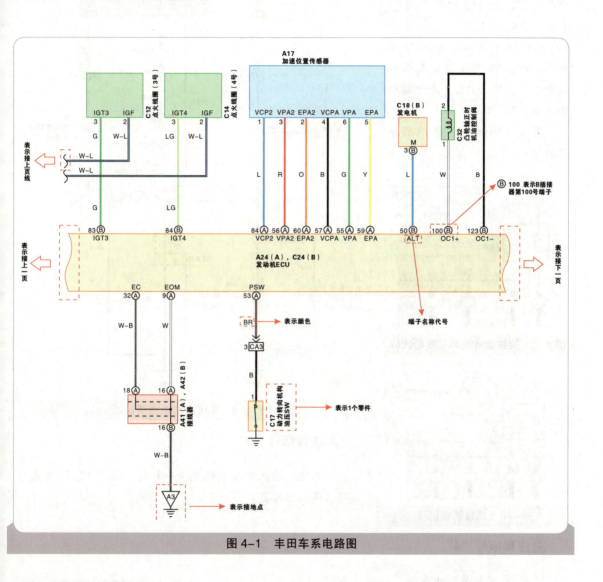

图 4-1　丰田车系电路图

① 注释标号"1"

"1"表示系统标题，在电路图上方用刻线划分区域，用文字和系统符号表示下方电路系统的名称。

课题四 典型汽车电路图识读

② 注释标号"2"

"2"表示继电器盒,不使用阴影仅用继电器编号来区别于接线盒,图4-2中所示的①表示1号继电器盒。

例:图4-3所示的P/W继电器,椭圆中"2"标识表示接线盒号码,字母"G"表示插接器代码。

图4-4所示2、9表示插接器插销号。

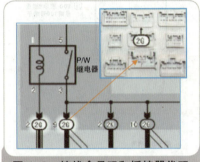

图4-3 接线盒号码和插接器代码

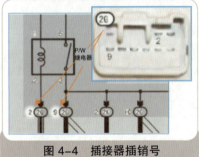

图4-4 插接器插销号

④ 注释标号"4"

"4"表示相关联的系统。

图4-5所示1、2、3、5表示P/W继电器的插销号。

⑤ 注释标号"5"

"5"表示线束和线束插接器(如图4-6所示),使用公端子的导线束用箭头(▽)来表示,外侧的数字是引脚号码。

导线束和导线束插接器的第一个字母表示这部分的位置。例如,"E"为发动机部分,"I"为仪表板及其相关部分,"B"

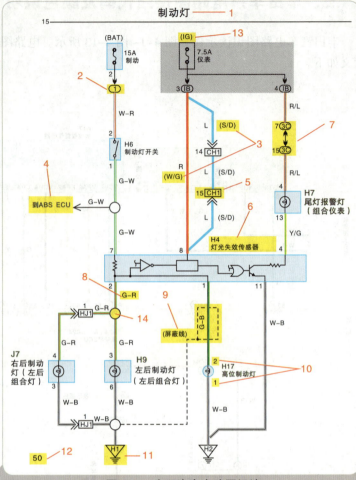

图4-2 丰田汽车电路图识读

③ 注释标号"3"

当车型发动机型号或规定不一样时,用"( )"来表示不同的线和插接器。

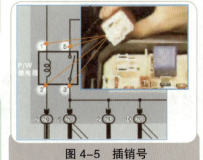

图4-5 插销号

为车身及相关部分。当多个代码的第一个字母和第二个字母相同时，后跟数字（如CH1、CH2）表示相同类型的线束和线束插接器。

⑥ 注释标号"6"

"6"代表一个零件（全部用天蓝色表示）代码与零件位置使用的代码相同。

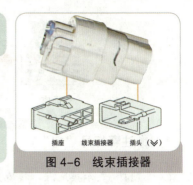

图 4-6　线束插接器

⑦ 注释标号"7"

"7"表示接线盒（圈中的数字是J/B接线盒的代码，旁边是插接器的符号），接线盒涂阴影以清楚地区别于其他零件。

例如，如图4-7所示，3C表示它在3号接线盒；数字7和15表示两条配线分别在插接器7号和15号接线端子上。

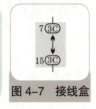

图 4-7　接线盒

⑧ 注释标号"8"

"8"表示线色，线的颜色用字母符号表示。

丰田汽车线色如表4-2所示。

当用双色线时，第一个字母表示主色，第二个字母表示辅色。

例如，在图4-8中，L表示蓝色，Y表示黄色。丰田汽车上的各种颜色的导线如图4-9所示。

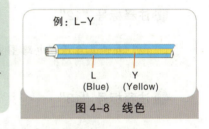

图 4-8　线色

表 4-2　丰田汽车线色

代号	线色	色标	代号	线色	色标
B	黑色		BR	棕色	
G	绿色		GR	灰色	
L	蓝色		LG	淡绿色	
O	橙色		P	粉红	
R	红色		V	蓝紫色	
W	白色		Y	黄色	
SB	天蓝色				

图 4-9　丰田汽车上的各种颜色的导线

⑨ 注释标号"9"

"9"表示屏蔽线，如图4-10所示。

⑩ 注释标号"10"

"10"表示插接器引脚编号，插座和插头编号是不同的，插接器引脚编号如图4-11所示。

图 4-10　丰田汽车上的屏蔽线

课题四 典型汽车电路图识读

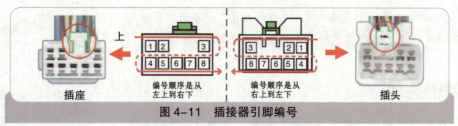

图 4-11 插接器引脚编号

⑪ 注释标号"11"

"11"表示接地点。接地点把线路连接到车体或发动机上（如图 4-12 所示），表示接地点的字符由字母和数字两部分组成。其中，字母表示线束；当有多个接地点同时存在于一个线束中时，用数字以示区别。

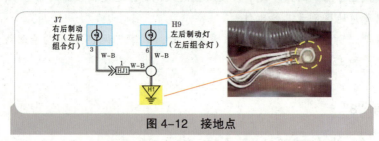

图 4-12 接地点

⑫ 注释标号"12"

"12"表示其在原厂电路图中的页码。

⑬ 注释标号"13"

"13"表示熔丝通电时的点火开关的位置。

⑭ 注释标号"14"

"14"表示配线接点。配线接点不通过插接器直接与线路相连，如图 4-13 所示。

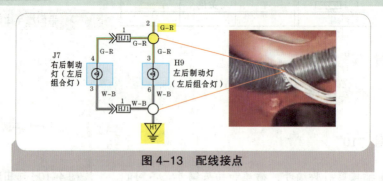

图 4-13 配线接点

任务二 现代汽车电路图识读

一、现代汽车电路图的特点

现代汽车电路原理图可清楚地反映电气系统各部件的连接关系和电路原理，电源在图上方，搭铁点在图下方，电流方向自上而下。电路较少迂回曲折，电路图中的电器串联、并联关系十分清楚，电路图易于识读。电源分布与搭铁分布分别如图4-14和图4-15所示。

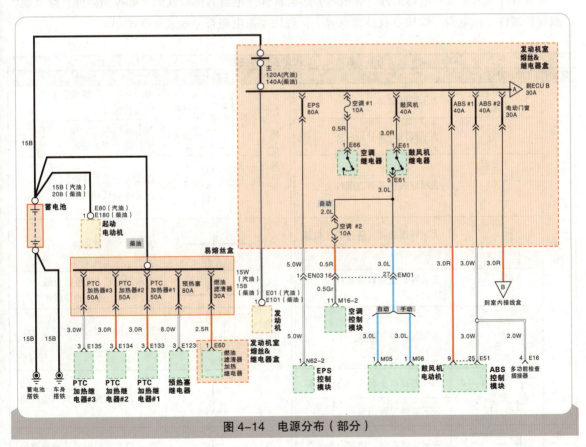

图 4-14 电源分布（部分）

各电器不再按在车上的实际位置布局，而是依据工作原理，在图中合理布局，使各系统处于相对独立的位置，从而易于对各用电设备进行单独的电路分析。

课题四 典型汽车电路图识读

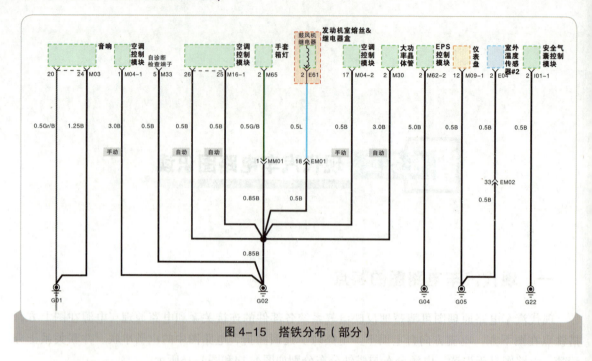

图 4-15 搭铁分布（部分）

用电器符号表示各种电器部件，各电器旁边通常标注电器名称及代码（如控制器件、继电器、过载保护器件、用电器、铰接点及搭铁点等）。现代车系电路符号如表 4-3 所示。

表 4-3 现代车系电路符号

区分	符号	说明	区分	符号	说明
部件	□	表示部件全部	插接器	10↓ M05-2 公连接器 母连接器	表示在部件位置索引上的插接器编号
	⌐ ¬	表示部件一部分			表示对应端子编号（仅置于相关端子）
		表示导线插接器在部件上		R Y/L 3↑ 1↑ E35 R Y/L	虚线表示 2 个导线同一在 E35 导线插接器上
		表示导线插接器通过导线与部件连接		B	表示下页继续连接
		表示导线插接器用螺钉固定在部件上		Y/R	表示黄色底/红色条导线（2 种以上颜色的导线）
		表示部件外壳搭铁	导线连接	从左侧页 A △ △ A 到右侧页	表示这根导线连接在所显示页。箭头表示电流方向
	制动灯开关 PHOTO 03	部件名称：上部显示部件名称		R ↓ 电路图名称	箭头表示导线连接到其他线路
		表示部件位置图编号			
屏蔽导线	G06	表示为防波套，防波套要永久搭铁（主要用在发动机和变速器的传感器信号线上）		自动变速器 G 手动变速器 G	表示根据不同配置选择线路（指示判别有关选择配置为基准的电路）

续表

区分	符号	说明	区分	符号	说明
短线插接器		表示多线路短接的导线插接器	熔丝	(ON电源 喇叭熔丝&10A 发动机室内熔丝&继电器盒)	表示点火开关置于ON位置时的电源
					表示短路片连接到每个熔丝
					编号
					容量
易熔丝	(常时电源 易熔丝30A 发动机室熔丝&继电器盒)	电源	电源插接器		蓄电池电源
		名称	灯		双丝灯泡
		容量			单丝灯泡
二极管		二极管，单向导通电流	晶体管	B─C E NPN / B─C E PNP	开关或增阻作用
		发光二极管，导通电流时发光			
		稳压二极管，流过反方向规定以上电流			

课题四 典型汽车电路图识读

续表

区分	符号	说明	区分	符号	说明
继电器		常开式	通用部件	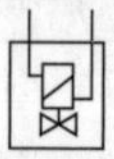	喷油嘴
					电磁阀
		常闭式			电机
					蓄电池
					电容器
					扬声器
		内装二极管的继电器			警音器、喇叭、蜂鸣器、报警器
					开关（双触点），开关沿虚线摆动，而细虚线表示开关之间的联动关系
					开关（单触点）
					加热器
		内装电阻的继电器			传感器
					传感部件

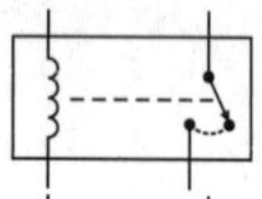

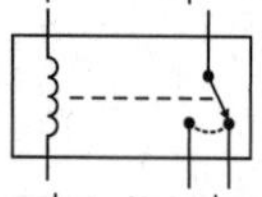

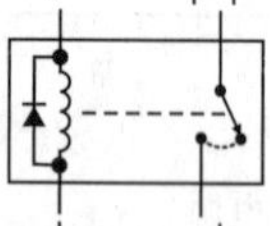

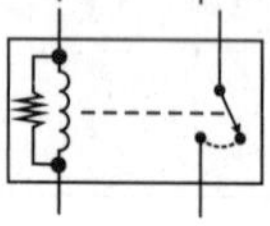

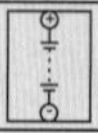

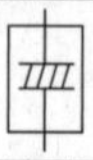

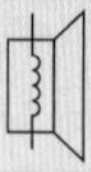

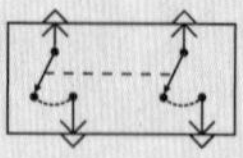

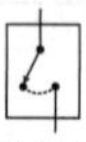

电路原理图中的所有开关及用电器均处于不工作的状态，例如，点火开关是断开的，发动机不工作，车灯关闭等。

导线标注有颜色和规格代码（与原车一一对应），根据以上标注，易于对照定位图找到该电器和导线在车上的位置。只要找到系统有关的一个部件或者一条导线，就可以顺藤摸瓜，找到系统剩下的所有导线和部件。

二、现代汽车电路电线表示方法及颜色说明

1. 电线的符号

在电路原理图中，一般要对导线的线径、颜色甚至所属的电气系统做出标注。

线径：一般用数字表示，数字大小代表导线的横截面积。

导线颜色：汽车电气整车线束由白、黑、红、黄、绿、棕、蓝、浅绿、粉红及其中两种颜色结合而成的色条相间的颜色（如黑白结合而成的黑/白线、蓝/绿线、黑/橙线等）组成，按一定

规律连接起来构成完整的全车电气系统。

(1) 线路颜色识别

现代车系导线颜色与缩写字母对照表如表 4-4 所示。

表 4-4 现代车系导线颜色与缩写字母对照表

全称	英文简写	颜色	色标	全称	英文简写	颜色	色标
Black	B	黑色		Orange	O	橙色	
Brown	Br	棕色		Pink	P	粉色	
Green	G	绿色		Red	R	红色	
Grey	Gr	灰色		White	W	白色	
Blue	L	蓝色		Yellow	Y	黄色	
Light Blue	Lg	浅绿色					

(2) 电线表示方法

例如，在一根导线左边中间标有"0.5L"的字样，其中数字 0.5 表示该导线的横截面积是 0.5，单位是平方毫米（mm^2），L 表示该导线的颜色是蓝色的。再如，在一根导线左中间标有"0.3R/B"的字样，则表示该电线的截面积为 0.3 平方毫米，颜色为红黑色。其中，斜杠前面的颜色为导线的底色，色条比较宽；斜杠后面的颜色为导线的颜色，色条比较窄。该导线的颜色好比是一条红色的导线上覆盖着一条比红色底色条纹窄的黑色条纹。

2. 线束识别标记

根据导线的不同位置，线束可分成不同类型，如表 4-5 所示。

表 4-5 线束识别标记表

线束名	位置	符号
发动机线束	发动机室	E
主、地板、车顶、天窗、座椅加热器线束	室内、底板、车顶	M
控制、喷油嘴线束	发动机室	C
安全气囊线束	防撞装饰下部与底板	I
后行李厢盖、行李厢、燃油泵线束	车辆尾部 / 行李厢	R
车门线束	车门	D
空调线束	室内鼓风机电机位置	A

(1) 插接器

插接器是一个连有线束的插座，是电路中线束的中继站。插接器上往往有多个插脚，所以必须通过插脚排列图来明确各插脚的连接，从而追踪各条进入该插接器的导线。端子排列图以部件和导线插接器分离状态下的线束侧导线插接器为基准进行表示。在一个部件上连接 2 个以上导线插接器时，显示所有导线插接器，如图 4-16 所示。

导线插接器的符号及实物对照图如图 4-17 所示。符号涂黑的表示插头，白色的表示插座，带有倒角的表示针式插头，不带倒角的表示平角插头。

课题四 典型汽车电路图识读

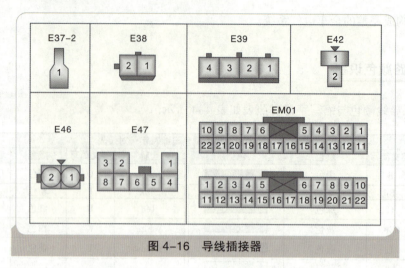

图 4-16 导线插接器

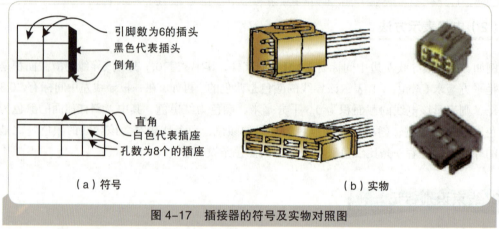

图 4-17 插接器的符号及实物对照图

（2）导线插接器的形状和端子号排列

下面以鼓风机开关为例进行说明，如表 4-6 所示。

表 4-6 现代汽车导线插接器（鼓风机开关）的形状及端子号说明

母导线插接器（线束侧）	公导线插接器（部件侧）	备 注
卡扣 外壳 端子	卡扣 端子 外壳	
3 2 1 6 5 4	1 2 3 4 5 6	这里介绍辨别公导线插接器和母导线插接器上的端子排列表示方法。母导线插接器按从右上侧开始往左下侧的顺序读号码。公导线插接器按从左上侧开始往右下侧的顺序读号码。 某些导线插接器端子不使用这种表示方法，具体情况请参照导线插接器形状图
3 2 1 6 5 4	1 2 3 4 5 6	

（3）导线插接器识别代号

导线插接器识别代号由线束位置识别代号和导线插接器识别代号组成。导线插接器位置参考线束布置分别如图 4-18~图 4-21 所示。

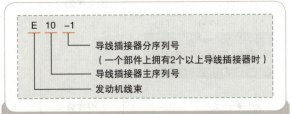

图 4-18　与部件和导线连接

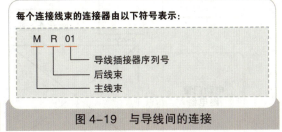

图 4-19　与导线间的连接

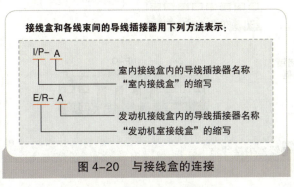

图 4-20　与接线盒的连接

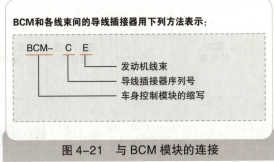

图 4-21　与 BCM 模块的连接

（4）熔丝及继电器室内接线盒

熔丝及继电器室内接线盒形状如图 4-22 和图 4-23 所示。

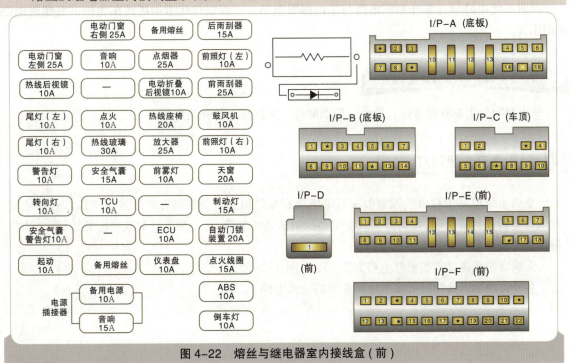

图 4-22　熔丝与继电器室内接线盒（前）

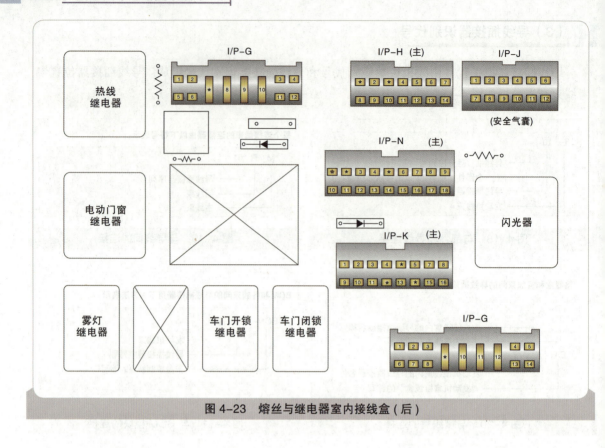

图 4-23 熔丝与继电器室内接线盒（后）

三、照明系统电路图识读

照明系统电路分为车外照明电路与车内照明电路，下面以现代索纳塔轿车为例讲解照明电路图的识读。

1. 车内照明灯电路

车内照明灯主要有仪表灯、顶灯、行李厢灯、阅读灯、各开关灯等。

（1）各开关照明灯

照明系统电路由灯具、控制开关或继电器和电源组成。其控制方式可分为两种，一种是开关或继电器控制搭铁端，称为开关或继电器控制搭铁式电路；另一种是开关或继电器控制火线端，称为开关或继电器控制火线式电路。

索纳塔轿车各开关照明灯电路如图 4-24~图 4-26 所示。

各开关照明电路为开关或继电器控制搭铁式电路。

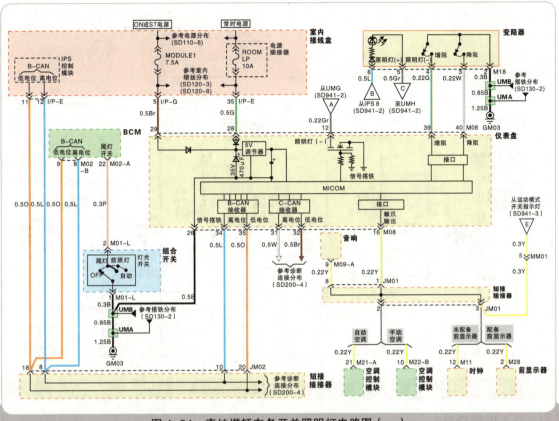

图 4-24 索纳塔轿车各开关照明灯电路图（一）

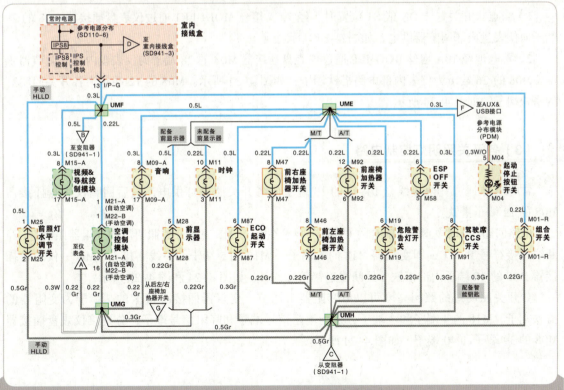

图 4-25 索纳塔轿车各开关照明灯电路图（二）

课题四 典型汽车电路图识读

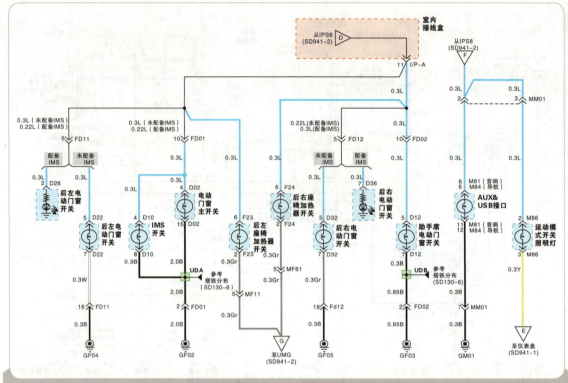

图4-26 索纳塔轿车各开关照明灯电路图（三）

（2）供电电路

1）当点火开关置于ON或ST位置时，经7.5A熔丝MODULE1通过仪表盘插接器M08的29端子向仪表盘内部调节器供电，如图4-24所示。

2）蓄电池经10A熔丝ROOMLP通过仪表盘插接器M08的28端子向仪表盘内部的调节器供电。M08的26端子为仪表内部电路搭铁端子，如图4-24所示。M08的12端子为各开关照明灯的搭铁端子，如图4-24所示。

（3）各开关照明灯控制电路

常时电源通过室内接线盒I/P-G的13端子向各开关照明灯供电，最后回到仪表盘插接器M08的12端子搭铁。

电路回路：常时电源→I/P-G的13端子→线路接点UMF→各开关照明灯和变阻器照明灯（经断线连接符号B→C，即变阻器M18的6端子→M18的5端子）→线路接点UMG→仪表盘插接器M08的12端子内部搭铁（经断线连接符号A），如图4-24和图4-25所示。

各开关照明灯的照明亮度可以由变阻器来调节。变阻器插接器M18的2端子为变阻器的搭铁端子，M18的4端子和3端子分别为增阻信号端子和降阻信号端子，分别接仪表盘插接器M08的39端子和40端子，如图4-24所示。

2. 车外照明电路

车外照明电路主要包括前照灯（大灯）、倒车灯、牌照灯、雾灯等电路。

（1）前照灯电路的组成

前照灯（大灯）电路主要由灯光开关、变光开关（超车灯开关）、前照灯继电器（有的车型没有前照灯继电器）、前照灯及远光指示灯组成。

① 灯光开关

灯光开关的形式有拉钮式、旋转式和组合式等多种，目前汽车上使用较多的是组合开关，它将前照灯、尾灯、转向灯及变光等开关制成一体。

图4-27所示为索纳塔轿车使用的组合开关，转动开关端部，便可依次接通尾灯（包括前小灯）和前照灯，将开关向下压，由近光变为远光，将开关向上扳，可变为远光。松手后开关自动弹回近光位置，前后扳动开关，可使左右转向灯工作。转动最里面的环钮还可以打开前后雾灯。

图4-27 组合开关

② 变光开关（超车灯开关）

变光开关可以根据汽车行驶的需要切换近光和远光。变光开关有组合开关和脚踏开关两种。目前汽车采用较多的是组合开关，该开关安装在转向盘下方，以便驾驶员操作。

③ 前照灯继电器

前照灯的工作电流较大，若用车灯直接控制前照灯，车灯开关易烧坏，因此前照灯电路中设有前照灯继电器，图4-28所示为常开式前照灯继电器。SW端子与前照灯开关相连，E端子搭铁，B端子与电源相连，L端子与变光开关相连。当接通前照灯开关时，继电器线圈通电，电磁铁产生磁力，使衔铁带动动触点接通；当切断线圈电流时，由于电磁力消失，衔铁在弹簧的作用下迅速回位，使动触点与静触点断开。利用触点的开、闭，从而实现对灯光电路的控制。

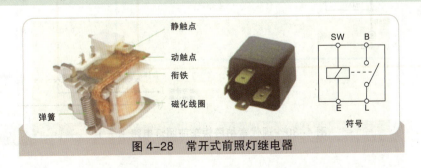

图4-28 常开式前照灯继电器

（2）前照灯电路的识读

因车型不同，前照灯电路按继电器控制方式分为继电器控制火线式或继电器控制搭铁式两种，如图 4-29 所示。

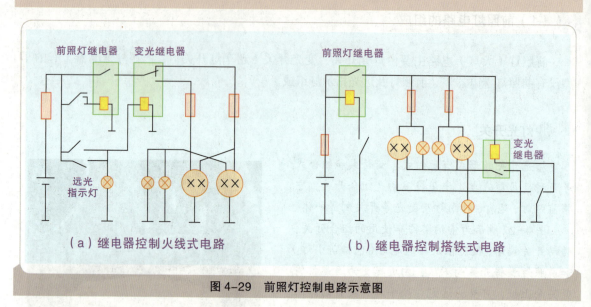

图 4-29　前照灯控制电路示意图

现代索纳塔轿车前照灯照明电路如图 4-30 和图 4-31 所示。

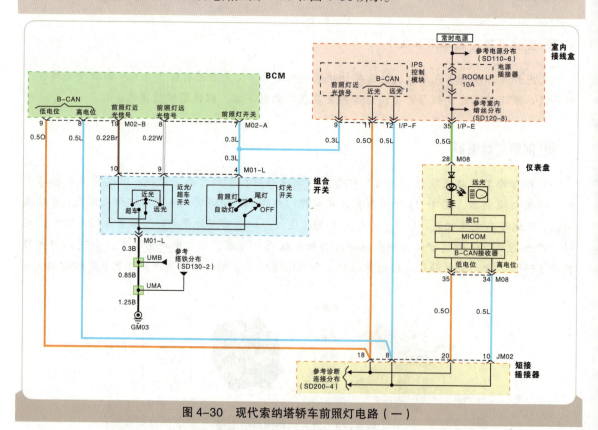

图 4-30　现代索纳塔轿车前照灯电路（一）

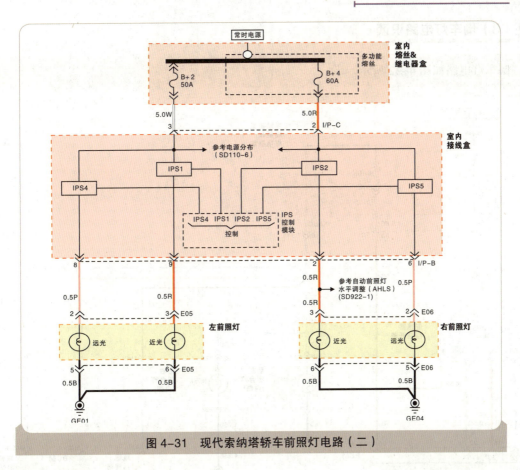

图 4-31 现代索纳塔轿车前照灯电路（二）

① **供电电路**

1）常时电源通过 10A 熔丝 ROOMLP 向仪表盘内的远光指示灯 M08 的 28 端子供电，如图 4-30 所示。

2）常时电源通过 50A 熔丝 B+2 向室内接线盒 I/P-C 的 3 端子和 60A 熔丝 B+4 向室内接线盒 I/P-C 的 2 端子供电，如图 4-31 所示。

② **控制电路**

如图 4-31 所示，左右前照灯的远近光分别直接在 GE01 和 GE04 搭铁点搭铁。所以，现代 2011 新索纳塔轿车采用的是开关或继电器控制火线式的电路连接方式。左右前照灯工作与否由组合开关和 IPS 控制模块控制。组合开关插接器 M01-L 的 1 端子为搭铁端子，M01-L 的 10 端子为前照灯近光信号输出端子，接 BCM 控制模块插接器 M02-B 的 19 端子；M01-L 的 9 端子为前照灯远光信号输出端子，接 BCM 控制模块插接器 M02-A 的 8 端子；M01-L 的 4 端子为前照灯开关信号输出端子，默认为前照灯开近光。当组合开关置于相应的挡位时，灯光开关把信号传送给 BCM 控制模块，BCM 通过 B-CAN 数据总线把灯光开关信号传给 IPS 控制模块，IPS 模块就会控制相应的前照灯点亮。

（3）倒车灯电路识读

倒车灯电路如图 4-32 所示。

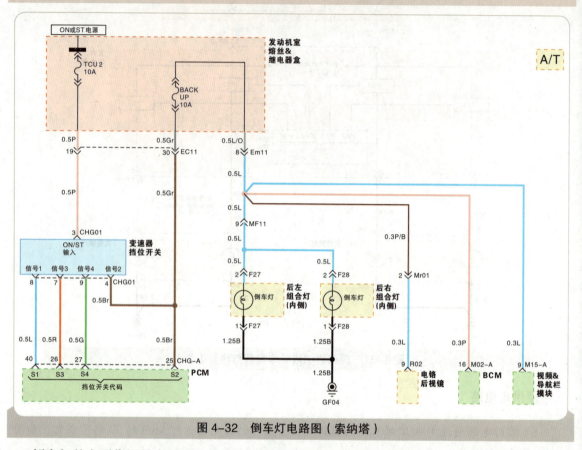

图 4-32　倒车灯电路图（索纳塔）

倒车灯的主要作用是在黑暗的环境中，在汽车倒挡行驶时，能够照亮后面的道路，起到照明作用。倒车灯一般发出的是白色的灯光。有的车辆只装备一个倒车灯。

倒车灯同样采用控制火线式的控制方式，但倒车灯开关不在组合开关上，而在变速器或挡位开关上。当驾驶员把变速器的变速杆拨到倒挡位置时，倒车灯开关就会接通，倒车灯亮起；有的车型还有相应的蜂鸣器，蜂鸣器也会工作发出响声。

倒车灯控制电路：当驾驶员以倒挡行车时，位于变速器或挡位开关上的倒挡开关接通，电流流向为 ON 或 ST 电源→10A 熔丝 TCU2→EC11 的 19 端子→变速器挡位开关插接器 CHG01 的 3 端子→CHG01 的 4 端子—信号 2 端子→EC11 的 30 端子→10A 熔丝 BACK UP→EM11 的 8 端子→分为 4 路。

1）一路通往两个倒车灯，然后经 GF04 搭铁点搭铁。
2）一路通往电铬后视镜的插头 R02 的 9 端子，打开视频功能。
3）一路通往 BCM 模块插接器 M02-A 的 16 端子。
4）最后一路通往视频导航系统模块插接器 M15-A 的 9 端子，以此信号打开倒车雷达。

电铬后视镜如图 4-33 所示。

图 4-33 电铬后视镜

四、电动门窗电路的识读

现代索纳塔轿车电动门窗电路图如图 4-34~ 图 4-38 所示。

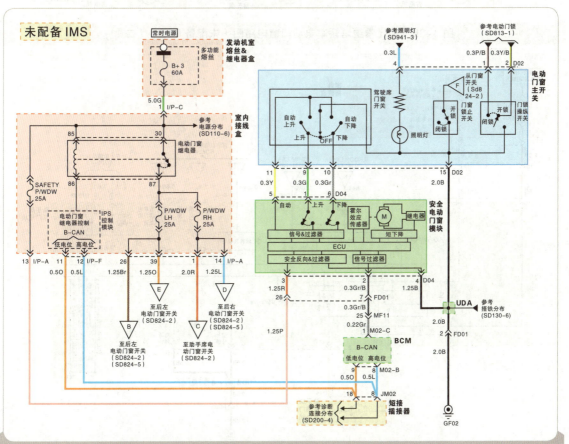

图 4-34 现代索纳塔轿车电动门窗电路图（未配备 IMS）（一）

课题四 典型汽车电路图识读

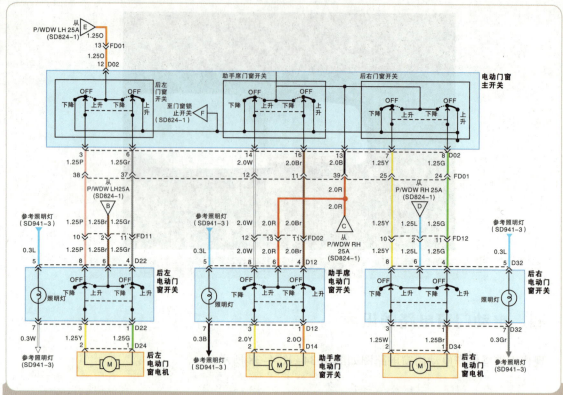

图 4-35　现代索纳塔轿车电动门窗电路图（未配备 IMS）（二）

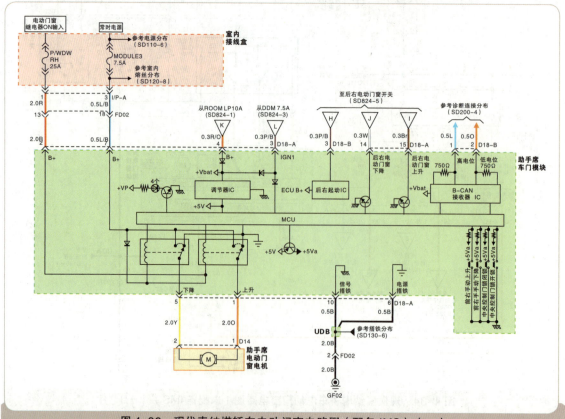

图 4-36　现代索纳塔轿车电动门窗电路图（配备 IMS）（一）

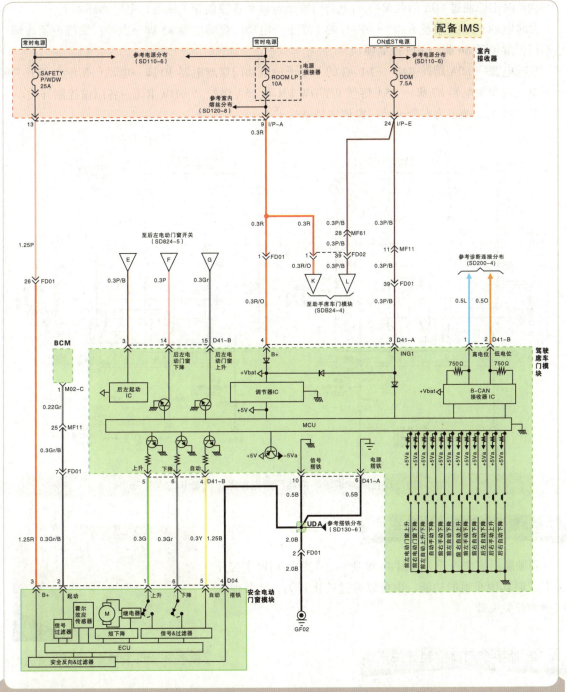

图 4-37　现代索纳塔轿车电动门窗电路图（配备 IMS）（二）

电动门窗电路由门窗控制开关、门窗控制模块、电动门窗继电器和门窗电动机等组成。门窗有驾驶席主门窗、助手席门窗、左后乘客门窗和右后乘客门窗 4 个，其控制方式基本相同，下面以助手席未配备 IMS 的门窗为例讲解门窗控制电路的识读。

① 常时电源通过 60A 熔丝 B+3 向安全电动门窗模块供电，电路回路如下：

常时电源→60A 熔丝 B+3→I/P-C 的 1 端子→25A 熔丝 SAFETY P/WDW→I/P-A 的 13 端子→FD01 的 26 端子→安全电动门窗模块插接器 D04 的 3 端子，如图 4-34 所示。

②常时电源通过 60A 熔丝 B+3 向电动门窗继电器和各控制开关供电，电路回路如下：

常时电源→60A 熔丝 B+3 → I/P-C 的 1 端子→电动门窗继电器 85 脚→电动门窗继电器线圈→电动门窗继电器 86 脚→ IPS 控制模块；

常时电源→60A 熔丝 B+3 → I/P-C 的 1 端子→电动门窗继电器 30 脚→电动门窗继电器开关触点→电动门窗继电器 87 脚→ 25A 熔丝 P/WDW LH 和 25A 熔丝 P/WDW RH →各门窗控制开关。

③D04 的 4 端子为安全电动门窗模块搭铁端子。

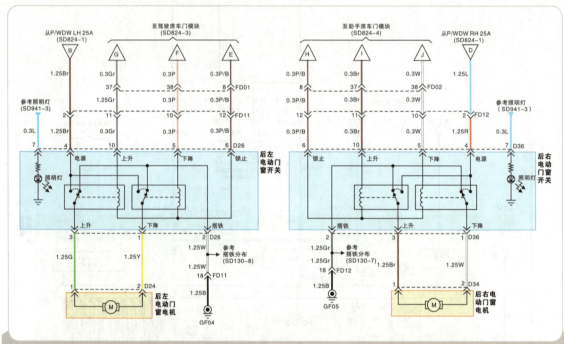

图 4-38　现代索纳塔轿车电动门窗电路图（配备 IMS）（三）

1. 驾驶席门窗主控开关

驾驶席门窗主控开关如图 4-39 所示。驾驶席门窗主控开关有控制其他车窗的功能，也可以通过锁止开关，让其他各门窗的开关失效。

图 4-39　驾驶席门窗主控开关

2. 助手席门窗控制开关

助手席门窗控制开关如图 4-40 所示。助手席门窗控制开关只能在电动门窗主控开关的门窗锁止开关处于开锁状态下时控制助手席门窗的升降。

图 4-40　助手席门窗控制开关

3. 控制电路

（1）使用驾驶席门窗主控开关控制助手席门窗

当点火开关置于 ACC 位置或 ON 位置时，IPS 控制模块通过 B-CAN 总线和 BCM 模块进行通信，控制门窗继电器线圈接地，使门窗继电器开关触点闭合。

门窗继电器开关触点闭合后，如图 4-34 所示。当操作助手席门窗上升时，常时电源通过 60A 熔丝 B+3 向各门窗控制开关供电。当门窗锁止开关处在开锁状态时，电路控制回路如下：常时电源→60A 熔丝 B+3→I/P-C 的 1 端子→电动门窗继电器 30 脚→电动门窗继电器开关触点→电动门窗继电器 87 脚→25A 熔丝 P/WDW RH→I/P-A 的 1 端子→FD01 的 39 端子（如图 4-35 所示，断线连接符号 C）→电动门窗主开关插接器 D02 的 13 端子→电动门窗主开关的助手席开关上升触点→D02 的 14 端子→FD01 的 12 端子→FD02 的 12 端子→助手席电动门窗开关插接器 D12 的 8 端子→D12 的 3 端子→助手席门窗电机插头 D14 的 2 端子→助手席门窗电动机→D14 的 1 端子→D12 的 1 端子→D12 的 4 端子→FD02 的 11 端子→FD01 的 11 端子→D02 的 16 端子→电动门窗主开关的助手席开关右边的上升触点→门窗锁止开关开锁触点（如图 4-34 所示，断线连接符号 F）→D02 的 15 端子→UDA 连接点→FD01 的 2 端子→GF02 搭铁点搭铁。电动机正转，门窗玻璃上升。当操作助手席门窗下降时，电路回路正好相反，电动机反转，门窗玻璃下降。

（2）使用助手席门窗控制开关控制助手席门窗

如图 4-34 所示，当操作助手席门窗上升时，常时电源通过 60A 熔丝 B+3 向各门窗控制开关供电。当门窗锁止开关处在开锁状态时，电路控制回路如下：常时电源→60A 熔丝 B+3→I/P-C 的 1 端子→电动门窗继电器 30 脚→电动门窗继电器开关触点→电动门窗继电器 87 脚→25A 熔丝 P/WDW RH→I/P-A 的 1 端子→FD01 的 39 端子（如图 4-35 所示，断线连接符号 C）→助手席电动门窗开关插接器 D12 的 6 端子→助手席电动门窗开关上升触点→D12 的 3 端子→助手席门窗电机插头 D14 的 2 端子→助手席门窗电动机→D14 的 1 端子→D12 的 1 端子→D12 的 4 端子→FD02 的 11 端子→FD01 的 11 端子→D02 的 16 端子→电动门窗主开关的助手席开关右边的上升触点→门窗锁止开关开锁触点（如图 4-34 所示，断线连接符号 F）→D02 的 15 端子→UDA 连接点→FD01 的 2 端子→GF02 搭铁点搭铁。电动机正转，门窗玻璃上升。当操作助手席门窗下降时，电路回路正好相反，电动机反转，门窗玻璃下降。在按下门窗开关的同时，相应的门窗开关照明灯也会亮起。

五、智能钥匙系统电路图识读

索纳塔轿车智能钥匙系统电路图如图 4-41~图 4-43 所示。

智能钥匙系统由发射器、遥控中央锁控制模块、驾驶授权系统控制模块 3 个接收器及相关线束组成的控制系统组成。遥控器和发射器集成在车钥匙上，车辆可根据智能钥匙发来的信号，进入锁止或不锁止状态，甚至可自动关闭车窗和天窗。

智能钥匙系统部件图如图 4-44 所示。

课题四 典型汽车电路图识读

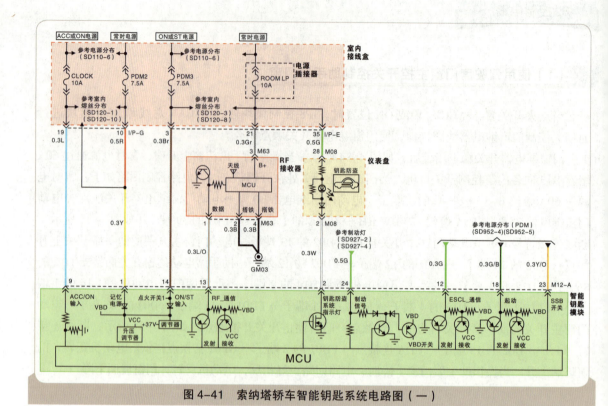

图 4-41　索纳塔轿车智能钥匙系统电路图（一）

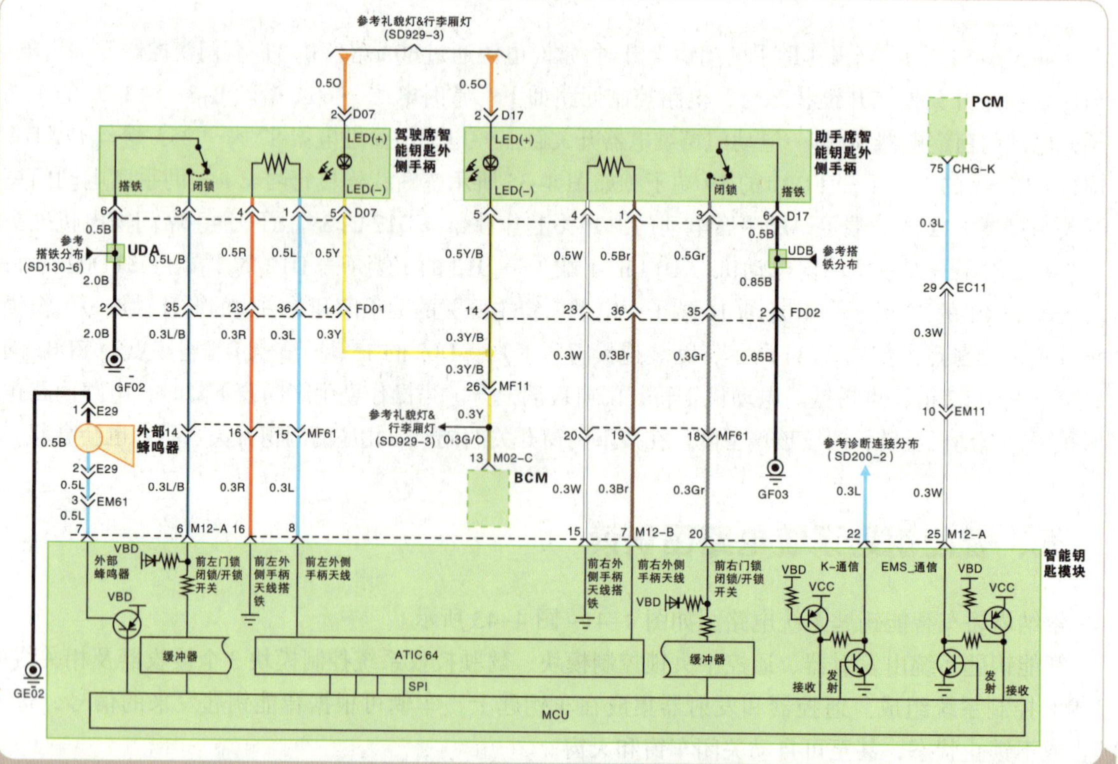

图 4-42　索纳塔轿车智能钥匙系统电路图（二）

任务二 现代汽车电路图识读

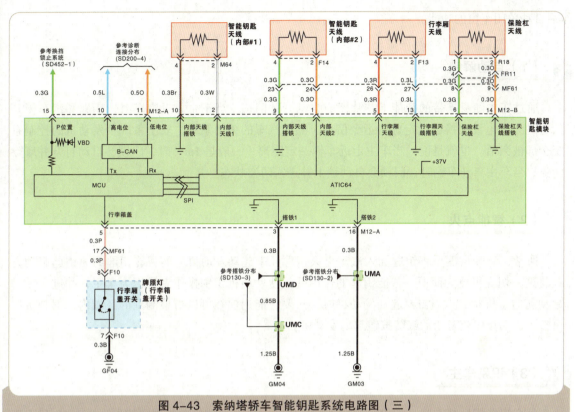

图 4-43 索纳塔轿车智能钥匙系统电路图（三）

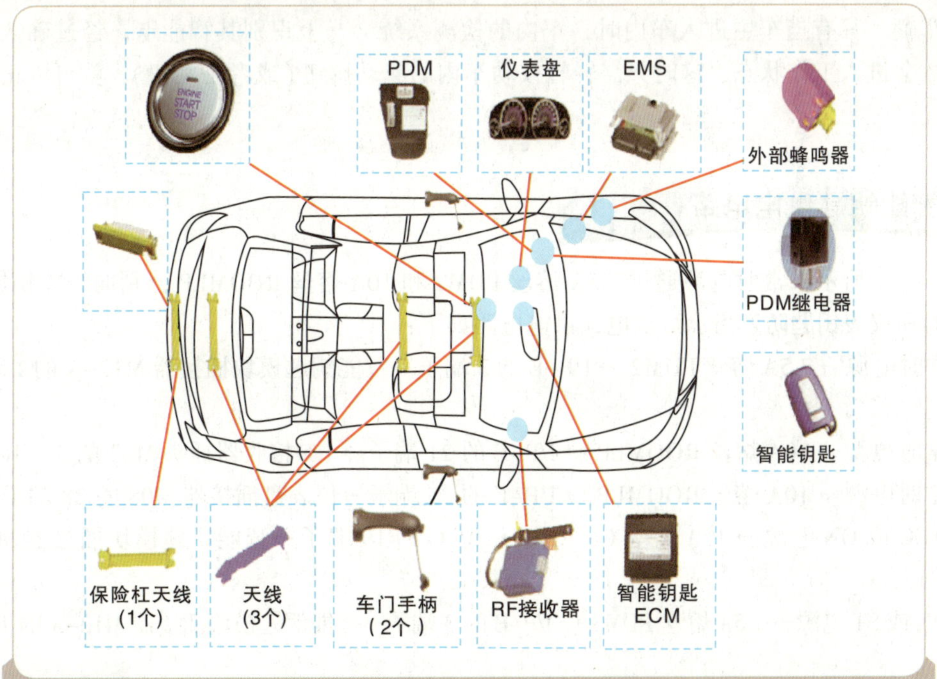

图 4-44 智能钥匙系统部件图

1. 智能钥匙系统集成三大功能

智能钥匙进入系统包含自动解锁、智能点火和识别车主 3 个基本功能。部分品牌车型还具备锁

181

车后自动关闭车窗的功能。

(1) 自动解锁

通过车主随身携带的智能卡芯片感应自动开关门锁。当车主靠近汽车时，钥匙和汽车便开始通过无线电波交换已设定好的指令信息。随即汽车的关闭系统、安全系统及发动机的控制系统全部被激活。也就是说，当车主走近车辆一定距离（一般是1m）时，门锁会自动打开并解除防盗；当车主离开车辆时，门锁会自动锁上并进入防盗状态。

(2) 智能点火

通常，驾驶员需要将钥匙插入汽车点火钥匙孔来起动发动机。而智能钥匙的无钥匙起动方式将这一切变得更为简便。智能钥匙的作用就是使发动机识别操作者是否为车主，并进入随时起动前的待机状态。当需要起动发动机时，只要智能钥匙在可以被检测到的区域内，驾驶员即可按下起动按钮或者扭动旋转按钮起动发动机。

(3) 识别车主

每个智能钥匙都有唯一的ID码与车辆ID码相对应。即使简单复制了钥匙，没有ID码也不能起动车辆。只有当车主进入车内时，车内的检测系统会马上识别其智能卡，经过确认后车内的电脑才会进入工作状态，这时只需轻轻按动车内的起动按钮(或者是旋钮)，就可以正常起动车辆了。

2. 智能钥匙供电电路

如图4-41所示，常时电源通过7.5A熔丝PDM2和10A熔丝ROOMLP分别向智能钥匙模块、RF接收器和仪表钥匙防盗指示灯供电，供电电路如下：

1）常时电源→7.5A熔丝PDM2→I/P-E的3端子→智能钥匙模块插接器M12-A的1端子（记忆电源）。

2）常时电源→10A熔丝ROOMLP→I/P-E的21端子→RF接收器插头M63的3—B+端子。

3）常时电源→10A熔丝ROOMLP→I/P-E的35端子→仪表盘插接器M08的28端子。

4）ACC或ON电源→10A熔丝CLOCK→I/P-G的19端子→智能钥匙模块插接器M12-A的9端子。

5）ON或ST电源→7.5A熔丝PDM3→I/P-E的3端子→智能钥匙模块插接器M12-A的14端子。

六、雨刮器与喷水电机电路图识读

下面以配备雨传感器的雨刮器与喷水电机电路为例进行讲解，电路图如图4-45所示。

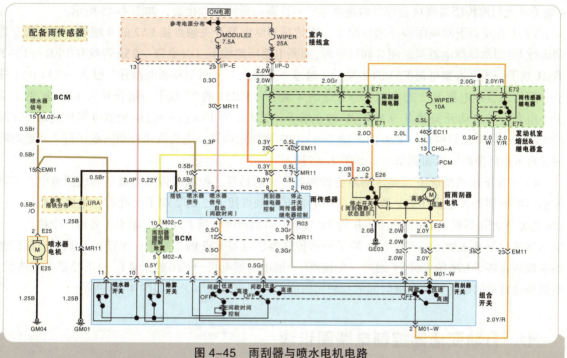

图 4-45　雨刮器与喷水电机电路

1. 雨刮低速运转

当点火开关置于 ON 位置时，在没有下雨的情况下，组合开关置于低速挡时，电路回路如下：ON 电源→7.5A 熔丝 MODULE→I/P-E 的 13 端子→组合开关 M01-W 的 10 端子→组合开关低速开关触点→M01-W 的 3 端子→EM11 的 33 端子→前雨刮器电机低速端子 E26 的 4 端子→前雨刮器电机→E26 的 5 端子→GE03 搭铁点搭铁，雨刮低速运转，如图 4-45 所示。

2. 雨刮高速运转

当点火开关置于 ON 位置时，在没有下雨的情况下，组合开关置于高速挡时，电路回路如下：ON 电源→7.5A 熔丝 MODULE→I/P-E 的 13 端子→组合开关 M01-W 的 10 端子→组合开关高速开关触点→M01-W 的 9 端子→EM11 的 32 端子→前雨刮器电机高速端子 E26 的 1 端子→前雨刮器电机→E26 的 5 端子→GE03 搭铁点搭铁，雨刮高速运转，如图 4-45 所示。

3. 雨刮自动运转

当点火开关置于 ON 位置时，组合开关置于自动挡时。

1）雨刮器继电器控制电路回路：ON 电源→25A 熔丝 WIPER→I/P-B 的 21 端子→雨刮器继电器 E51 的 5 端子→雨刮器继电器线圈→E51 的 3 端子→雨刮器传感器 R03 的 8 端子。当 R03 的 8 端子有接地信号时，雨刮器继电器线圈通电，雨刮继电器开关触点闭合，如图 4-45 所示。

2）ON 电源→7.5A 熔丝 MODULE→I/P-E 的 13 端子→组合开关 M01-W 的 10 端子→组合开关自动开关触点→M01-W 的 8 端子→M01-W 的 12 端子→M01-W 的 13 端子→雨传感器 R03 的

4端子。此时雨传感器模块会控制雨刮器继电器线圈间断闭合和接通，如图4-45所示。

3）（在没有下雨或雨很小的情况下，雨传感器继电器开关触点接E52的4端子，雨刮低速自动运行）当雨刮器继电器间断闭合和接通时，间断电路回路如下：ON电源→25A熔丝WIPER→I/P-B的21端子→雨刮器继电器E51的2端子（通过一个接点）→雨刮器继电器开关触点→E51的1端子→雨传感器继电器E52的1端子→E52的4端子→EM11的23端子→组合开关M01-W的2端子→组合开关自动开关触点→M01-W的3端子→EM11的33端子→前雨刮器电机低速端子E26的4端子→前雨刮器电机→E26的5端子→GE03搭铁点搭铁，电机低速自动间歇运行（间歇时间的长短可由间隙时间旋钮调节），如图4-45所示。

4）（在下雨的情况下，雨传感器会检测到下雨的信号，控制雨传感器继电器线圈通电，使雨传感器继电器开关触点闭合，雨传感器继电器开关触点接E52的2端子）此时，电路回路如下：ON电源→25A熔丝WIPER→I/P-B的21端子→雨刮器继电器E51的2端子（通过一个接点）→雨刮器继电器开关触点→E51的1端子→雨传感器继电器E52的1端子→E52的2端子→前雨刮器电机高速端子E26的1端子（通过一个接点）→前雨刮器电机→E26的5端子→GE03搭铁点搭铁，电机高速自动间歇运行（间歇时间的长短可由间隙时间旋钮调节），如图4-45所示。

七、自动变速器控制电路图识读

下面以现代索纳塔轿车自动变速器电路为例，讲解自动变速器电路的识读。第八代索纳塔轿车自动变速器是手自一体6速变速器，其控制电路如图4-46和图4-47所示。

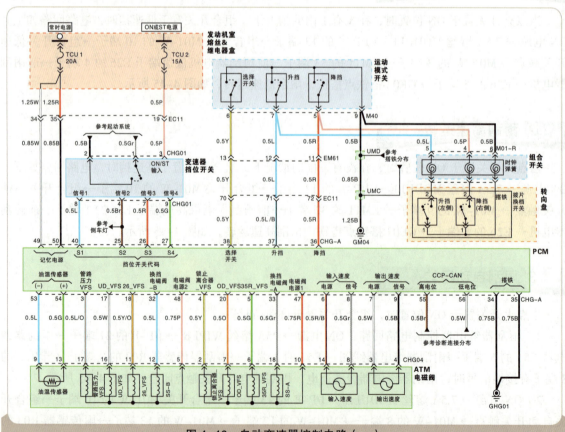

图4-46 自动变速器控制电路（一）

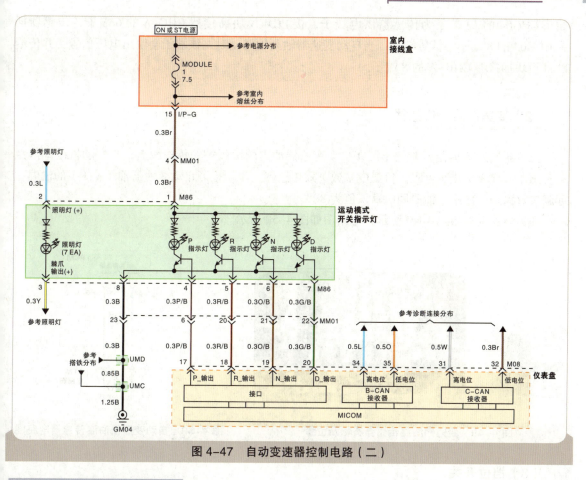

图 4-47 自动变速器控制电路（二）

1. 输入信号装置

索纳塔轿车自动变速器电子控制系统所用的传感器包括节气门位置传感器、车速传感器、发动机转速传感器、变速器转速传感器、变速器机油温度传感器。节气门位置传感器和发动机转速传感器属于发动机控制系统传感器。发动机控制系统和自动变速器控制单元通过数据总线相连，这样节气门位置传感器、发动机转速传感器信号通过发动机控制单元和数据总线输入自动变速器控制单元。

（1）输入、输出速度传感器

输入、输出速度传感器集成为一个模块，为霍尔效应式传感器，有2个端子［电源（9V）、信号］，安装在变速器内。

输入、输出速度传感器电路图如图4-48所示。

输出速度传感器插头CHG04的3端子为传感器供电端子，接PCM模块插接器CHG-A的7端子，传感器插头CHG04的4端子为信号端子，当自动变速器输出轴转动时，该端子会输出电压信号，并传给PCM模块插接器CHG-A的9端子。

输入速度传感器的工作原理与输出速度传感器相同，

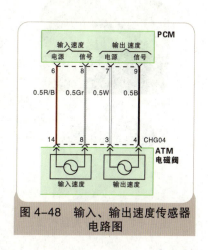

图 4-48 输入、输出速度传感器电路图

插头 CHG04 的 14 端子为传感器供电端子，接 PCM 模块插接器 CHG-A 的 6 端子，传感器插头 CHG04 的 8 端子为信号端子，当自动变速器输入轴转动时，该端子会输出电压信号，并传给 PCM 模块插接器 CHG-A 的 8 端子。

（2）变速器油温传感器

变速器油温传感器一般位于浸在自动变速器油内的滑阀箱的传输线上，与发动机冷却液温度传感器一样属于热敏电阻（负温度系数）式传感器，用于检测自动变速器油（ATF）的油温，起到失效保护的作用。油温固定默认值为 80℃。

其实物及位置如图 4-49 所示。电路图如图 4-50 所示。

图 4-49　变速器油温传感器实物及位置

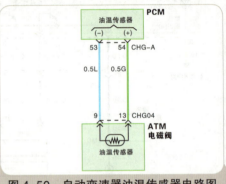

图 4-50　自动变速器油温传感器电路图

（3）挡位开关

挡位开关是一个由选挡操纵手柄控制的多位多功能开关。它安装在变速器手动阀摇臂轴上或变速杆下端。当变速杆处于 P、N 位时，该开关接通发动机起动控制电路，并提供变速杆（自动变速器操纵手柄）位置信号，以控制发动机起动和怠速工况，并且在相应的挡位上时，仪表内相应的挡位指示灯会点亮，方便驾驶员随时了解挡位情况，挡位开关结构图如图 4-51 所示。电路连接示意图如图 4-52 所示。

图 4-51　挡位开关结构图

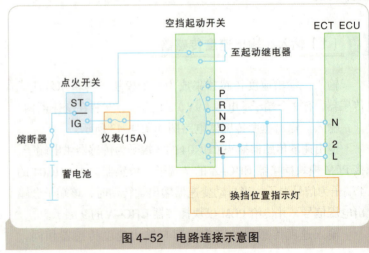

图 4-52　电路连接示意图

索纳塔轿车自动变速器挡位开关电路连接图如图4-53所示。

当驾驶员选择相应的挡位时，挡位开关向控制单元PCM发送相应的挡位信息。挡位开关插接器CHG01的8端子为P（驻车挡）位信号端子，接PCM模块CHG-A的40端子；CHG01的4端子为R（倒挡）位信号端子，接PCM模块CHG-A的25端子；CHG01的7端子为N（空挡）位信号端子，接PCM模块CHG-A的26端子；CHG01的9端子为D（前进挡）位信号端子，接PCM模块CHG-A的27端子；4个端子输出信号的组合，CHG01的3端子为12V电源端子。PCM通过数据总线传递信息，进而控制发动机的起动和怠速工况，并控制相应的挡位指示灯点亮。

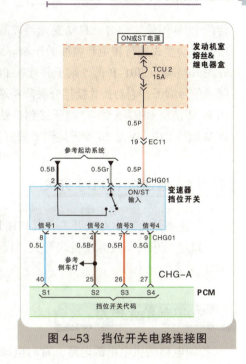

图4-53 挡位开关电路连接图

（4）运动模式开关和拨片换挡开关

配备手自一体的自动变速器的挡位开关上都有运动模式开关，可以在手动和自动之间切换。有些车型还在转向盘上装有换挡拨片开关，如图4-54所示。这样驾驶员可以双手不离开转向盘就可以轻松换挡，减少驾驶员在驾驶车辆时注意力的分散。当选择手动换挡运动模式时，驾驶员可以通过换挡手柄进行升降挡，也可以通过换挡拨片进行升降挡。

运动模式开关和拨片换挡开关电路如图4-55所示。

如图4-55所示，运动模式开关和拨片换挡开关并联连接，M40的6端子为选择开关信号端子，接PCM模块CHG-A的38端子，M40的9端子为模式开关和拨片换挡开关的搭铁端子。当选择开关闭合时，CHG-A的38端子有搭铁信号

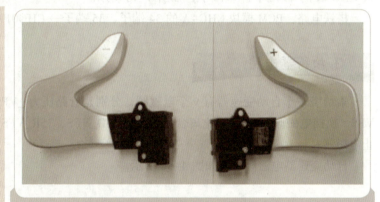

图4-54 索纳塔轿车换挡拨片开关

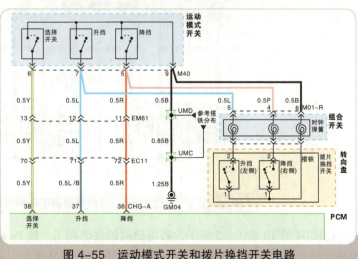

图4-55 运动模式开关和拨片换挡开关电路

传给 PCM 模块，此时，自动变速器控制单元和发动机控制单元判断此时变速器处于手动模式，按照手动模式进行转矩和喷油的控制。M40 的 7 端子为换挡手柄上升挡信号端子，它与拨片换挡开关升挡端子 M01-R 的 5 端子并连接 PCM 模块 CHG-A 的 37 端子；M40 的 5 端子为换挡手柄上降挡信号端子，它与拨片换挡开关降挡端子 M01-R 的 4 端子并连接 PCM 模块 CHG-A 的 36 端子。当 PCM 模块 CHG-A 的 37 端子接到搭铁信号时，控制自动变速器在原来基础上升一个挡位；当 PCM 模块 CHG-A 的 36 端子接到搭铁信号时，控制自动变速器在原来基础上降低一个挡位。

（5）超速挡（O/D）开关

超速挡开关又称 O/D 开关，其作用是控制自动变速器能否升到超速挡（即 O/D 挡）行驶。

超速挡开关一般为按钮式开关，设在选挡操纵手柄上，同时在组合仪表盘上设有相应的指示灯。

2. 控制单元电路

控制电路的供电电源电路：常时电源→TCU1 20A 熔丝→EC11 的 34 端子、35 端子→PCM 模块 CHG-A 的 49 端子、50 端子，如图 4-46 所示。

搭铁电路：PCM 模块 CHG-A 的 34 端子、35 端子→CHG01 搭铁，如图 4-46 所示。

3. 执行器电路

索纳塔轿车自动变速器有 9 个电磁阀，分别是管路压力_VFS、（减速离合器）UD_VFS、26_VFS、换挡电磁阀 SS_B、锁止离合器_VFS、OD_VFS、35R_VFS、换挡电磁阀 SS_A 和一个换挡锁止电磁阀。

自动变速器电磁阀电路如图 4-56 所示。

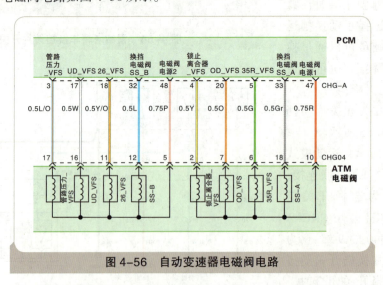

图 4-56 自动变速器电磁阀电路

CHG04 的 10 端子、5 端子为各电磁阀的供电端子，接 PCM 模块 CHG-A 的 47 端子和 48 端子。电磁阀的另一个接线端子都接 PCM 控制模块，由 PCM 控制它们的搭铁端，为搭铁控制电路。

各电磁阀的安装位置如图 4-57 所示。
35R_VFS 如图 4-58 所示。

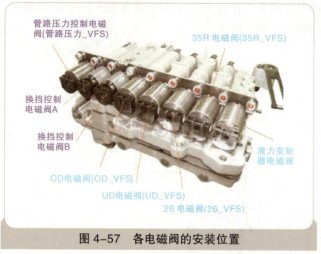

图 4-57　各电磁阀的安装位置

图 4-58　35R_VFS

OD_VFS 如图 4-59 所示。
UD_VFS 如图 4-60 所示。

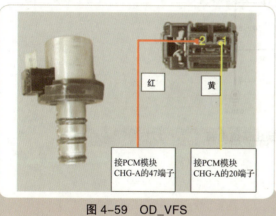

图 4-59　OD_VFS

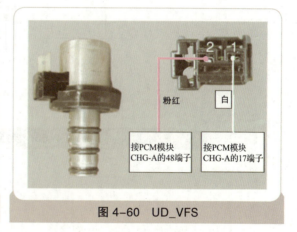

图 4-60　UD_VFS

26_VFS 如图 4-61 所示。
锁止离合器 _VFS 如图 4-62 所示。

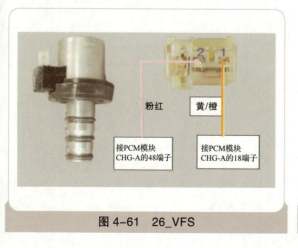

图 4-61　26_VFS

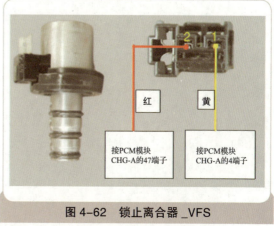

图 4-62　锁止离合器 _VFS

课题四 典型汽车电路图识读

换挡电磁阀属于自动变速器换挡锁止系统，其电路图如图 4-63 所示。

当变速杆处在挡位开关的 P 挡位时，变速杆被锁死，不能移动到其他挡位，只有在踩下制动踏板或按下锁止按钮时才能移动变速杆。换挡电磁阀的工作与否受 BCM 模块控制。如图 4-63 所示。换挡锁止电磁阀 M40 的 10 端子接 BCM 模块 M02-C 的 7 端子。

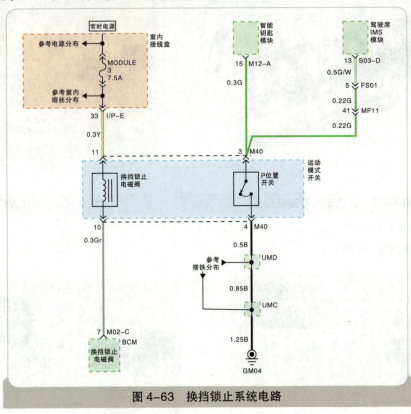

图 4-63 换挡锁止系统电路

任务三 大众汽车电路图识读

一、大众汽车电路图的特点

1. 所有电路纵向排列,垂直布置

就某一条线路而言,从头至尾不超过所在篇幅的3/4(纵向),相同系统的电路归纳在一起。基本电路从左至右按电源、起动机、点火系统、组合仪表、照明系统、信号与报警装置电路、雨刮和洗涤装置电路、电动后视镜控制电路、中控门锁、空调电路、双音喇叭控制电路的顺序进行编排。

2. 采用断线代号法解决电路交叉问题

因有些电器的线路较复杂,大众汽车公司采用断线代号法来处理线路复杂交错的问题。例如,某一条线路的上半段在电路号码为10的位置上,下半段在电路号码为25的位置上。在上半段电路的中止处画一个标有25的小方格,即可说明下半段电路就在电路号码为25的位置上;在下半段电路开始处也有一个小方格,里面标有10,说明上半段电路应在电路号码为10的位置上。通过10和25,上、下半段电路就连在一起了。使用这种方法,读再复杂的电路图,也看不到一根横线,线路清晰、简洁,大大缩短了读图时间。

3. 全车电路图分为三部分

最上面部分为中央配电盒电路,其中标明了熔丝的位置及容量、继电器位置编号及接线端子号等。中间部分是车上的电器元件及连线。最下面的横线是搭铁线,上面标有电路编号和搭铁点位置;最下面搭铁线的标号实际上是不存在的,它是为了方便标明在一页画不完的连线的另一端在何处而人为编制的。

4. 电源线与继电器

灰色区域内部水平线为接电源正极的导线,有30、15、50、X等。电路中经常通电的线路的

代号是 30，接地线的代号是 31，受控制的大容量用电设备的电源线代号是 X，受控制的小容量用电设备的电源线代号是 15。

在继电器中，85 脚用于接地线，86 脚来自条件电源（如 15 号线或 X 线），30 脚经常通电，87 脚用于被控制件。当条件电源通电后，85、86 号线导通，产生磁性，吸引 30 号与 87 号线路之间的触点闭合，使用电器通电。

汽车的整个电气系统以中央配电盒（又称熔丝-继电器插座板）为中心进行控制，大部分继电器和熔丝安装在中央配电盒的正面。接插器和插座安装在中央配电盒的背面。电路图上标有 4/85、3/30、2/87 和 1/86，其中分子数 4、3、2 和 1 是指中央电器装置第 4 号位置上的插孔，分母数 85、30、87 和 86 是指继电器上的 4 个插脚，分子和分母是相对应的。

二、大众汽车电路图符号

1. 大众汽车电路符号说明

大众汽车电路符号说明表如表 4-7 所示。

表 4-7 大众汽车电路符号说明表

名称	符号与实物	名称	符号与实物
带电压调节器的交流发电机		热敏开关	
起动机		熔丝	
继电器		发光二极管	
感应式传感器		电阻	
压力开关		收放机	
电热丝		蓄电池	
电动机		点火线圈	

续表

名称	符号与实物	名称	符号与实物
电磁阀		接线插座	
电子控制器		灯泡	
爆燃传感器		多功能显示器	
显示仪表		数字式时钟	
可变电阻		后风窗除霜器	
扬声器		双丝灯泡	
火花塞和火花塞插头		电磁离合器	
插头连接		多挡手动开关	
元件上多针插头连接	捷达ATK发动机控制单元插脚	机械开关	
氧传感器		手动开关	
喇叭		按键开关	

2. 大众汽车电路接线代码说明

大众汽车电路接线代码说明表如表 4-8 所示。

表 4-8 大众汽车电路接线代码说明表

端子	说明	端子	说明
1	点火线圈负极端（转速信号）	85	交流发电机励磁端
4	点火线圈中央高压线输出端	86	继电器电磁线圈供电端
15	点火开关在 ON、START 时的有电的接线端	87	继电器触点输入端
30	接蓄电池正极的接线端，还用 31a、31b、31c、……表示	87a	当继电器线圈没有电流时，继电器触点输出端
31	接地端，接蓄电池负极	87b	当继电器线圈有电流时，继电器触点输出端
49	转向信号输入端	88	继电器触点输入端
49a	转向信号输出端	88a	继电器触点输出端
50	起动机控制端，当点火开关在 ST 位置时有电	B+	交流发电机输出端，接蓄电池正极
53	雨刮器电动机接电源正极端	B−	接地，接蓄电池负极
53a−e	其他雨刮器电动机接线端	D+	发电机正极输出端
54	制动灯电源端	D	同 D+
56	前照灯变光开关正极端	D−	接地，接蓄电池负极
56a	远光灯接线端	DF/XC	交流发电机电磁电路的控制端
56b	近光灯接线端	DYN	同 D+
58	停车灯正极端	E/F	同 DF
61	发电机接充电指示灯端	IND	指示灯
67	交流发电机励磁端	+	辅助的正极输出

3. 大众汽车电路图识图说明

大众汽车电路图识图说明如表 4-9 所示。

表 4-9 大众汽车电路图识图说明

代号	接线说明	代号	接线说明
①	接地点，在发动机控制单元旁的车身上	N31	第二缸喷嘴
A2	正极接线，在发动机线束内	N32	第三缸喷嘴
T8a	发动机线束与发动机右线束插头连接，8 针，在发动机中间支架上	N33	第四缸喷嘴
C2	在发动机右线束内	T80	发动机线束，发动机右线束与发动机控制单元插头连接，80 针，在发动机控制单元上
S123	喷嘴、空气流量计、AKF 阀、氧传感器加热元件熔丝	J220	发动机控制单元
N30	第一缸喷嘴	S5	燃油泵熔丝

4. 大众汽车电路导线颜色标码说明

大众汽车电路导线颜色标码说明如表 4-10 所示。

表 4-10 大众汽车电路导线颜色标码说明

导线颜色	英文简写	颜色	导线颜色	英文简写	颜色	导线颜色	英文简写	颜色
黑色	sw		黄色	ge		紫色	li	
棕色	br		绿色	gn		灰色	gr	
红色	ro		蓝色	bl		白色	ws	

三、大众汽车电路图识读方法

大众汽车电路图识读示例详见图 4-64。

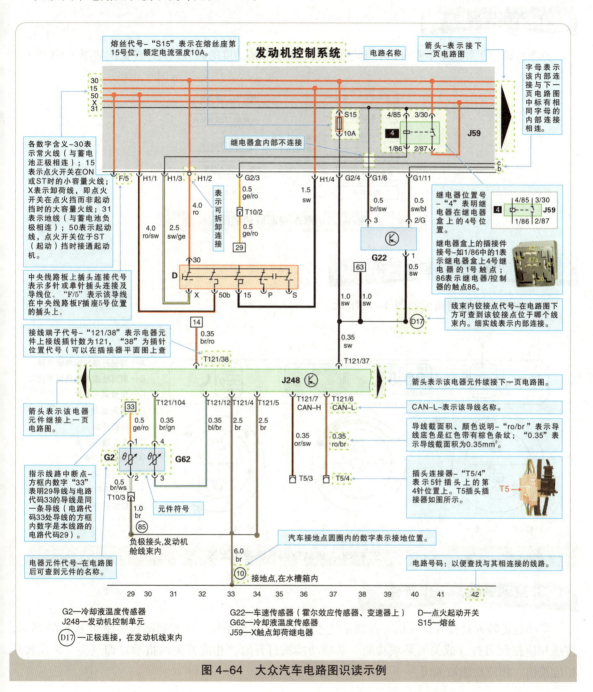

图 4-64 大众汽车电路图识读示例

四、空调系统电路图识读

1. 汽车空调

汽车空调用于对汽车车厢内的空气进行温度、湿度和清洁度的调节,其原理框图如图 4-65 所示。

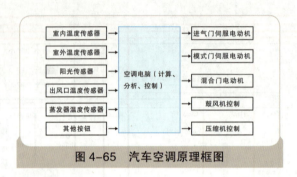

图 4-65 汽车空调原理框图

2. 自动空调系统控制面板

自动空调系统控制面板如图 4-66 所示。

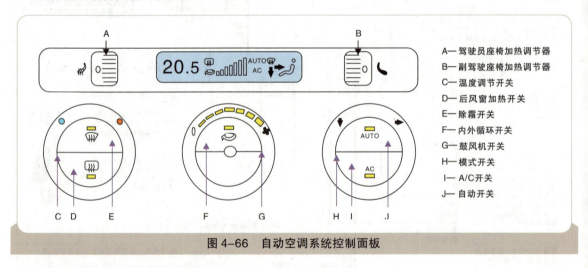

图 4-66 自动空调系统控制面板

3. 空调系统的工作条件

发动机运转并且打开鼓风机时空调系统才能工作。空调系统工作控制面板实物如图 4-67 所示。按压相应按钮可打开或关闭某项功能。某项功能被打开时,相应开关的指示灯即点亮,再次按压相应按钮,相应功能被关闭。

显示屏:显示车内温度显示值、空气内循环模式指示符号、气流分配模式指示符号(自动调节出风模式、脚部空间出风模式、乘员上身出风模式、乘员上身和脚部空间出风模式)。

控制按钮:

1)风窗除霜/除雾开关:该按钮用于开启前风窗除霜/除雾功能。开启该功能后,自车外

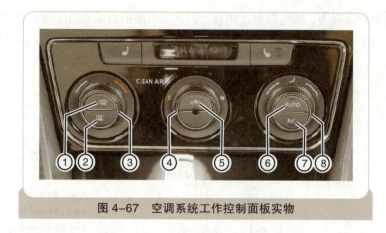

图 4-67 空调系统工作控制面板实物

吸入的空气直接吹向前风窗。一旦开启前风窗除霜/除雾功能，处于打开状态的空气内循环模式立即被关闭，温度高于 3℃ 时空调系统自动起动并且鼓风机转速提高 1 挡，迅速吹车中空气。

2）后风窗加热开关：发动机运转时按压该按钮，后风窗加热功能起作用，约工作 10min 后，加热器自动关闭。如加热期间再按次该按钮，可提前关闭后风窗加热功能。

3）温度调节旋钮。

4）鼓风机转速调节旋钮。

5）空气内循环模式按钮。

6）AUTO（自动运转式）按钮：该按钮用于系统自动调节车内温度、鼓风机转速及空气分配。

7）AC 按钮：该按钮用于打开制冷系统。打开制冷系统后，按钮对应指示灯随即点亮。

8）空调分配模式选择旋钮：默认状态下，系统根据外界条件（如温度、日照等）自动调出风方向。左旋旋钮变为脚部空间出风模式，右旋旋钮变为乘员上身出风模式，左旋或右旋两次旋钮变为乘员上身和脚部空间出风模式。

卸荷继电器

J59 为卸荷继电器，其控制电路为点火开关 75 → J59 3 脚 → J59 线圈 → J59 4 脚 → 接地。（即点火开关处于 ON 位置时卸荷继电器线圈工作）线圈通电产生吸力，J59 触点闭合，此 J59 的主电路为蓄电池 → SA4 40A → J59 1 脚 → J59 触点 → J59 2 脚 → 地址码 26。

备注：因为在起动时起动机需要很大的电流，所以需要卸荷继电器去控制一部分用电设备在起动时不工作。

地址码 33、37 为其他电路在此处接地如图 4-68~图 4-70 所示。

J317 为主继电器，其控制电路：地址码 21 为来自蓄电池正极 -SC3、110A-J317、4 脚 - 继电器线圈 -J317，3 脚 - 发动机电脑 J220、T80/9（由发动机电脑控制接地）主继电器线圈工作，触点闭合，主电路电流方向：蓄电池正极 -SC3、110A-J317、1 脚 - 继电器触点 -J317、2 脚分·SC27 10A- 为空调继电器 J32 的 2 脚 30 端子供电·SC21 5A- 为空调继电器 J32 的 4 脚 8 端子供电。

空调继电器 J32 的控制电路电流：J324 脚，86 端子为来自主继电器的电源 -J32 线圈 -J326 脚 85 端子 -J220，T80/58（由发动机电脑控制接地，当发动机电脑接收到传感器和开关的信号后，控制 58 脚接地）线圈产生吸力，继电器触点闭合，因此主电路电流从来自主继电器的电源 –J322 脚 – 继电器触点 –J328 脚 – 空调电磁离合器 N25– 接地（空调电磁离合器工作），如图 4-71 所示。

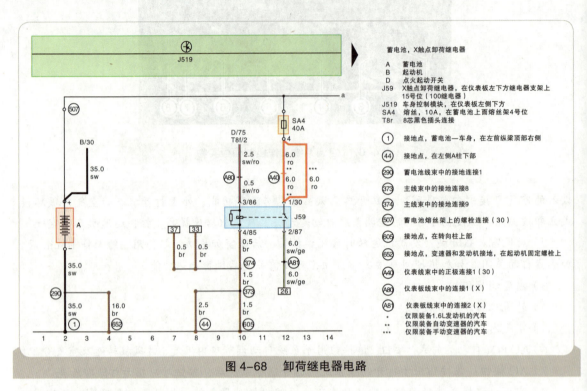

图 4-68　卸荷继电器电路

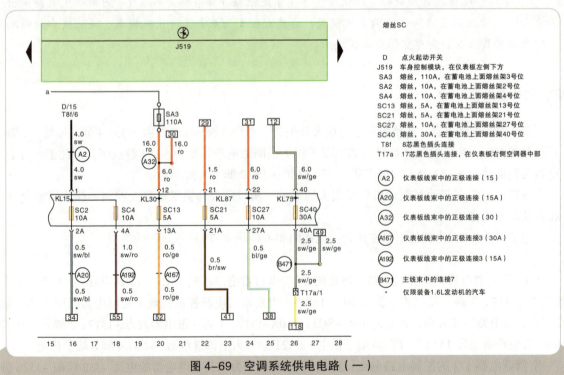

图 4-69　空调系统供电电路（一）

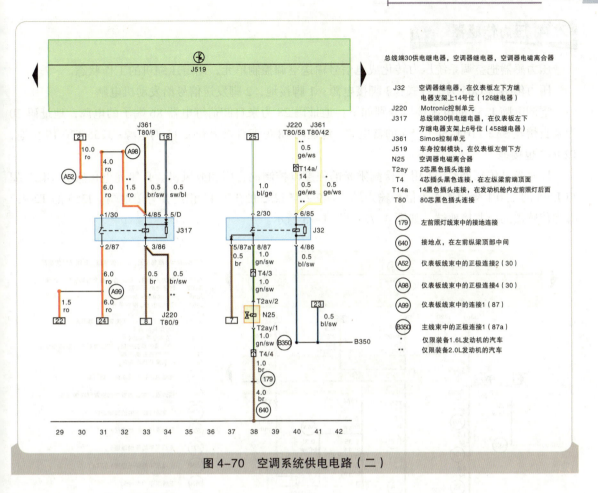

图 4-70 空调系统供电电路（二）

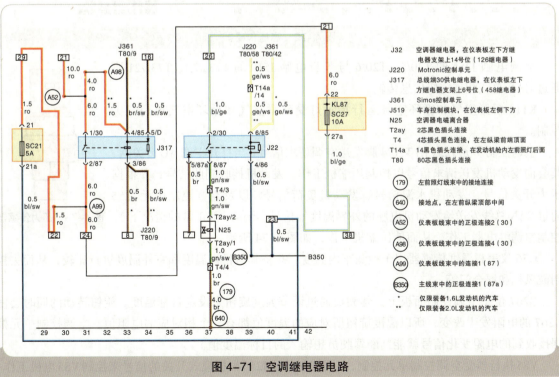

图 4-71 空调继电器电路

4. 压力传感器

压力感器把空调系统压力转化成电信号输送空调控制单元，确定压缩机的工作状态。

压力传感器 G65 为三线式：3 脚接电源；1 脚接地，2 脚发送信号给发动机电脑。

空调电脑 J255 的电源接地分别如下：地址码 28 为来自卸荷继电器 86 端子的电源，地址码 20 为来自熔丝 SA3 110A-SC13 5A 的常电源，地址码 18 为来自点火开关 15 的电源。J255 T20/19 接地，T20/17 也接地。

日照光电传感器 G107 用于检测阳光的强度以控制混合门和鼓风机。日照光电传感器 T4g/3 与 J255 的 T20/1 脚相连作为信号输入端，T49/2 与 J255 的 T20/17 相连，为接地端，J255 的 T20/17 脚为传感器的公共接地端，如图 4-72 和图 4-73 所示。

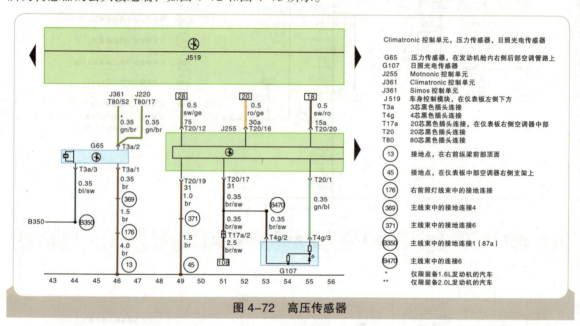

图 4-72 高压传感器

空调电脑 J255 的 T20/5、T20/6 与车身电脑 J519 的 T73a/20、T73a/21 脚通过 CAN 总线相连完成信息传输。

K114 新鲜空气和循环空气运行指示灯受新鲜空气和循环空气风门开关控制。

空调控制单元 J255 的 T20/4 脚发送空调请求信号。当打开空调 AC 开关后，其会向发动机发送请求信号以控制压缩机工作，发动机接收到此信号，并根据压力开关信号、发动机水温信号、发动机负荷信号，以及空调控制单元 J255 通过 CAN 总线发送给发动机电脑的外界温度等信号（当信号都正常的情况下）控制空调继电器工作，从而使压缩机工作，如图 4-74 所示。

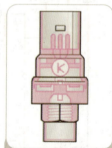

图 4-73 压力传感器

G56 仪表板温度传感器用于检测车内温度，并将其与目标温度和室外温度进行比较，从而去控制鼓风机和混合门等。

G267 位于空调控制面板上，驾驶员通过调节温度旋钮来设定目标温度。旋钮转动的同时会使 G267 的电阻发生改变，所以温度旋钮所对应的温度值都有一个相对应的电阻值，空调控制单元根据接收到的电阻变化信号就能判断驾驶员想输入的目标温度值。

V85 执行器受空调控制单元控制，空调控制单元 J255 根据模式开关的信号来控制 V85 电机工作，通过电机转动，从而改变风门的位置。

G114 和 V85 为一体，电机转动会带动 G114 电位计的改变，从而确定风门的实际位置，并将此信号反馈给空调控制单元 J255。

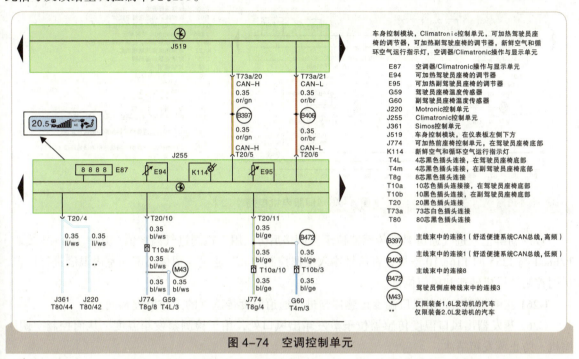

图 4-74　空调控制单元

V70 电机的 T6m/5 与 J255 的 T16f/6 连接，T6m/6 与 J255 的 T16f/5 连接，G112 的 T6m/1 为 J255 提供 5V 电源，T6m/3 接地，T6m/2 将信号输入给 J255 的 T16e/5，如图 4-75 所示。

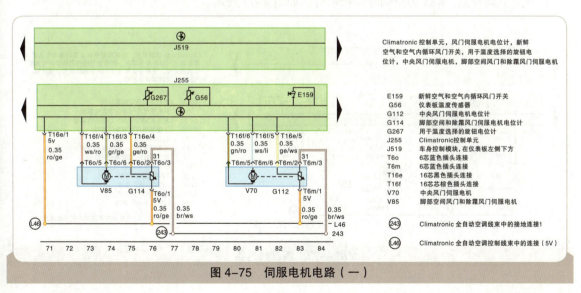

图 4-75　伺服电机电路（一）

L75 接数字式显示器照明灯，L76 接按钮照明灯。当打开小灯开关时，车身电脑将此信号传送给空调控制单元 J255，J255 接收到此信号后去控制 L75、L76 点亮。

E50 为除霜运行开关，按下此开关，可调节风门电机将风吹到前风窗玻璃上以完成除霜，同时可加热风窗玻璃指示灯，K122 会点亮，如图 4-76 所示。

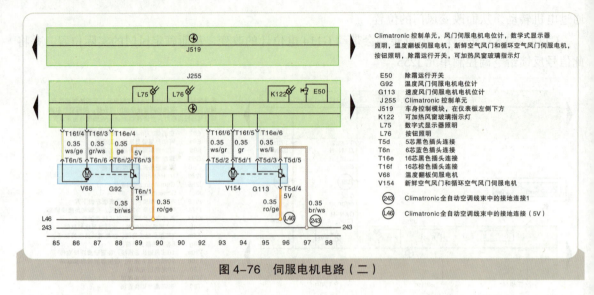

图 4-76　伺服电机电路（二）

G89 新鲜空气进气通道温度传感器位于空调格后方,用于检测进气温度值,其中 T2bm/2 接地,T2bm/1 与 J255 的 T16e/10 连接,将信号输入空调控制单元。通过与图标温度和室内温度进行比较,从而控制鼓风机转速和风门位置。

G261 左侧脚部空间出风口温度传感器与进气通道温度传感器的工作原理相同。

G263 蒸发器出风口温度传感器位于蒸发箱出风口处,用于检测蒸发箱温度,从而控制空调压缩机,防止蒸发箱结冰。

E230 为可加热后风窗玻璃按钮,按下开关给 J255 一个信号,J255 控制可加热后风窗玻璃指示灯 K10 点亮,同时将信号通过 CAN 线传输给车身电脑 J519。J519 再给后风窗玻璃加热电阻供电。

E30 为空调开关,K84 为空调开关指示灯,如图 4-77 所示。

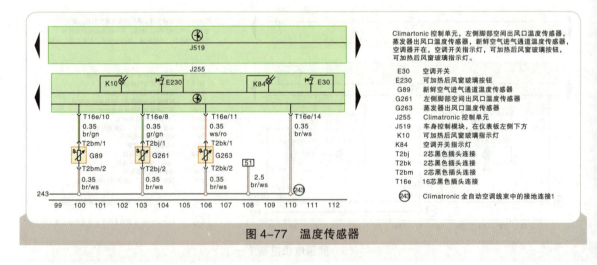

图 4-77　温度传感器

车外温度传感器 G17 用于检测室外温度,一般位于保险杠内,也是一个负温度系数的热敏电阻,即温度越高,其电阻值越低,温度越低,其电阻值越高。其 T2g/2 与仪表控制单元 J285 的 T32/9 相连接,输入信号给仪表电脑;其 T2g/1 为接地端。该传感器信号传送给仪表电脑,仪表电脑显示屏显示室外温度值,同时该信号还可通过 CAN 线传送给车身电脑,再传送给空调电脑 J255。空调进气温度传感器损坏后，相应信号可以用此传感器信号代替。

地址码27为来自卸荷继电器的86端子的电源，为鼓风机电机供电，也给J255的T16f/14供电。

新鲜空气鼓风机控制单元J126为三脚式。其中，T3p/1接J255的T16f/16，为控制线；T3p/1接地；T3p/2与新鲜空气鼓风机V2的T2bl/2相连。新鲜空气鼓风机指示灯K8开关受E9控制，如图4-78所示。

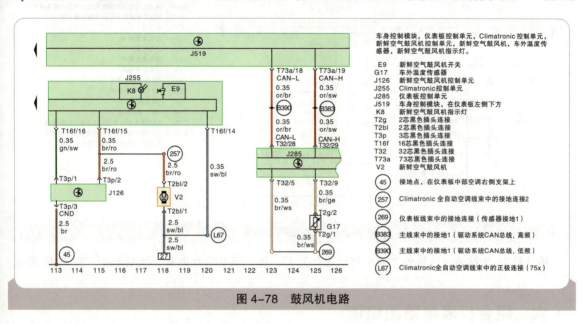

图4-78 鼓风机电路

五、音响系统电路图识读

R/J503，T16a/15，T16a/16为30常电 T16a/12为接地，如图4-79和图4-80所示。

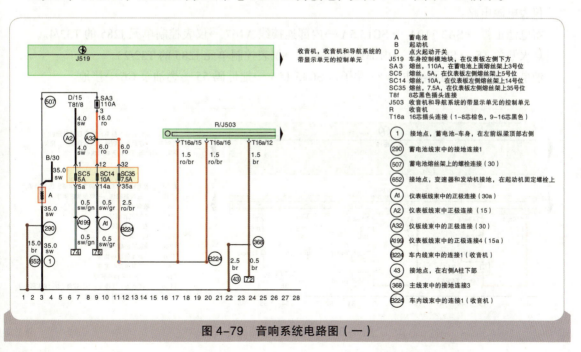

图4-79 音响系统电路图（一）

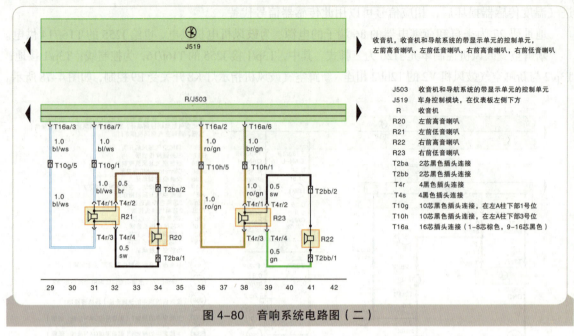

图 4-80 音响系统电路图（二）

地址码 25 为接地，地址码 7 为来自点火开关 15，地址码 9 为常电源，如图 4-81~ 图 4-83 所示。

六、组合仪表电路图识读

1. 仪表电源电路

仪表电源电路：

蓄电池正极 → SA3 110A → SC13 5A → 内部连接线 A167 → 仪表控制单元 J285 的 T32/4。

点火开关 15 → SC2 10A → 内部连接线 A20 → 仪表控制单元 J285 的 T32/23。

油泵电路：来自油泵继电器 87 端子 → SC45 15A → 地址码 55 → 燃油泵 G6 → 接地。

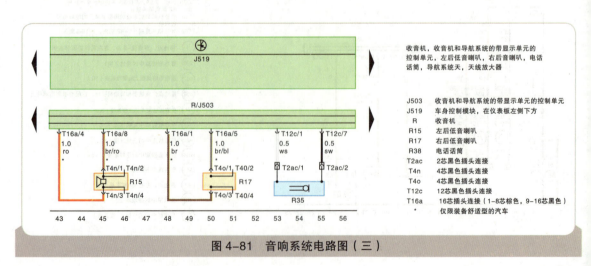

图 4-81 音响系统电路图（三）

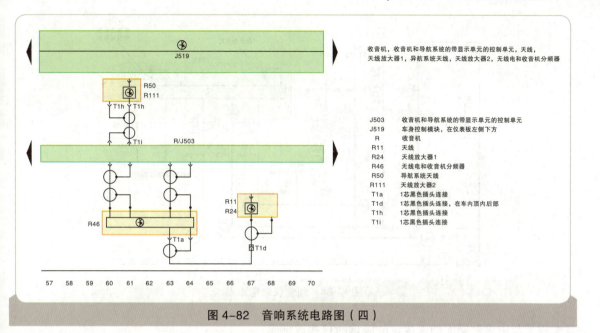

图 4-82 音响系统电路图（四）

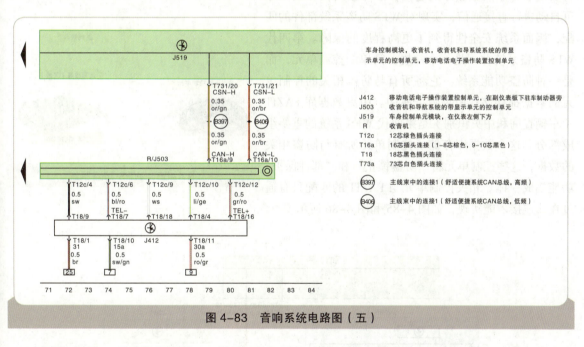

图 4-83 音响系统电路图（五）

远光灯电路：手动变光开关 E4（即超车灯开关，扳动开关，车灯开关的电源经过手动变光开关触点到手动变光开关 T12/12 脚）→ SC18 15A → 内部连接线 A95，分 3 路：

第一路：左侧远光灯泡 M30；
第二路：右侧远光灯泡 M31；
第三路：仪表控制单元 J285 的 T32/25（去控制仪表远光指示灯 K1 点亮），如图 4-84 所示。

2. WFS 防盗系统

大众新宝来轿车采用了最新的 WFS 防盗系统，其故障诊断仪不但实现了远距离诊断功能，而

课题四 典型汽车电路图识读

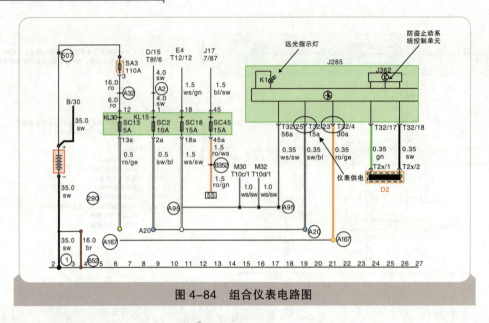

图 4-84 组合仪表电路图

且实现了与中央数据库的连接，故障诊断仪和数据库可自动进行直接通信，实现对 WFS 防盗系统部件的匹配，因而系统安全性得到了更高程度的保障。第四代 WFS 防盗系统并不是一个常规、简单的控制单元，而是一种防盗功能系统。它将所有与防盗相关的控制单元的数据都存储在中央数据库中。中央数据库 FAZIT（车辆查询和中央识别）是第四代 WFS 系统的重要组成部分。这个数据库存储了控制单元所有与防盗相关的数据，这些控制单元将"防盗锁止"和"部件保护"功能集成一体。相关控制单元与 FAZIT 的匹配只有通过在线连接才能实现，如图 4-85 和图 4-86 所示。

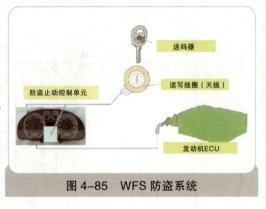

图 4-85 WFS 防盗系统

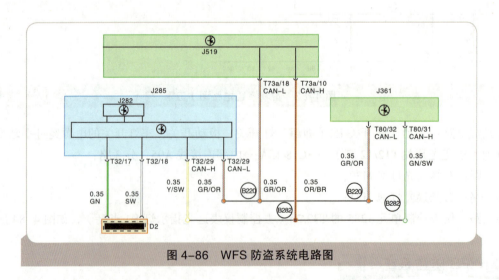

图 4-86 WFS 防盗系统电路图

七、车身左右转向指示灯电路图识读

左右转向指示灯控制原理

K65、K94分别为左侧、右侧转向指示灯，车身电脑J519接收到转向灯开关或者危险警告灯或防盗遥控的开关信号后通过CAN线传输信号到仪表电脑，仪表电脑再去控制指示灯点亮。仪表插头插脚T32/6为仪表接地端。

T32/12为手制动信号输入端，用于控制驻车制动指示灯。当拉起驻车制动器手柄时，驻车制动灯点亮；放下时驻车制动指示灯熄灭。

E38在雨刮拨杆上，通过调节调节器开关改变电阻值发送信号到车身电脑J519，J519控制雨刮器电机的间歇时间长短；E92、E86开关也在雨刮拨杆上，可以调节仪表盘液晶显示器的显示模式，切换瞬时油耗、平均油耗等显示界面，如图4-87和图4-88所示。

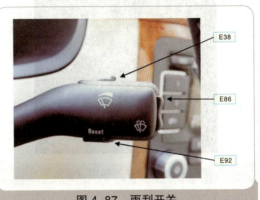

图 4-87　雨刮开关

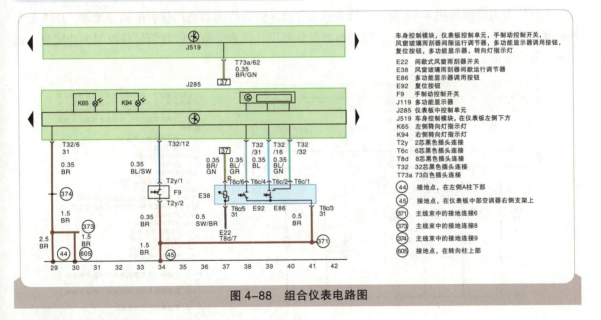

图 4-88　组合仪表电路图

1. 组合仪表多功能显示器

组合仪表多功能显示器如图4-89所示。其主要功能如下。
- 数字式速度显示。
- 多功能显示，包括瞬时油耗、平均油耗、平均车速、行驶时间、行驶里程、时钟、外界温度、冷却液温度、续航里程等。

课题四 典型汽车电路图识读

- 保养提示功能。
- 数学式油表，显示更直观、更准确。

2. 多功能显示区域

多功能显示区域如图 4-90 所示。

图 4-89 组合仪表多功能显示器

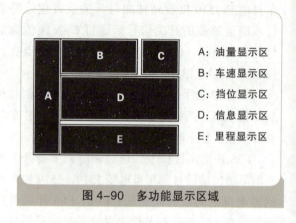

图 4-90 多功能显示区域

A：油量显示区
B：车速显示区
C：挡位显示区
D：信息显示区
E：里程显示区

3. 仪表电路

组合仪表电路图如图 4-91 所示。仪表插头 T32/5 脚为传感器通用仪表电脑接地端；G17 是车外温度传感器（如图 4-92 所示），用于检测车外温度，仪表电脑接收此信号并控制多功能显示器显示车外温度值。

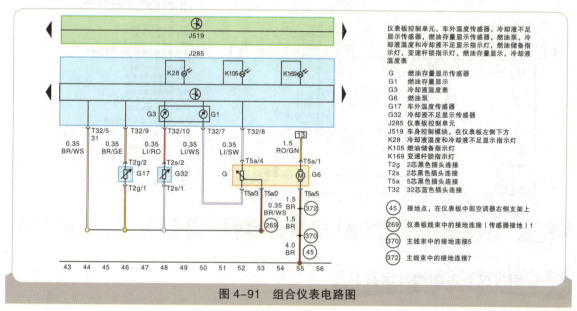

图 4-91 组合仪表电路图

G32 为冷却液不足显示传感器，用于检测冷却液是否足够，当冷却液不足时，冷却液温度和冷却液不足显示指示灯 K28 点亮。冷却液温度表 G3 受发动机冷却液温度传感器 G52 控制，G52 将信号传给发动机电脑，发动机电脑通过 CAN 到仪表电脑控制 G3，当冷却液温度过高时，K28 指示灯也会点亮。如图 4-92 所示。

　　燃油存量显示传感器 G 用于检测燃油箱油量，从而控制燃油存量显示 G1；当油量不足时，提醒驾驶员尽快加油，提醒方式包括通过显示器提示和发出报警声。

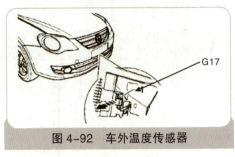

图 4-92　车外温度传感器

4. 多功能油量指示

多功能油量指示示意图如图 4-93 所示。

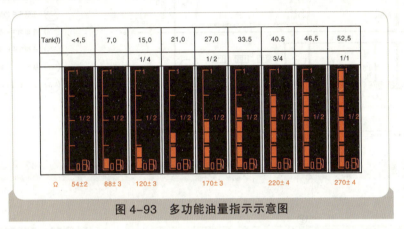

图 4-93　多功能油量指示示意图

八、车内照明电路图识读

　　车内照明电路图如图 4-94 所示。当处于开关关闭挡时，来自 A164 的电源经过 W13、W19、W43 到阅读灯开关第一挡，因为没有接地，所以各灯均不工作。当开关处于中间挡时，来自 A164 的电源经过 W13、W19、W43 到阅读灯开关第二挡。J519 根据门边开关的状态控制 T73/4 接地。如果门边开关处于打开状态，阅读灯和后部室内照明灯点亮；如果门边开关处于关闭状态，阅读灯和后部室内照明灯不亮。当开关处于打开挡时，阅读灯和后部室内照明灯常亮，而后部室内照明灯可以通过打开其开关第二挡，A164 → T39/2 → w3 → 开关 → T39/3 → 接地（后部室内照明灯点亮）。

九、行李厢照明电路图识读

　　行李厢照明电路受行李厢照明开关控制。当当行李厢打开时，行李厢照明开关关闭，电路为来自 A164 的电源 → W3 → F5 → 接地。另外，行李厢开关状态也反映行李厢状态。行李厢打开就会给 J519 T73/30 接地信号。J519 就认为行李厢未关，然后去点亮仪表上的车门未关指示灯。

　　V53 受 J519 控制。当使用遥控器打开行李厢时，J519 就控制电动机工作。

　　F10、F11 相当于检测车门状态的传感器，用于将车门开关的两种状态信号发送给 J519 以控制室内照明灯和车门未关指示灯；当车辆处于防盗状态时，用以监测车门是否被非法撬动并报警，如图 4-95 所示。

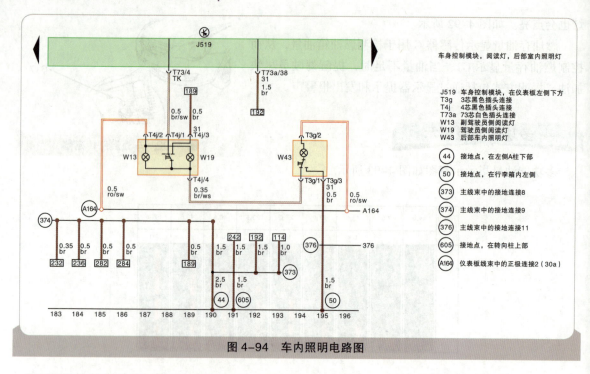

图 4-94　车内照明电路图

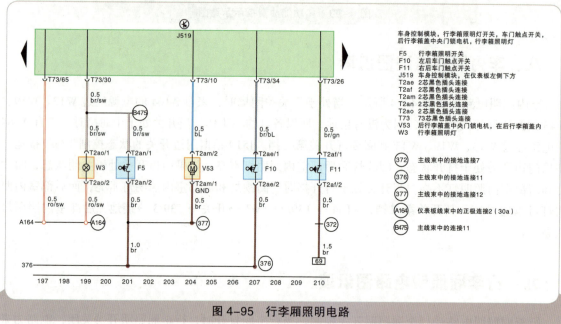

图 4-95　行李厢照明电路

十、雨刮器电路图识读

雨刮器工作电路（如图 4-96 所示）如下。

高速挡：蓄电池+→30线→D（30-15）→SC6 10A→地址码298→15号正电→E22（T8d/8-T8d/6）→J519（T73a/53-T73/71）→V（T4e/1-T4e/4）→接地。

低速挡：蓄电池-→30线→D（30-15）→SC6 10A→地址码298→15号正电→E22（T8d/3-T8d/1）→J519（T73a/27-T73/69）→V（T4e/2-T4e/4）→接地。

间隙挡：蓄电池-→30线→D（30-15）→SC6 10A→地址码298→15号正电→E22（T8d/8-T8d/7）→E38（T6c/s-T6c/6）→J519（T73a/62-T73a/32）→V（T4e/3-T4e/4）→接地。

J519 的电源电路：蓄电池＋→30线→X线→J519→接地。

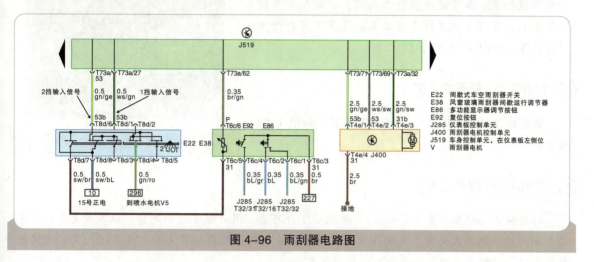

图 4-96 雨刮器电路图

十一、天窗电路图识读

天窗电路图如图 4-97 所示。

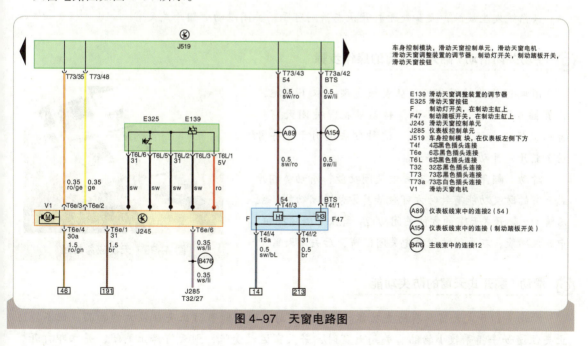

图 4-97 天窗电路图

① 打开和关闭滑动/翻开式天窗

打开点火开后，通过图 4-98 所示旋钮开关即可打开或关闭滑动/翻开式开窗。

课题四 典型汽车电路图识读

◎ 滑开滑动/翻开式天窗

将旋钮开关拧至位置B，天窗滑动打开至风噪较小的舒适位置。如果进一步打开天窗，将旋钮开关拧至位置C，并将开关保持在该位置，直至天窗打开至所需位置，如图4-98所示。

◎ 翻开滑动/翻开式天窗

将旋钮开关拧至位置D即可翻开天窗，如图4-98所示。

图4-98 天窗旋钮开关

◎ 关闭滑动/翻开式天窗

将旋钮开关拧至位置A（如图4-98所示）即可关闭滑开或翻开的天窗。驻车或离车时，务必关闭滑动/翻开式天窗。关闭点火开关后10min内仍可用旋钮开关打开或关闭天窗，但驾驶员侧车门、前排乘员侧车门必须处于打开状态。

打开滑动/翻开式天窗时，遮阳板随之一起打开。如需要，关闭天窗时可用手推合遮阳板。

② 应急关闭滑动/翻开式天窗

若系统发生故障，天窗处于打开状态，则可手动关闭滑动/翻开式天窗。

◎ 手动关闭滑动/翻开式天窗的操作步骤

用螺钉旋具拆下盖板。从盖板支架上取下摇把，将其插入图4-99所示孔内，转动摇把，关闭天窗。将摇把装回支架，合上盖板。这种方法适用于配备滑动/翻开式开动天窗的轿车。

滑动/翻开式天窗具有方便关闭功能，滑动/翻开式天窗的防夹功能有效时方可激活其方便关闭功能。激活滑动/翻开式天窗的方便关闭功能，需松开闭锁按钮，中断该功能，在关闭过程中先关闭门窗，后关闭天窗。

图4-99 天窗应急关闭

◎ 滑动/翻开式天窗的防夹功能

滑动/翻开式天窗具有防夹功能。关闭天窗时，该功能可防止夹住较大的物品，但不能防止夹住诸如手指等较小物品。关闭天窗时，若天窗运动受限，则天窗停止关闭，并立即打开。若因受阻天窗需重新打开，则只可在旋钮开关处于位置A时按住其前端方可使天窗完全关闭。需注意，此时天窗无防夹功能。

十二、倒车灯电路图识读

倒车灯电路如图4-100所示，地址码8来自点火开关15电源，当变速杆挂入倒挡时，倒挡开关F4的触点闭合。

对于手动变速器，其电路如下：点火开关15→F4触点→右侧倒车灯泡M17→接地，灯泡点亮。

对于自动变速器，其电路如下：点火开关15→F4触点→J519 T73a/12→车身电脑接收到高电平信号，使T73a/48输出电源→右侧倒车灯泡M17→接地，灯泡点亮。（注：新宝来只有一个倒车灯泡）。

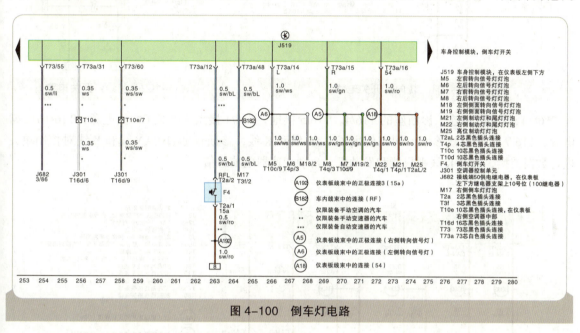

图4-100　倒车灯电路

十三、转向灯、制动灯电路图识读

新宝来轿车的转向灯、制动灯均受车身电脑控制。当车身电脑的电源接地电路正常时，车身电脑J519接收转向灯开关和危险警告开关的信号，控制转向灯工作；当转向灯开关右转时，电路为T73/32→T12/11→E2触点→T12/5→地址码184→接地。当J519接收到T73/32的接地信号后，给右侧转向灯M8、M7、M19供电，右侧转向灯工作，同时仪表右转向指示灯工作。

当转向灯开关左转时，电路为T73/33→T12/3→E2触点→T12/5→地址码184→接地。当J519接收到T73/33的接地信号后给左侧转向灯M5、M6、M18供电，左侧转向灯工作，同时仪表左转向指示灯工作。当危险警告开关E3闭合时，电路为T73/28→T4i/3→E3触点→T4i/4→接地。J519接收到T73/28的接地信号后给两侧转向灯供电，所有转向灯均工作，同时仪表左右转向指示灯工作，如图4-101所示。

制动灯受制动灯开关控制，新宝来轿车的制动灯开关为4线式；地址码14来自点火开关15电源；地址码213接地。F制动灯开关发送信号到T73/43，控制制动灯M21、M22、M25。F47制动踏板开关将制动踏板的信号发送给J519的T73a/42，车身电脑再将此信号发送给ABS电脑、自动变速器电脑等，如图4-102所示。

如图4-103所示，车身电脑J519的T73a/1、T73a/8通过动力CAN线接仪表的T32/29、T32/28，J519的T73a/20、T73a/21通过舒适CAN线接音响和空调电脑，T73a/22、T73a/23与诊断

课题四 典型汽车电路图识读

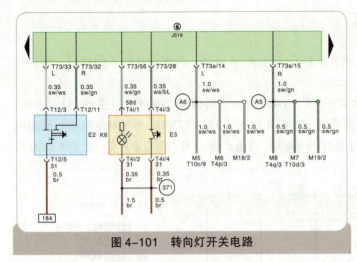

图 4-101 转向灯开关电路

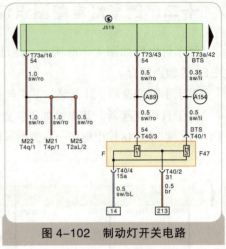

图 4-102 制动灯开关电路

座 T16/14、T16/6 相连，诊断座的 T16/4、T16/5 接地，T16/1 接点火开关 ON 挡电源，T16/16 接常电源，T16/7 用于 K 线诊断，同时使用了 CAN 线和 K 线，诊断仪通过 CAN 线和 K 线对控制单元进行数据交换，通过 K 线则只能和发动机、自动变速器电脑通信。

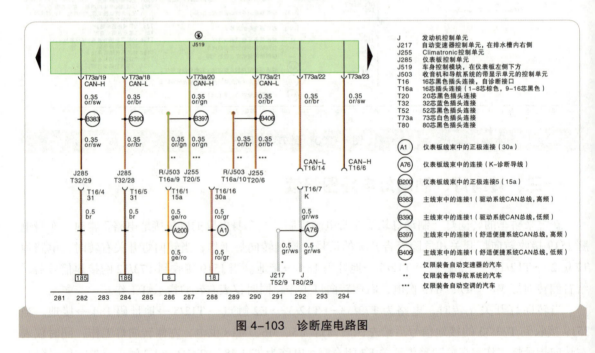

图 4-103 诊断座电路图

雨刮喷水电路如图 4-104 所示。V5 控制雨刮喷水开关，拨动雨刮喷水开关，电路为点火开关 15 电源→SC6 10A→地址码 298→断线码 10→雨刮器开关 T8d/8→雨刮器开关 T8d/4→地址码 296→断线码 300。

第一路：风窗玻璃清洗泵 V5→接地（电机工作）；

第二路：车身电脑 T73a/61（给车身电脑信号，车身电脑控制雨刮器工作）。

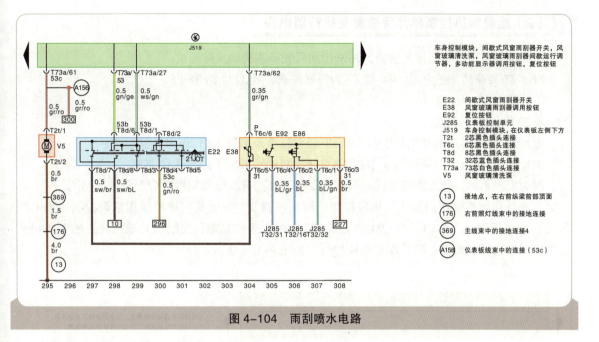

图 4-104 雨刮喷水电路

十四、座椅加热电路图识读

（1）座椅加热控制电路

座椅加热控制电脑 J774 位于驾驶员座椅底部左侧。其工作电源电路为蓄电池正极→SA3 110A→SC39 30A→J774 的 T8g/3→J774 的 T8g/6（为 J774 提供常电源）。

J774 的接地电路为 J774 的 T8g/7→左侧 A 柱下部接地点接地。

点火开关 15—SC4 10A—地址码 55（为空调控制单元 J255 供电），如图 4-105 所示。

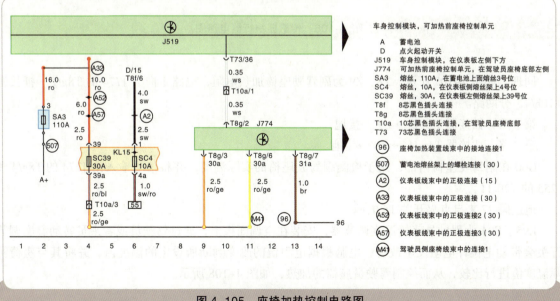

图 4-105 座椅加热控制电路图

（2）座椅加热控制单元传感器与执行器电路

G59为驾驶员座椅温度传感器，用来检测驾驶员座椅的实际温度。
Z6、Z7为座椅加热电阻，Z6与Z7为并联关系，经J774的T8g/5，分两路。
第一路：Z6→接地；
第二路：Z7→接地。
地址码27所对应的断线码 54 与自动空调控制单元J255的T20/10连接。
地址码26所对应的断线码 46 与手动空调控制单元J255的T16d/10连接。
因为配置不同，所以线路不同。但在看图时，我们只取跟我们所对应配置的电路图。
驾驶员和副驾驶座椅加热为单独控制，而且可调节，驾驶员可单独操作空调控制面板上的驾驶员和副驾驶员加热调节器E94和E95，以选择合适的温度，控制单元根据选择的温度和座椅实际温度去控制加热电阻工作使座椅加热，如图4-106所示。

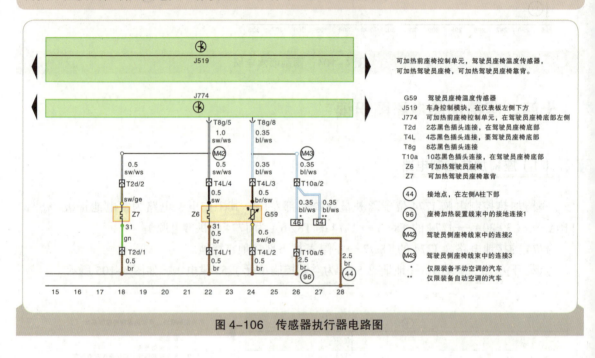

图4-106 传感器执行器电路图

同理，如图4-107所示，Z8、Z9为副驾驶座椅加热电阻，电路走向为J774的T8g/1→插接器T10b/4，分两路。

第一路：插接器T2e/2→Z9→接地
第二路：插接器T4m/4→Z8→接地。

G60在副驾驶座椅内部，用于检测副驾驶座椅的实际温度，并将信号输入给J774的T8g/4和J255的T20/11。

地址码27来自点火开关15电源。

E95、E94为驾驶员座椅温度调节器，安装在空调面板上，通过驾驶员或者乘员转动温度调节开关会带动电位计电阻发生改变，电脑根据电阻值的改变判断所设定的温度值，并将其与座椅实际温度值进行比较，从而控制驾驶员座椅的加热，如图4-108所示。

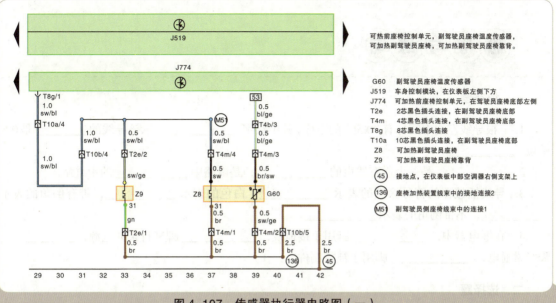

图4-107 传感器执行器电路图（一）

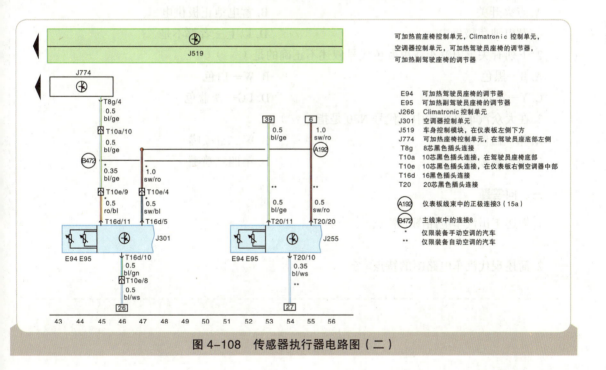

图4-108 传感器执行器电路图（二）

课题四 典型汽车电路图识读

一、填空题

1. 一根导线左边中间标有"0.5L"的字样，其中数字_____表示该导线的_____是0.5，单位_____。
2. _____是一个连有线束的_____，是电路中_____的中继站。
3. 导线插接器的符号涂黑的表示_____，白色的表示_____，带有倒角的表示_____，不带倒角的表示_____。
4. 在继电器中，_____脚用于接地线，_____脚来自条件电源，_____脚经常通电，_____脚用于被控制件。

二、选择题

1. 在大众汽车电路图中，数字30代表（　　）。
   A. 点火开关　　　　　　　　　　　　B. 蓄电池正极供电
   C. 蓄电池负极供电　　　　　　　　　D. 以上三者都不是
2. 下列有关丰田汽车线束颜色代号叙述不正确的是（　　）。
   A. B—黑色　　　　　　　　　　　　B. W—白色
   C. Y—黄色　　　　　　　　　　　　D. LG—淡蓝色
3. 在大众汽车电路图中，代号N30是指（　　）。
   A. 第一缸喷嘴　　　　　　　　　　　B. 第二缸喷嘴
   C. 第三缸喷嘴　　　　　　　　　　　D. 第四缸喷嘴

三、问答题

1. 简述丰田汽车电路图的特点。

2. 简述现代汽车电路图的特点。